九三学社机关工作手边书系列

九三学社市级组织机关工作案例

（2016年版）

九三学社中央办公厅 编

学苑出版社

图书在版编目（CIP）数据

九三学社市级组织机关工作案例：2016年版/九三学社中央办公厅编．—北京：学苑出版社，2016.12（2019.6重印）

（九三学社机关工作手边书系列）

ISBN 978-7-5077-5132-1

Ⅰ.①九… Ⅱ.①九… Ⅲ.①九三学社—工作—案例 Ⅳ.①D665.7

中国版本图书馆CIP数据核字（2016）第279968号

出 版 人：孟　白
责任编辑：徐志琴
出版发行：学苑出版社
社　　址：北京市丰台区南方庄2号院1号楼
邮政编码：100079
网　　址：www.book001.com
电子信箱：xueyuanpress@163.com
联系电话：010-67601101（营销部）、010-67603091（总编室）
经　　销：全国新华书店
印　刷　厂：北京建宏印刷有限公司
开本尺寸：710×1000　1/16
印　　张：22
字　　数：243千字
版　　次：2016年12月第1版
印　　次：2019年6月第2次印刷
定　　价：60.00元

前 言

《九三学社市级组织机关工作案例》的编撰工作，得到了各地方组织的积极响应和大力支持，各省级组织广泛发动，层层安排部署；有关市级组织也积极配合，从自身工作实际出发，撰写了一批有代表性、有地方特色、具有一定示范意义的典型材料。至截稿期，共收到30个省级组织中132个地市级组织的146篇案例材料。

由于各地方组织对"工作案例"的撰写要求在理解上的差异，提交的材料多以工作总结和经验介绍为主，而专门介绍某一方面工作的案例偏少；在数量上也很不平衡，有的省八九篇，有的仅有一篇。编委会根据材料内容，并依据质量为先兼顾均衡的原则，对案例材料进行了遴选分类，并对每篇材料做了适当删减和修改。全书收录综合、参政议政、社会服务、组织建设和机关建设五大类共58篇，分别由田增辉和李欣、蒯建华和王方立、李胜君和夏惠、陈宁宁和谢建平、关宏志和葛菁等编撰整理。为便于区分和查阅，编委会根据初衷将入编材料分为"工作案例"和"经验总结"两种类型。

希望通过编撰《九三学社市级组织机关工作案例》，为全社市级组织机关深入开展各方面工作提供有益的借鉴和参考。由于本书编撰尚属首次，在材料组织过程和编撰意图沟通传达及遴选删改上还有不周之处，敬请批评指正。

编　者

2016 年 11 月

目 录

综合篇

工作案例

整合　创新　提效
——社杭州市委"四会两团"工作纪实……………………003

落实"三坚"要求的铜仁实践……………………………008

勇于坚持　勤于沟通　成于协作
——有效参与梁希纪念馆布展工作的启示………………016

经验总结

推动组织建设政党化　实现履职能力专业化……………023

加强自身建设　提高履职能力　努力建设高素质的参政党……030

发挥优势　打造品牌　建设充满生机活力的市级组织………037

凝共识　强制度　聚合力　谋发展　争当社务工作排头兵……044

凝心聚力　开拓奋进　打造高素质参政党市级组织…………050

尽责履职　开创市级组织工作新局面………………………057

规范组织建设　发挥党派优势　为促进地方经济社会发展
献良策做实事………………………………………………063

创新机制　求真务实　积极履行参政党职责 …………… 070

新乡之新　在于常新　提升市级组织综合实力 …………… 077

参政议政篇

工作案例

创新参政方式

——从"万溪冲梨花香"座谈会切入 ……………………… 087

强机制　讲奉献　创最优

——记一份建议材料的炼成 ……………………………… 091

建立完善"十二字"工作机制　不断提高参政议政工作水平 …… 096

经验总结

探索运用"二三四五"模式　提升参政议政成效 ………… 105

探索参政议政新机制　打好助推发展组合拳 ……………… 111

加强骨干队伍建设　提升参政议政水平 …………………… 115

加强队伍建设　创新履职机制 ……………………………… 120

健全机制　抓住关键　推动参政议政工作再上新台阶 …… 125

做好参政议政工作　彰显民主党派价值 …………………… 131

拓宽思路　创新机制　助推信息工作再上新台阶 ………… 136

构建全员参政议政模式　切实提高参政党履职能力 ……… 141

强化意识　健全机制　推动信息工作健康发展 …………… 146

社会服务篇

工作案例

扭住天水果品产业集中发力 ………………………………… 153

八年磨一剑
——社海口市委精准帮扶甲子镇卫生院工作案例 ………… 158

以小见大　实干惠民
——创建唐历村同心工程实践基地工作案例 ……………… 162

在自身优势与地方发展中寻找结合点
——创建汽车科普教育基地服务社会的经验和做法 ……… 168

精准服务　助力生态移民地区枸杞产业发展 ……………… 173

串珠成链　服务上品
——社静安区委社会服务品牌化工作案例 ………………… 179

经验总结

九广合作
——九三学社社会服务大手笔 ……………………………… 187

秉承优良传统　创新服务社会
——社黄山市委发挥优势创新模式做好社会服务 ………… 195

以品牌建设为抓手　加强社会服务工作 …………………… 200

精准服务　打造"九三科普讲堂"品牌 …………………… 205

做好"三个结合"文章　开创社会服务新局面 …………… 211

创新社会服务方式的实践和探索 …………………………… 215

紧紧围绕边疆团结稳定创新社会服务模式 ………………… 219

组织建设篇

工作案例

灵活运用新媒体　加强民主党派自身建设……………225

创新青年工作机制　打造活力后备军………………229

创新工作模式　探索监督履职………………………234

广揽人才　深度培养　特色利用　精心打造实职干部队伍……239

创新思路形成特色　结合实际动态调整………………244

完善考核评价机制　建设高素质参政党………………249

经验总结

搭平台　促活力　助推青年工作经验浅谈………………257

莫道桑榆晚　为霞尚满天

——发挥老年社员群体作用的思考与探索………………262

推行属地管理　增强组织活力………………………267

用"六性"工作法　提升基层"三力"…………………273

勤沟通　夯基础　抓活动　激发基层组织活力…………279

加大选拔培养力度　夯实组织发展基础………………283

机关建设篇

工作案例

围绕党派机关职能　着力提高"四个能力"………………291

紧扣"四力"　提升素质增强实效………………………295

经验总结

勇担使命　优化服务　奋力开创机关能力建设新局面……… 303

建立高素质的机关干部队伍　全面提升机关工作水平……… 309

务实进取　真抓实干　开拓民主党派机关建设新局面……… 314

建设"四型"机关　服务发展大局 ………………………… 319

"三巩固"开创机关建设新局面 …………………………… 325

内强素质外树形象　推动服务型机关建设 ………………… 330

团结协作　务实高效　努力打造适应新时期要求的市级组织机关 …………………………………………………… 335

后记 ……………………………………………………… 339

综合篇
工作案例

整合　创新　提效

——社杭州市委"四会两团"工作纪实

九三学社杭州市委员会

为进一步夯实组织基础，密切与社内专家的联系，提高党派履职工作成效，社杭州市委从创新组织构架入手，在原"百名科技专家团队"的基础上，通过吸纳、整合、重组，2011年以来先后成立了科技专家联谊会、企业促进会、信息产业发展研究会、宣传信息工作研究会和法律服务顾问团、"九三科技讲堂"专家团。现就"四会两团"组织特点及部分重点工作简要介绍如下。

一、建履职活动平台

"四会两团"打破了以往社员只在基层组织这一纵向层面参与活动的局限，扩大了社员间的横向交流。同时突出了社员岗位工作的行业性和履职工作的专门性，兼顾了履行职能与交流联谊两方面的需求。"四会两团"成立以来，各自联系相关成员，积极开展履职工作和学习、交流、联谊等活动，取得了较好的成效。集中体现在以下两点：一是提高了组织化程度。"四会两团"成为社市委纵横结合的组织网络体系的重要组成部分，在拓展履职的广度、深度和提高社员参与率的同时，强化了组织自我管理和自我服务的能力。"四会两团"主要负责人都由社市委常委或委员担任，通过增补调整，减少了正副会（团）长的交叉兼职，为其专心做好本会（团）工作创造了条件。二是扩大了社员间的交流合作，锻炼了一批社务骨干。"四会两团"充分发挥了其交流平台的作用，通过会议、活动以及QQ群、微信群等，开展时政、履职、岗位工作、业余爱好等方面的交流，使一些原本对参加社务活动不感兴趣和迷茫纠结的社员调整了态度，逐渐融入组织中去，有些甚至成为社务活动的组织者、引导者。他们在课题调研、信息报送、科普宣传等活动中增长了才干，提高了履职能力，一批社务骨干脱颖而出。2015年社市委制定了《"四会两团"工作条例》，进一步明确了其作为履职交流机构的性质，在提高工作的制度化、规范化方面提出了进一步的要求。几年来，通过"四会两团"工作平台，社市委的各项履职工作成效显著提升，呈现出特色化、团队化、品牌化等特点。

二、显参政议政特色

成立伊始的信息产业发展研究会认真讨论研究后认为，杭州作为中国电子商务之都、下一代互联网示范城市具有发展信息产业得天独厚的优势，决定将首个参政议政工作定在"推动杭州发展信息经济和智慧应用"这个选题上。他们积极借助外脑，与杭州市网联会和滨江区知联会联合举办信息经济和智慧应用研讨会，邀请政府相关部门领导详细介绍杭州信息经济和智慧应用工作的进展情况，邀请市网联会负责人从企业发展的角度分析杭州发展信息经济和智慧应用对杭州本土企业的影响。还组织会员赴苏州工业园学习苏州"智慧园区"的建设经验，赴上海考察"智慧商圈""智慧停车"等智慧应用项目，使得课题调研的基础性工作更加扎实。在课题结题阶段，他们还组织开展深度座谈，会长、副会长、理事、成员齐上阵，多角度、深层面为课题开拓思路想法、提供修改建议，使得课题质量有效提升。在市政协全会上，这些参政议政工作最终开花结果，研究会成员执笔的《关于加快我市智慧体育产业发展的建议》被列为团体提案，《深化改革 打造智慧经济发展的杭州模式》被选为大会发言，这些调研成果为杭州信息经济和智慧应用的发展提出了许多中肯建议，对中共市委、市人民政府触动极大。2015年，杭州市将"发展信息经济和智慧应用"列为杭州市启动新一轮发展的"一号工程"，驶入了发展的快车道。

三、强宣传写作队伍

宣传信息研究会分为宣传分会和信息分会，主要由社内活跃的青年社员构成。宣传分会下设宣传组、写作组、摄影组，组员有专业作家、高校教授、建筑设计师、医生、科技公司老总等。宣传信息研究会成立之初的一次精彩的法律沙龙，让参与活动的宣传员至今还津津乐道。主讲律师从"夏俊峰案""李某某强奸案"等几个曾经轰动一时、在社会上造成重大影响的案件说起，阐述了重大案件与我国民主法治进程之间的关系。随着与会律师抛出一个个迥异的观点，社员们唇枪舌剑，热烈讨论，从"高衙内"说到普法教育，从暴力执法说到城管立法，从医患纠纷说到医师多点执业，两个多小时的时间里，现场始终激情四溢，热度不减。活动引起了大家的极大兴趣，类似活动"一发不可收"，如：邀请著名时评家徐迅雷就时评写作为宣传员授课；举行"行摄运河"摄影采风；在著名诗人的引领下于运河之畔举办诗歌朗诵会；摄影组在杜鹃花开时节进山区采风、考察民宿等。多种多样的活动形式与丰富多元的活动内容，激发了大家的参与热情，更激发了大家的写作激情。自宣传信息研究会成立后，社市委的内刊《杭州九三》除《社内要闻》栏目外，全部由社员撰稿，刊物的封面、封三、封底，也全部采用社员的油画、书法、摄影等作品，更值得一提的是，刊物的内页插图大部分系宣传员拍摄的照片，这样的刊物，让社员由衷地感到亲切。2014年，在市委会开展的"我心中的九三组织""我身边的九三人"宣传报道活动中，宣传员们纷纷拿起手中的笔，再现了社员的成长历程和人生轨迹。这些文章后来都收录进了《于微深处》一书，作为永久的记忆留存。

四、创社会服务品牌

杭州"九三科技讲堂"成立于2009年，依托社内人才资源优势，面向社会，以服务百姓为宗旨，集科学性、知识性和实用性于一体。"讲堂"在卫生保健、艺术鉴赏、家庭教育、法律维权、文史知识、科学技术等方面设立专题，走进社区、中小学、企事业单位和政府机关宣讲；以科技、卫生、文化"三下乡"为依托，组织农业、医疗、法律、教育专家深入农村开展宣讲服务。为了提高"讲堂"工作的组织化程度，社市委成立了由三个专题组五十余位社员组成的专家团，承担了科普宣传工作。专家团成立后立即着手编印了《九三科技讲堂题库》，并先后在8个主城区和浙江传化集团、浙江巾帼西丽集团建立服务基地，开展定时、定点的讲座，向社区居民、学校师生、企事业单位职工和机关干部提供点单式的服务。结合《"四会两团"工作条例》，专家团制定了《章程》，进一步明确工作职责、议事方式，对社组织主办承办、与其他组织合办以及专家团成员受邀参与其他讲堂活动提出不同的要求；明确严禁专家团成员在以社员身份开展授课等工作中开展推销活动，不准宣传与讲座课题无关的信息，不许进行不符事实的报道等。"九三科技讲堂"2013年入选杭州市统战系统社会服务十大品牌，2014年在全省社会服务工作会议上进行了专题介绍。2015年来，专家团开始与市区两级科协开展合作，在增加场次和受众人数的情况下，不断扩大讲堂在全市的影响。在专家团的努力下，"九三科技讲堂"逐步实现了"一支队伍、一本题库、一个品牌"的发展路径，在科普工作不断取得成效的同时，专家社员的个人价值得到了进一步体现，社组织的社会影响力也持续提升。

落实"三坚"要求的铜仁实践

九三学社铜仁市委员会

近年来,社铜仁市委认真落实社中央主席韩启德关于思想坚定、组织坚强、履职坚实的"三坚"要求,不断探索创新,建立健全相关规章制度,各项工作开展规范有序,连续3年获中共铜仁市委绩效考核优秀等次。先后荣获"2013年社贵州省委社会服务先进单位""2014年社贵州省委先进集体""2015年社中央参政议政先进集体"称号。

一、"五个一"把务虚的工作做实

思想建设是党派工作的重中之重,是灵魂。社铜仁市委依托全社开展的坚持和发展中国特色社会主义学习实践活动,全面开展"五个一"活动,使广大成员坚持正确的政治方向,坚定不移走中国特色社会主义道路。

(一)建立一个思想研究中心

为有效开展思想建设工作,社市委成立思想研究中心。引导研究员、通讯员认真学习,积极思考,勤奋笔耕,发挥他们在理论研究上的积极性和创造性。

（二）宣传一个典型人物

榜样的力量是无穷的，用身边人、身边事树立典型，让广大社员有学习的榜样。印江支社委员谭恩贵同志是全国优秀教师、全国"十一五"教育科研先进工作者、铜仁市市管专家、2013年感动铜仁教育年度人物、贵州省人民政府先进工作者，他热爱教育事业，潜心育人，在平凡的岗位上赢得了社会的广泛赞誉。社市委通过网络、报告会、实地感受等形式号召广大社员向他学习，立足本职、建功立业、引起共鸣。

（三）建立一个学习实践基地

铜仁红色文化资源十分丰富，为更好地开展思想建设工作，社市委在周逸群纪念馆挂牌，作为学习实践基地，组织社员实地参观，定期开展革命传统宣传教育讲座。

（四）编辑一本书籍

编辑社史、社志、社员作品是一项有意义的工作，有利于思想建设。社员特别是骨干社员是社组织的基石，记录他们的思想、工作、生活，对传承社的光荣传统，增强社员使命意识很有帮助。3年来，已编辑出版《九三铜仁二十年》《段振良书画作品集》《艺术名家杨修林》《梵星摄影作品集》。

（五）培养一批思想建设骨干

以思想研究中心研究员为基础，打造一支思想建设骨干队伍。目前队伍里有省思想研究中心会员8人，省政协理论研究会员2人，市政协理论研究会员8人，以及在高校的学者、教授。每年开展社员思想态势调研4次，并形成思想态势调研报告上报社省委。召开1次思想研究讨论会，支持社员在公开刊物上发表理论文章及参加各类思想研究会议。

二、"六抓手"把履职的脚步踩稳

参政议政、民主监督是民主党派履职的重要形式，社铜仁市委十分重视这项工作，积极强化社员的责任意识，充分运用政治协商、调研、提案、社情民意、大会发言等形式展现九三风采。

（一）抓政治协商

充分运用好协商这一重要的参政议政手段，重在讲政治顾大局、看问题专业、解决办法科学、提出意见真诚方面做出特色。采取"主委（副主委）+专家"参会模式，围绕《关于加强政治协商的意见》《铜仁市国民经济发展的意见》等重大问题积极表达心声。既表明讲政治、顾大局的态度，又实现解决问题办法科学合理。

（二）抓调查研究

1. 积极支持参政议政骨干参与中共党委、市人大、市政府、市政协工作调研，寻找具有价值的参政议政线索，主动帮助社员向所在单位协调请假，报销参加调研的费用。

2. 定期召开参政议政骨干座谈会，确定好选题，再组织调研。

3. 积极争取社的上级组织、省外组织来铜仁调研，既可学习优秀经验，又宣传了铜仁。

（三）抓提案

1. 充分运用好全国、省、市三级人大代表、政协委员的优势，积极为铜仁发声。由社市委精心准备提案材料，在全国、省级层面表达诉求。3年来，由黄宗洪、姜刚杰、杨同光等委员提出的提案有10余件，收到很好的效果。

2. 关注市级热点，经深入调研转化为提案，3年来，《关于解决我市碧江区义务教育阶段学校"大班额"的建议》《关于推进我市基层政协规范化建设　促进协商民主制度化建设的建议》等4件提案成为市长、政协主席督办件,特别是《关于加快我市学前教育发展的建议》成为中共铜仁市委书记夏庆丰在国际研讨会上的发言《从100个到2005个,山村幼儿园建设可复制、可推广》的材料,为铜仁教育做出了积极贡献。

(四)抓社情民意

1. 鼓励社员立足本职工作,贴近时事、关注民生、增强参与意识。

2. 专门下发关于如何撰写信息、如何提高写作水平的学习材料,并对各支社社员进行3场专门培训。

3. 对各支社下达报送信息任务数,要求各支社每月至少报送1篇以上社情民意信息。

4. 通过直通专报形式,每年都有专报报给中共铜仁市委书记。

(五)抓大会发言

在铜仁,每年有两次重要机会表达本党派的心声,即市政协全会和市长与政协委员座谈会。要发声,必须铿锵有力。

1. 组织上有力。主委亲自抓,全委大家议,经费有保障。

2. 计划上有序。选好题,选好人,安排好时间。3年来的大会发言对助推发展起到了积极作用。加强电动车管理方面,市政府出台了《铜仁市电动车管理办法》;针对主城区基础教育大班额问题,市政府出台了《铜仁市化解主城区基础教育大班额三年行动计划》;关于科技创新问题,市政府采纳意见,整合资源,成立了铜仁科学院;老年服务业方面,市政府出台了《铜仁加强老年服务业　管理支持老年事业发展办法》;锦江河治理方面,市人大出台了《锦江河保护条例》。

（六）抓队伍建设

1. 加强培训，提高参政议政能力。每年进行一次全员培训，选派骨干赴省、省外培训。

2. 成立5个专门委员会，发挥专业人才优势，开展专题调研。

3. 服务好社中央、社省委及省外组织考察调研，学习调研方法，提升调研能力。

4. 社市委与支社上下联动，用活资源。

三、"四坚持"把组织建设得更加坚强

组织建设是自身建设的重要环节，按照国发〔2012〕2号文件要求，中共铜仁市委在经济社会发展方面先行先试，同意社铜仁市委在区县发展成员建立基层组织的实践要求。三年多来取得了非常好的效果，得到中共贵州省委统战部的肯定。

（一）坚持区域与界别分工

严格执行社中央规定和中共铜仁市委的要求，在科学技术、高等教育、医疗等领域发展社员，在铜仁主城区及印江、思南、石阡、沿河四县发展社员。

（二）坚持把好入口关

组织发展的质量如何，决定于入口的标准。在基本条件符合要求的前提下选择政治素质高、参政议政能力强、行业影响力较大、有代表性的高、中级知识分子。严格实行六步法：发现人才—主动联系—提出申请—严格考察—入社前培训—集体审批。既保证了质量，又保持了特色。

（三）坚持不懈做好基层组织建设

1. 做好基层领导班子建设，关键要选好班子。主要标准有以下几条。有影响：支社负责人学术水平高，社会影响大；结构合理：年龄结构呈梯次，性别结构男女适中，学识专业有专长；中共认可：主动协商、联合考察、争取共同点。

2. 对班子要加强教育培训，促进其政治素养、理论水平、综合素质提升。

3. 引导基层组织自觉接受中共组织的政治领导，争取支持和帮助。

4. 重视后备干部队伍建设。

（四）坚持制度管理

建立支社考核制度，根据基层工作实际制定4个方面18项考核内容，并将考核指标与中共组织对接，促进基层组织自身建设能力提升。

四、"四措施"把社会服务活动做精

深入践行"同心思想"，以"增进共识、跨越赶超、促进和谐"三大行动为重点，依托科技人才集中的优势，创新开展社会服务活动，在助推发展中展现才智。

（一）建立社会服务专家库

做好统计工作。根据活动的专业特色，选择社会服务专家组成专家库，其中社内专家已有90人，社外专家20人。已有130人次参加社会服务活动。

（二）建立外联网络

面向贵阳、苏州、广州、上海等外地社组织和有社会服务能力及任务的市民政局、工商联、残联、科技局、教育局、交通、水利等部门单位,通过外联工作引来项目11个,到位资金13.4亿;培训人才2000余名,协调项目9个,协调资金4000多万元,为帮扶县、帮扶单位、帮扶对象解决了实际问题。

(三)建立帮扶基地

将社会服务由"游击战"变为"阵地战"——采取定点帮扶,集中了资源,解决了问题,扩大了影响。已经建成示范学校3所,示范医院2家,示范村2个,"九三实验班""九三电子图书室""九三计算机教室""九三医疗服务站""九三科技服务站"等服务形式已成为社市委社会服务品牌。

(四)"点菜式"服务

社铜仁市委有13个支社,以专业为基础的支社7个,如教育、医疗等;以区域为基础的6个,如印江县、石阡县等。各区域支社根据区域内社会服务需要直接向社市委"点菜",由社市委安排专业支社与区域支社共同开展活动。

五、"三创建"让机关更活

社市委机关具有参谋、服务、协调等功能,集从属性、政治性和事务性于一体。在机关工作的同志必须充分认识这三者之间的关系,使机关充满活力,高效运行。

(一)创建学习型机关

学习是机关建设永恒的主旋律。主要包括学习政治理论、政策法规、统战理论、会议精神,增强政治意识;学习党派知识、党派传统、党派工作特点,不断提高处理事务的能力。通过创建活动在机关营造学习氛围,搭建交流平台,建立学习机制,把政治理论学习与业务学习结合起来，完善知识结构，提高综合素质，更好地开展工作。

（二）创建服务型机关

把握党派机关特点，确立为社员服务的理念，增强服务意识。针对社市委工作实际，制定科学合理的方案，建立网站、微信平台、QQ群，畅通交流渠道，提高办事、办文、办会质量，热情接待来访社员，主动解决基层支社问题。

（三）创建规范型机关

机关要规范运行，必须推进机关制度化建设，建立健全会议、财务等制度，明确人员职责，促进廉洁自律，不断提高机关工作质量。

多党合作事业路漫漫，须不断求索谱新篇。在十八大精神指引下，社铜仁市委将围绕韩启德主席的"三坚"要求打造铜仁九三响亮名片，为铜仁大扶贫、大数据、大文化、大生态发展努力贡献九三人的才智。

勇于坚持　勤于沟通　成于协作

——有效参与梁希纪念馆布展工作的启示

九三学社湖州市委员会

湖州梁希森林公园于2014年获评国家级森林公园，是国内首个以人物命名的森林公园。梁希纪念馆掩映在公园的青山绿水间，馆内的"梁希与九三学社"专题展厅立足党派独特视角，展示九三学社创建发展历程，其设计和布展工作是由社湖州市委全程主导参与。梁希纪念馆被授予九三学社全国首批传统教育基地、浙江省统战系统廉政文化教育基地、浙江省社会主义学院现场教学点和湖州市统战文化实践基地等称号。梁希纪念馆开馆一年多来，共接待了十多个省市60余批次九三学社组织和近两千人次的九三社员，成为社史传统教育和交流互动的重要平台。

梁希作为九三学社的重要创始人，曾连续五届担任社中央副主席。其渊博的学识、高洁谦和的品德、毕生追求民主与科学的精神，影响了一代代九三人。20多年来，湖州梁希森林公园经历了兴建、废止后选址重建、高起点建造梁希纪念馆并专设党派主题展厅的历程，这和湖州九三人的不懈呼吁、倾情参与和社市委机关主动作为分不开。

一、党派情怀，勇于坚持

20世纪80年代，社湖州市委机关只有两名工作人员（专职干部1名加退休后发挥余热的社员1名），二人穿针引线，发起汇集全国近50个社组织、单位和个人的资助，由社员义务担任园林和建筑设计，联合市林学会共同发起修建老的梁希森林公园。公园一期工程于1987年3月动工，至1988年6月竣工，时任九三学社中央主席周培源题写了公园名。当时的森林公园，不仅成为九三学社和林学界纪念梁希先生的场所，也成为湖州近郊一个山青水绿、层林迷迭的休闲好去处。

1999年，杭宁高速公路湖州段兴建，正好穿过梁希森林公园，公园整体被征用。公园的废止，使社市委和市林学会深感惋惜和愧疚。此后，社湖州市委连续多年提出重建梁希森林公园的提案，终于得到重视。2010年梁希森林公园重建工程列入湖州市重点建设项目，最终确定了湖州南郊总面积为8.6平方公里的复建新址。项目推进的各类征求意见和评审会，社市委机关主动参与，联系市委会领导和省市有关专家多次参加，从党派的角度提出了很多中肯而有效的建议。公园重建工程从提出到建成，历经三任书记和市长，市委会始终坚持一个目标，其间得到了社中央、社省委领导的关怀、鼓励和帮助，八年终见成效。

二、深度参与，勤于沟通

梁希纪念馆是新建的梁希森林公园的重要设施，于2012年开始落实布展工作。其设计和布展中，社市委机关发挥社内人才优势，与相关部门有效沟通协作，立足统战文化和历史的高度，主动承担并高水准完成了"梁希与九三学社"展厅的布展工作。

（一）一波三折，主动有为

梁希纪念馆由市建设局负责硬件建设，由市林业局负责布展，起初社市委只负责配合搜集材料。因为当时在国家林业局专家组撰写的布展大纲中，梁希参与民主政治活动和九三学社创建方面相关材料不足，需要补充。后商议，由社市委办公室朱辉主任补充大纲中有关党派的内容。经过艰辛努力，社市委成稿的"梁希与九三"的文字内容，因其体量大小和自成体系的特点，难以纳入展馆设计之初的章节。文本初稿提交的同时，社市委提出了希望设立独立展厅的设想，这与最早的布展方案出入很大，承办部门觉得为难并不同意。经过反复多次的拉锯协调，社市委领导和中共市委领导、市委统战部及承办部门等多次沟通商议，夜以继日地开会研究，终于得到党委政府的重视和承办部门的支持，决定单设九三学社专题展厅，面积233平方米。社市委机关虽然只有专职干部4人，但做到统筹安排，重新调整工作分工，2014年全年朱辉专人投身"梁希与九三学社"专题展厅的文本、设计、史料征集等工作中。

（二）多方奔走，争取支持

梁希相关的社内史料的征集，大都散失漫灭，社市委机关多方联系，争取各级社组织的鼎力相助。社市委机关广撒网，频繁联系社中央、社省委和全国各地社组织，争取各地九三人的帮助，虽然从未谋面、素不相识，仅凭一个电话，得到广泛的支持。为了一张张人物照片，社湖北省委、社北京市委、社上海市委、社重庆市委、社无锡市委等九三同仁奔走联系，甚至争取到多地的兄弟党派的大力支持。初稿文本在送审社中央后，朱辉也专门赴京汇报，常务副主席邵鸿亲切接待，他亲自审看了文稿，高度评价了社市委勇于挑战的勇气和所做的工作。邵鸿副主席自己为了搜寻梁希先生相关材料，专门跑到许德珩先生家中，翻遍了许老的每一份手稿。同时社中央也明确指示将全力协助，并指派了国家博物馆的专家海国林老师等帮助审看文稿。

（三）全力以赴，勇担任务

社市委机关从原计划的配合搜集材料到补写文稿，到最后争取成立九三学社主题展厅，全程深度参与展厅装修和艺术设计、展品收集和拍卖、梁希专题纪录片的文本撰写和拍摄、馆内解说员的培训指导等，大家激情饱满，不断接受挑战，以对历史、对组织负责的高度责任感，调动一切力量，保证了各项工作的进度和质量。从决定单设"梁希与九三学社"展厅到开馆，才短短10个月，社市委从展厅的布展大纲创作，图纸设计，到展厅艺术品的设计、招标、制作和安装，再到展品的搜集、甄别、购买，全程主导参与。除了朱辉承担的文字活，大量琐碎的操作性事务，对社市委都是陌生的挑战，社市委机关努力发挥社组织枢纽和发布站的功能，调动了社内精通艺术设计、项目招标等方面的社员，争取市内文博专家的指导和帮助，上下形成一种"全力以赴，书写历史"的决心，对种种细节精益求精，最终高水准完成了全部工作。社中央主席韩启德题写的馆名笔墨饱满地矗立在纪念馆前。

三、借助平台，打造基地

2014年12月28日，梁希纪念馆开馆仪式隆重举行，邵鸿常务副主席等社中央、省、市相关领导出席开馆仪式。社湖州市委尤其是机关同志全程参与梁希纪念馆布展的工作得到了一致的惊叹和好评。邵鸿副主席称赞社市委为社的地方组织做好社史人物纪念工作做了有益探索。

梁希纪念馆建有林业主展厅、九三学社展厅、艺术展厅、多媒体放映室、休闲书吧、会议室等设施，硬件功能齐全；梁希森林公园管理也日趋规范化，该处成为社市委开展社史教育、举办重大活动的重要基地。2015年，社中央巡视组丛斌副主席一行在浙督查期间，全省专职副主委座谈会议在梁希纪念馆召开。为庆祝建社70周年，社市委在梁希纪念馆举办大型书画摄影展，弘扬传统，展示风采。

开馆一年多来，社市委接待了北至辽宁省委，南至东莞、厦门市委，西至乐山市委等十多个省市两千余人次的九三社员。社市委机关4位同志在日常工作繁重的情况下，牺牲节假日休息时间，热情做好接待服务工作，每个专职干部成为优秀的解说员、服务员和宣讲员，受到全国各地九三同仁的称赞。大家和慕名前来的各地九三人一道，共同追思先辈追求"爱国、民主、科学"的光荣历程，一起探索今日九三人发扬九三精神、承担吾辈责任之路。

综合篇
经验总结

推动组织建设政党化
实现履职能力专业化

九三学社成都市委员会

社成都市委以思想建设和理论研究为引领,以系统化、政党化组织建设为着力点,切实加强参政议政、社会服务履职能力建设,切实加强"五支人才队伍"建设,全市基层组织和社员精神面貌发生了根本变化,被社中央评为"学习践行社会主义核心价值体系"全国先进集体、组织建设先进集体、议政成果贡献先进集体、2011-2015年度社会服务工作先进集体、九三学社创建70周年全国优秀市级组织等荣誉称号。

一、加强思想建设和理论研究,凝聚思想政治共识

(一)创新工作方式,深入推进学习实践活动

为确保学习实践活动效果,除规定步骤外,社市委就"重温社史"和"光辉历程"两项学习实践教育活动专门开辟了三条教育专线。自2012年起,连续五年实施"重温社史"教育,每年组织学习考察团,由主委带队,赴重庆"中国民主党派陈列馆"和九三学社

成立旧址纪念碑接受教育,五年共有158人参加,覆盖了全体班子成员、市委委员、基层主委,以及部分青年骨干社员,丰富了学习实践活动的内容。除这一教育专线外,"光辉历程"教育还有两条专线,之一是嘉兴"褚辅成事迹陈列室",之二是无锡"周培源故居"和"王选纪念馆",由主委带队,迄今已有36人参加。三条专线教育实施以来,取得了极好的效果,不仅使参加者深受教育,而且带活了干部队伍和有生力量,推动了基层组织学习实践活动的深入开展。

(二)提高理论水平,坚定理想信念

理论上明白,才能思想上清醒。社市委主委会高度重视理论学习,从社史研究和理论研究入手,坚持深入基层,提高班子的理论水平。社市委在社员中招募口述史和人物志撰写志愿者,创建了《社史资料》期刊;编辑出版了《徐僖传》;经深入调研,形成了《九三学社成都市委社员思想状况调查》报告;完成了"转型时期参政党市级地方组织建设中的问题与对策"和"基于市级组织视角的提高九三学社组织化程度的对策研究"两个社中央招标课题,受到韩启德主席的高度肯定;主委撰写并出版了专著《九三学社市级组织建设的成都实践》,并正在编撰《九三学社成都简史》。通过这些工作,社员们形成了坚定的政治共识。

二、加强组织体系建设,不断提高基层组织执行力、凝聚力、影响力

市级组织直接面向基层组织开展工作,对基层组织建设负有主体责任。社市委积极探索基层组织建设的新思路新方法,想方设法克服基层组织的"兼职性"问题,以"优化基层组织体系,提升基层组织

能力"为目标,以"执行力,凝聚力,影响力"为评价标准,不断提高社市委组织化程度,取得了较好效果。

(一)大力推进基层组织属地化

社市委把基层组织分为六个类别——属地、高校、医院、科研院所、企业、直属基层组织。随着形势的发展,属地基层组织,即建立在区(市)县的基层组织因为有党的坚强领导,有丰富的政治资源和充足的经济资源(财政保障),一跃成为社的重要力量。由于历史的原因,在成都21个区(市)县中建有九三学社基层组织的,2006年仅有4个,2011年增加到5个,这个数量不仅不适应新形势的需要,也远远落后于兄弟党派。为了改变这一落后面貌,同时也为了解决企业、科研院所支社的困难,2011年底社市委换届后,确定了大力新建属地基层组织、推动企业和科研院所支社就地属地化的战略,制定了《2012-2016组织建设规划》。经过不懈的努力,五年新建属地基层组织7个,"消灭"了科研院所类别,企业支社数量从6个减至1个,属地基层组织总数增至12个,属地化工作取得重大进展,基层组织和社员的精神面貌发生了根本性的转变。现在正在力争将最后一个企业支社——攀成钢支社在锦江区实现属地化,彻底"消灭"企业支社这一类别,实现基层组织体系的优化。

(二)大力实施基层组织建设规范化

基层组织最大的特征就是从主委到社员全部是兼职做社务工作。随着形势的发展,社的动员组织能力必须贯彻到基层,必须克服兼职性带来的问题。2012年,经过深入调查、分析、提炼和总结,社市委制定了《支社工作手册》,用以记录支社年度工作计划、活动记录、新社员发展、社员信息变化等11项内容,每个支社一本,每年11月30日以旧换新,引导基层组织工作规范化、制度化,这个措施得到韩启德主席的高度赞赏，在2013年社中央全会闭幕会讲话中向全社推广。2014年，社市委在总结属地基层组织建设经验的基础上，制定了《属地基层组织建设指导意见》，明确了属地基层组织必须开展和完成的8个方面的工作内容及工作方法；制定了《组织建设工作规程》，对发展社员的标准和程序、基层组织换届、支社升格委员会、新建基层组织等组织工作的要求和程序进行规范，并提供规范性文件样本。这三个刚性的操作性文件，是社市委基层组织规范化、制度化建设的基本遵循，加上社员社籍调整、基层组织活动经费划拨及管理等方面的制度，为推动基层组织规范化建设奠定了良好的制度基础。2009年双流县委员会首创"精神家园"建设，受到邵鸿常务副主席的肯定。

（三）大力实施基层组织"结对子建设"

属地基层组织由于拥有最丰富的资源，天然地具有执行力，组织化程度最高；高校由于其工作特性，基层组织虽比较松散，却是参政议政精英人才队伍的来源。经过五年的努力，九三学社属地和高校这两类基层组织已成为基层组织的主体，社市委的基层组织体系形成了强大的发展"自动力"。为了实现组织坚强，社市委在对基层组织分类指导的基础上，对属地、高校这两类重点基层组织进行分类建设。2015年5月，召开了"属地基层组织建设（双流）现场会"，交流推广属地基层组织建设的经验；9月，召开了"高校基层组织建设（西南交大）现场会"，交流推广高校基层组织建设先进经验。在此基础上，社市委又提出了12个属地基层组织与14个高校基层组织"结对子建设"的重要战略举措，出台了《关于属地基层组织与高校基层组织"结对子建设"的实施意见》，给每个属地基层组织"指定结对子"1–2个高校，鼓励属地基层组织"自愿结对子"，并在组织处备案；要求每年结对子建设的基层组织至少联合过一次组织生活、班子至少联合开展两次活动，费用由属地基层组织承担；捆绑两类组织的建设责任，要求属地基层组织要对高校基层组织建设负一半的责任。实践证明，"结对子建设"有力地促进了校地合作，实现了属地和高校基层组织融合发展，激发了全市基层组织的活力。

三、实施"搭平台，建机制，带队伍"战略，着力强化参政议政履职能力建设

参政议政是参政党的核心职能。社市委围绕提升参政议政核心能力，以"民主与科学的执着追求"为精神图腾，确定了"议大政、出精品、出人才"的履职目标，以及"搭平台，建机制，带队伍"的战略举措。

（一）搭平台——搭建"议政日""参政议政智库""九三学社成都高校论坛"平台

自2009年起，每年组织8-10次"议政日"活动，内容包括参政议政培训、表彰、专题调研、专题学习、情况通报、对口协商等，广泛吸收有志于参政议政的积极分子，形成参政议政基础团队。"智库"每年活动两次，以"民主科学论坛""闭门会议"的形式，形成参政议政精英团队和"品牌"议题（如垃圾分类、城市地下空间开发利用等），努力赢取组织声誉和社会影响。为了推动高校社员参与参政议政工作，社市委创建了"九三学社成都高校论坛"。2015年以"一带一路与十三五规划"为主题，在四川大学召开了第一次会议，在更高的层面，以更广阔的视野和更包容的交流，汇聚更多的参政议政精英。

(二)建机制——建立有效的工作机制

修改、制定、完善了《政协委员履职承诺制度》《政协委员服务与管理办法》《参政议政规程》《提案管理制度》等工作制度。在机制建设方面,一是固化"议政日"主题运行机制。社市委现在选的主题是古镇,三年时间已组织前往20多个古镇。二是强化"议政日"两级联动机制。为提高属地基层组织的参政议政能力,培养参政议政人才队伍,社市委把"议政日"活动全部放在有属地基层组织的区县,既参观古镇,让更多的基层组织社员参加"议政日"活动,又与社市委参政议政团队紧密互动,推动社市委与属地基层组织的两级联动,受到基层组织热烈欢迎。三是建立借外脑机制。聘请北京等地专家为社市委智库专家,解决高端人才和高端调研的问题。四是强化主委参与制。对于"议政日"、智库活动、高校论坛,主委、专职副主委都全程参加,保证规格,体现重视,同时发现人才、凝聚队伍。

(三)带队伍——带出充满战斗力的参政议政精英团队

在"议政日"活动中是老中青"传帮带",一旦发现苗子,便多方观察、评估,迅速锁定培养。经过不懈努力,社市委形成了"使用一批、培养一批、发现一批、动员一批"的队伍建设格局,建立起了充满活力的平台和有效的机制,带出了一支70多人的参政议政人才队伍。这支队伍专业背景互补、数量充足、结构合理、充满热情和责任感,每年产出100多篇高质量议政材料,实现了把个人能力转变为组织能力的目的。

四、加强"五支人才队伍"建设,永葆组织活力和生命力

(一)提出建设"五支人才队伍"理论

在长期的工作中,社市委提出市级组织要建立旗帜性代表人物、参政议政精英、职业政治家、社务工作热心人、机关专业人才"五支人才队伍"。旗帜性代表人物数量不在于多而在于精,要符合广大社员对旗帜性代表人物的认知和感召价值;参政议政精英越多越好;具有丰富行政经验的职业政治家,代表九三学社参政,要符合干部培养、推荐、选拔、任用的程序。以上三类是社市委的精英面,而社务工作热心人是社市委的基本面,社市委和基层组织都需要大量的积极分子。机关干部,要强调学业务,在各自岗位上成为专业人才。

(二)不遗余力建设"五支人才队伍"

对于精英面,社市委"乐为他人做嫁衣裳",采取亲自带、强曝光的策略,由主委会成员特别是主委亲自带,保持接触频度,建立政治共识和深厚情谊,择其优秀者在基干会等大型会议上做《身边的榜样》个人成长报告,并在《成都九三》社刊上设专栏宣传,搭建多种平台、采取多种方式高强度曝光,为他们打开社内知名度。同时加强培训、持续推荐,通过主委推荐、秘书长推荐、文件推荐等方式,强化渠道化规范推荐。对于基本面,采取活动带动、分层巩固的策略,带热大家的心,保持基层组织的活力。对于机关干部,社市委提出"工作态度,工作量,工作业绩,工作能力"的评价标准,公开、规范晋升提拔程序,采用竞争性晋升方式,引导机关干部树立以工作来争取成就和地位的价值观念。

加强自身建设　提高履职能力
努力建设高素质的参政党

九三学社西安市委员会

近年来，社西安市委紧紧围绕中共西安市委、市人民政府的中心工作，主动适应新常态，认真履行参政党职能，不断加强自身建设，各方面工作均取得了显著成绩，得到了上级组织以及广大社员的认可和肯定，连年被社省委评为先进市级组织和参政议政先进单位。被社中央评为2014-2015年度参政议政工作先进单位、2015年度全国优秀市级组织。

一、高举中国特色社会主义伟大旗帜，夯实多党合作的政治基础

（一）加强政策理论学习，不断提高社员政治素质

近年来，社市委始终把提高全市社员的政治素质，提高班子成员的政治把握能力作为思想建设的首要任务来抓。通过报告会、学习研讨、集中培训、撰写体会等形式，组织广大社员特别是骨干社员和各级班子成员，认真学习贯彻中共十八大和十八届三中、四中、五中全

会精神以及习近平总书记系列重要讲话精神，学习全国"两会"、中央经济工作会议、中央统战工作会议精神及《中国共产党统一战线工作条例（试行）》等。通过学习教育，不断增强广大社员的政治敏锐性和政治鉴别力。

（二）加强社的优良传统教育，巩固多党合作思想基础

为深化优良传统教育，近年来社市委先后举办了抗日战争胜利暨九三学社创建70周年、社市委成立30周年纪念活动，回顾九三学社创建70年、社市委成立30年来所走过的光辉历程，缅怀九三学社先辈们的不凡业绩，激发了社员的爱国主义热情，传承爱国、民主、科学的优良传统；邀请九三学社中央宣讲团、社省委等相关领导专家，围绕社章、社史和九三学社典型人物、典型事例举办专题讲座；建成"社员之家"，用灯箱集中展示社史、社市委历史沿革、组织结构、参政议政成果等，宣扬九三学社文化。通过教育引导，进一步坚定了广大社员的理想信念，巩固共同思想政治基础。

（三）围绕学习实践活动，增强广大社员的思想认同

以开展坚持和发展中国特色社会主义学习实践活动为契机，加强社员思想引导，为加快西安国际化大都市建设汇聚智慧和力量。一是在《西安九三》社讯上开辟专栏，结合社员思想实际，刊发理论学习材料，为社员学习提供素材；二是邀请中共陕西省委决策咨询委员会、省委讲师团特邀专家、市委讲师团等专家举办专题讲座，加强社员思想引导；三是组织常委、基层组织负责人和机关干部前往韶山、红旗渠、西柏坡、延安、照金等地接受革命传统教育，激发爱国主义情怀；四是编印《西安九三30年》纪念画册、《多党合作成果汇编》和《社务资料汇编》，多角度展示社市委近年来履职的成果和风采。

二、建立激励机制，深入调查研究，积极建言献策

（一）建立激励机制，不断提高社员参政议政积极性

为规范参政议政工作，早在2008年，社市委就制定了《参政议政工作表彰奖励暂行办法》，对各基层组织和广大社员提供的调研成果，根据采用的层次和产生的实际效果，给予不同的奖励。根据运行效果，不断对《办法》进行完善，2012年扩大了奖励范围，2014年提高了奖励标准。激励机制的建立和完善，调动了广大社员参政议政积极性。多年来，社市委在市政协全委会上立案的提案数量和质量在全市30个界别中一直位居前列，集体提案和市级领导督办提案的数量不断提高。

（二）围绕中心深入调研，参政议政质量进一步提高

社市委紧紧围绕市委、市政府中心工作，结合自身特点和优势，精心选择调研题目，成立课题组，深入开展调研活动。调研题目不仅注重前瞻性、战略性，而且充分考虑党和政府的关注点，把握调查研究的突破口和问题的切入点。近年来，社市委就创新驱动、工业转型升级、战略性新兴产业发展等议题，深入调查研究，形成专题调研报告16份，转化为政协大会发言和提案12件，其中10件得到市级领导批示或被列为重点督办提案，1件转化为省政协大会发言。

（三）增强协商意识，提高协商能力，协商水平不断提高

深入学习贯彻西安市委《关于进一步加强我市政治协商工作的实施办法》，不断增强协商意识，积极参与协商民主建设。围绕年度协商议题，针对性地安排调研活动，制定调研方案，精心准备发言材料，注意发挥各级人大代表、政协委员和在政府任职社员的作用，邀

请他们参与发言材料的讨论完善，提高了发言质量。近年来，在中共西安市委召开的政治协商会上，社市委提出的建议立意高远，意见中肯可行，受到市委领导的肯定。

三、适应新形势，调整优化结构，创新提升组织化建设水平的新办法

（一）调整组织结构，通过属地化管理提高组织化水平

近年来，由于国有企业改制、重组或破产，部分基层组织失去单位依托，社市委对其进行拆分、合并和重组，将其改建为区域性基层组织，实现属地化管理，加强与区委统战部的联系。为方便基层组织开展活动，在社员比较集中的地区成立新的基层组织，对人数较多的基层组织进行拆分。通过以上措施，恢复了基层组织活力，也为成立区工委创造了条件。

（二）加强联系沟通，帮助指导基层组织创新组织活动的内容和方式

加大对基层组织经费和活动场地的支持力度，近两年共下拨基层组织活动经费26万元，投资5万元建立社员之家，初步解决了长期困扰基层组织活动的难题。指导基层组织联合开展活动，总结推广基层组织活动经验，推荐的农林支社和友谊支社组织活动案例被社中央采用。指导基层组织联合开展活动，支社之间联合开展专题调研、联谊会、知识讲座等活动，创新活动形式。

（三）拓宽推荐渠道，着力发展高层次代表人士入社

积极物色优秀代表人士入社，邀请他们参加社市委活动，和他们交朋友。4年来共发展社员146名，其中具有高、中级职称者119

名。为了缓解区县社员发展难的问题，社市委领导多次主动走访各区（县）委领导及统战部，区（县）领导和统战部积极给社市委推荐党外优秀人才，先后有6名区（县）管干部、5名区政协委员、1名区特邀监督员、1名市劳模加入社基层组织。

四、发挥优势，借助外力，激发社会服务新动力

（一）发挥科技优势，不断丰富科技服务的内容和形式

近年来，社市委组织社内医疗专家开展义诊咨询活动8次，为孤寡老人、留守儿童、贫困农民和社区居民进行义诊、体检和咨询，为16户长期生病、行动不便的村民进行一对一医疗咨询和治疗，受到当地群众的赞誉。组织社员中的专家学者，在市级机关、街道办、社区、农村开展法律知识、防震减灾、健康知识、种植养殖等专题知识讲座和专题报告会12次，发放各类宣传资料千余份，普及了科学知识。

（二）注重横向联合，借力开展大型社会服务活动

社市委注重联合有关单位，借力开展社会服务活动，扩大社会影响。结合工业转型升级，与市工信委联合举办了"德国工业4.0与中国制造2025"专题讲座；围绕文化下社区，与西安对外经济文化促进会联合举办"迎新春书画联展"、"中国梦、三秦魂"演唱会、"中国梦、伴我行"文艺晚会，先后有1800人（次）观看演出；针对精准扶贫，联合省职业教育培训中心举办送教下乡帮扶活动，分两期对50名农民进行为期11天的创业培训。

（三）发挥骨干作用，促进扶贫开发和献爱心活动开展

社市委依靠社员企业家的捐助，在对帮扶对象调研的基础上，有

针对性地制定扶贫计划，先后组织了看望保洁员、节假日值勤干警和抗战老兵，慰问贫困户、留守儿童、残疾儿童和服刑人员未成年子女等活动，增强了帮扶效果；通过骨干社员协调，为定点帮扶村申请新农村建设资金20万元，向村卫生院捐赠医疗诊断咨询大数据服务系统，使当地群众得到了实惠；注意通过社务信息，宣传他们的事迹，激发了这些社员为社组织奉献的热情。

五、以服务意识为核心，以文化建设为抓手，探寻持续改进机关服务能力的新机制

（一）以作风建设为核心，增强机关人员的服务意识

深化作风建设，增强社员主体意识，提高服务质量。一是根据常委会和主委会议题，精心准备会议材料，认真落实会议决议、决定和议定事项；二是建立机关人员联系基层制度，要求机关人员做好联络员，参加基层支社活动，了解基层组织活动开展情况，帮助解决组织活动中的问题，及时反映社员对社市委工作的意见和要求；三是机关人员热情接待来访社员，积极帮助社员解决生活工作中的困难，让社员感受到社组织的和谐与温暖。

（二）以目标考核为抓手，不断提高机关执行能力

根据社市委年度考核指标，明确工作思路，制定年度和阶段性工作计划，通过抓重点、抓检查、抓督促，促进工作落实。年初，依据工作要点，对全年工作进行细化分解，签订处室目标考核责任书，处室确定所属人员的工作任务，强化责任意识。坚持利用周例会、机关办公会、半年初评的机会，对处室考核指标完成情况进行检查督促，促进工作落实。年底，召开机关目标考核会议，对处室和个人目标任

务完成情况进行全面检查,并将检查结果与公务员年度考核挂钩,确保各项工作落到实处。

(三)以机关工会为依托,建设和谐机关

2011年,社市委在市级民主党派中首家成立了机关工会。社市委以机关工会为依托,关心机关干部生活,积极开展文体活动,促进和谐机关建设。落实机关人员定期体检制度,为机关人员办理职工互助医疗保险,为机关人员过生日;机关人员或家属生病住院,及时组织大家前去看望;组团参加机关组织的乒乓球、越野长跑、飞镖、射击等活动,丰富了干部的文体生活,增强了机关凝聚力和向心力。

发挥优势　打造品牌
建设充满生机活力的市级组织

九三学社广州市委员会

近年来，社广州市委在社广东省委和中共广州市委的领导下，坚持正确的政治方向，带领全市各基层组织和广大社员，继承传统，加强学习；围绕中心，服务大局；突出特点，开拓创新；统筹兼顾，双岗建功；为提升九三学社影响力，推进广州经济社会发展做出了积极的贡献。先后获社中央"学习践行社会主义核心价值体系全国先进集体""组织建设先进集体""2011-2015年度社会服务工作先进集体""九三学社创建70周年优秀市级组织"等荣誉称号。

一、强化政党意识，弘扬优良传统，深入推进思想建设

近年来，社市委坚持把思想建设作为第一要务，不断深化主题活动内容，挖掘理论研究资源，拓展宣传工作载体，深入推进思想建设。

（一）加强学习，建设学习型参政党

利用纪念九三学社创建70周年、社广州市委成立30周年、中国共产党成立95周年等重大纪念活动的契机，把政治交接主题教育和

学习中共十八大以及十八届三中、四中、五中全会精神、中央统战工作会议精神、探索建立学习型参政党的长效机制等有机结合起来。领导班子通过参加党派领导班子思想建设研讨班、中央统战工作会议精神专题研讨会和主委、常委会议等形式率先垂范。机关干部利用每周的例会时间通读文件、学习政策。组织社员集中学，每年举办一次基层骨干学习班、新社员培训班，各基层组织结合实际开展组织生活会、学习座谈会。同时，创新学习形式，利用文件、网站、微信群、知识竞赛等形式，开展向先进典型刘瑞玉、杨佳以及"九三楷模"等学习的活动，做到了学习实践活动覆盖全面、特色突出。

（二）传承历史，发扬九三优良传统

回顾九三学社的发展历程，发挥社史以史育人的作用。邀请老社员口述历史，收集广州九三早期档案史料，编辑出版《九三风华（2）》画册、《九三人物（3）》、《社庆与抗战胜利纪念座谈会专刊》，通过回顾九三学社发展历程，把九三老一辈的坚定信念、优良传统和高尚风范转化为新一代九三人的价值追求。

（三）站稳立场，做好宣传工作

抓契机，每年"两会"期间，安排专人主动向新闻媒体介绍社员参政议政的重点活动和社市委重点议案提案的情况，提升九三学社的关注度和影响力。抓载体，充分发挥社市委网站、微信公众号，《广州九三》等窗口作用。抓典型，坚持发挥先进典型的示范带动作用，重点宣传在"双岗建功"活动中取得突出成绩的社员，引导社员向"身边人"学习，从"身边事"做起。同时积极整合资源，重新改选了理论研究小组，健全完善了理论研究工作机制和资助办法，不断提升理论研究工作水平。

二、加强班子建设，优化组织结构，提升组织建设质量

领导班子是一级组织的领导集体和核心力量，加强领导班子建设是实现自身发展的必然条件和内在要求。近年来，社市委以制度化、规范化和程序化为保障，加强领导班子建设，优化组织结构，加强后备干部管理，组织建设不断加强。

（一）加强班子建设

坚持年度召开全委会、季度召开常委会、每月召开主委会的会议制度，审议决定重大事项，并充分发挥民主，实行票决制。实行常委联系基层制度，班子成员深入基层参加活动，指导工作。注重发挥集体力量和个人特长，领导班子科学决策和民主决策的意识、能力、水平都得到进一步的提高，使"领导集体"的"集体领导"作用得到了充分而有效的发挥。

（二）优化组织结构

结合实际提出"三老三新"的组织工作理念，即巩固老阵地，开拓新领域；发扬老传统，适应新形势；坚持老原则，提出新要求。在社员的发展过程中强调"三高三专"的入社标准，把"高学历、高职称、高职务、专家型、专业型、专门型"人才作为改善成员结构的基本要求，着重在科技界、文教医卫界、社会新阶层等领域发展。发展过程中执行"三个一"的工作步骤，即至少与发展对象谈一次话、安排参加一次组织生活、考察观察一段时间。打好长远考虑的两个提前量，即为梯队建设和长远发展打好年龄结构的提前量，为政治安排和实职安排打好协商工作的提前量。成立增城支社，实现了社基层组织在广州市各行政区的全覆盖；成立金发科技支社，开创了广东省民主

党派在高科技民营企业成立基层组织的先河；成立广东金融学院支社，成为社市委在省属高等院校的第一个基层组织，拓宽了社市组织的组织结构，增强了组织活力。目前，社广州市委拥有14个委员会，7个直属支社，形成了三级组织、二级管理的模式。

（三）加强后备干部管理

注重做好后备干部储备工作，以动态管理模式建立后备干部人才库，逐步形成了后备干部梯队。积极推荐后备干部参加中共省委、市委统战部组织的各类培训、挂职锻炼。社市委主委带领班子成员多次走访市、区统战部和有关单位党委，主动上门，主动推荐，建立对话交流渠道并取得实效。目前，现职副处级以上社员74名（其中副局级以上15名），省、市、区三级政协委员、人大代表105人，担任市、区"特约四员"44人。

三、完善工作机制，深入调查研究，提高参政议政实效

坚持把服务广州的发展作为参政议政的第一要务，通过专题调研、论坛研讨、座谈交流、大会发言、界别发言、集体提案及反映社情民意信息等形式，全面有效地履行参政党职能，为广州经济社会发展献计献策。

（一）完善工作机制，探索履行职能的最大效应

形成了包括调研课题征集、申报、调研、撰写、转化、报送、奖励等一整套较为完善的参政议政机制，设立了参政议政专委会，修订了专委会工作规则，充分发挥其引领带动作用。注重借助外部资源，加强与政府对口部门的密切联系与项目合作，合同制承担政府项目，完成了市科信局科普计划项目"九三科普小喇叭系列活动"，连续承

担广州市建设国家级科技思想库研究课题专项项目。注重骨干培训，定期举办参政议政工作培训和交流。每年规范化开展课题招投标活动，实行重大调研课题主委负责制，由社市委领导牵头组织推进、带头督办。同时积极探索跨区域、跨党派开展联合调研、集体调研的新路子。

（二）履行政党职能，彰显参政议政的工作成果

认真开展重点专题调研，高质量地完成了多篇调研报告。其中，2014年社市委配合社中央调研组，对广州"大数据"建设展开调研，据此形成的《关于利用大数据等现代技术提升政府治理能力的调研报告》获得李克强总理批示，并获得社省委参政议政工作特等奖。社市委撰写的《中国现代化治理体系构建中民主党派的参政机制研究》获得2014年广东省统战理论政策研究创新成果一等奖。注重提高议案提案质量，近年来以社市委的名义向市政协大会提交集体提案34件，提交委员提案120件，人大议案、建议58件。其中，5件入选重点提案，5件入选优秀提案，10件入选大会发言，特别是《着力打造国际科技创新枢纽 加快广州国际自主创新示范区建设》被列为政协大会"一号提案"，由广州市委书记亲自督办。《广州市北部山区长效扶贫机制建设》《加快发展文化旅游战略性支柱产业 增强广州国家中心城市实力与影响力》等多篇提案被选定为市长督办提案或市政协重点督办提案。

四、突出科技特色，坚持社会服务，不断扩大社会影响

社市委充分发挥九三科技人才荟萃、资源丰富的优势，开展"科普大使"进校园（进社区、进乡村、进企业）、科学项目普及、科普

基地建设等系列社会服务活动,打造出"九三科普小喇叭"社会服务品牌。

(一)科普阵地和人才建设不断完善

自2012年"九三科普小喇叭"启动以来,已在广州大学、广州呼吸疾病研究所、黄冈中学广州学校、金发科技有限公司、广州市少儿图书馆、广州联炬科技企业孵化器有限公司、广州市机器人协会等9家单位挂牌"九三科普小喇叭"基地,成立了150多人的"同心"科技志愿者队伍暨九三科普大使讲师团,开通了九三科普微信公众平台,出版了《呼吸疾病戒烟治疗》《养生美食》等"九三科普小喇叭"系列丛书,"九三科普小喇叭"社会服务品牌效应日益凸显。

(二)创新社会服务方式取得实效

每年结合"国际科学与和平周"活动,开展送医、送药、送知识"进乡村、进社区、进学校"等社会服务工作。承办了九三学社中央院士专家科普巡讲活动;邀请各领域专家教授到大、中、小学开展科普进校园活动;每年在南沙区横沥镇冯马三村、花都梯面镇红山村等地开展"同心"义诊活动;在中泰国际广场商场、荔湾区站前街卫生服务中心等企业和社区普及医疗卫生知识,开展实用技术技能培训;作为主办单位之一,每年承办一次"广州同心大讲坛",邀请了钟南山院士、周福霖院士等专家学者做专题讲座。几年来,共开展各类科普宣传活动50余场(次),受益人数7000余人。同时结合九三学社中央"九地合作"工作部署,与南沙区政府签署了"九南合作"协议,成为广东省九三学社组织与地方政府开展"九地合作"的第一个项目。

(三)捐资助学力度不断加大

积极响应社中央"同心·智力行"活动号召,开展智力支教活动,推荐广州市绿翠中学、东风西路小学与贵州威宁县炉山中学、威宁第三小学分别签订帮扶协议,开展两地教学交流活动。先后向贵州三都民族中学、广西贺州市水口镇龙坪小学等贫困地区学校赠送一批电脑和科普读物,开展"免费午餐"捐助活动。向广州市教育督导室、东风西路小学、旧部前小学、朝天小学等捐赠书籍约5000册;为南沙中学5名贫困家庭学生提供了助学捐助。

(四)服务经济社会发展成绩显著

据不完全统计,近年来,先后有郑劲平、黄险波、许敬涛、熊冬青、蔡彤旻等5位社员获得国家级科技进步奖;有60多人(次)获得省、部级科技进步奖;有300多人(次)获其他各类奖励和荣誉称号;13名社员享受国务院政府特殊津贴补助。

凝共识　强制度　聚合力　谋发展
争当社务工作排头兵

九三学社天津市滨海新区委员会

天津滨海新区作为国家级综合配套改革试验区，随着改革开放不断深化，重点领域和关键环节取得重大突破，尤其是"五大利好机遇"叠加，使新区蓄势发展，厚积薄发。面对新形势、新常态，社滨海新区区委在保持传统的同时不断开拓创新，各项工作取得可喜成果，获社中央2015年全国优秀市级组织、2013年全国组织建设先进集体等诸多荣誉。

一、以学习宣传凝聚共识

社区委将学习党的方针政策、统战知识纳入工作例会中，注重学习社章、社史、老一辈的优良传统，注重宣传优秀社员的先进事迹、社内典型工作，不断用鲜活的事例激发社员爱岗敬业、立岗建功、履职尽责的热情。每年举办新社员及骨干社员培训班，每季度利用《九三滨海社讯》，每天利用"九三共享空间"和各区域微信群搭建学习宣传和交流的平台，不断凝聚同心思想共识。同时，鼓励社员参与各层次尤其是高规格的理论研讨，多篇新成果被《九三中央社讯》《民主与科学》等刊物采用。2012年，社区委获社中央"学习和践行社会主义核心价值体系全国先进集体"称号。

二、以制度建设规范工作

社区委建立健全20余项规章制度，以贯彻民主集中制，落实领导班子成员分工和职责，结合绩效考核落实领导班子和机关干部岗位责任制、年度考核和民主生活会等为重点，通过制度规范工作、严格例会、巩固成果。一是在分工明确和特色鲜明的工作机制保障下，社区委集中资源开展参政议政和社会服务品牌项目，重在履行党派职能；二是各专委会围绕热点、难点问题开展调研，重在发挥特色；三是各级组织严格工作程序，年初部署、年中推动、年终总结，重在取得实效。社区委年初召开全委会，制定工作计划，部署工作要点，通报财务预算；每季度召开主委扩大会，每半年召开全委会，研究、推动重点工作；年终总结全年工作、通报财务支出。

三、以组织建设推动工作

（一）实施"人才强社"战略。注重吸纳高层次、科技型、履职能力强的人才入社，严把质量和特色入口关。发展中，注重改善结构；发展后，注重传帮带。

（二）定期走访基层组织所在区域或单位的中共党委及统战部门，特别是在班子队伍建设和后备干部的选拔、培养和使用中，注重与中共统战部门和单位党组织的密切联系，争取支持和协助。

（三）社员管理工作实行主管副主委和机关干部并举分管、指导和参与相结合的联系基层制度，定期召开基层工作会议，听取意见建议、指导开展工作。

（四）因势利导开展基层活动，讲求实效。如，塘沽建立九三组织早，社员年龄日趋"老龄化"，离退休社员占六成左右。塘沽委员会专门设置离退休工作委员会，根据离退休社员的特点，组建歌舞、摄影、书法等兴趣小组，定期开展老年人适宜的休闲活动，为离退休社员参加活动、发挥作用创造条件。

（五）注重发挥老社员的传帮带作用。在每年的新年团拜、骨干社员和新社员培训班上，邀请老社员结合自身讲社史、谈体会和履职经验。如，在2014年塘沽九三成立30周年纪念座谈会上，由老领导张新环、巢元凯、张志礼、田广墅分别讲解社史和履职经验，讲述许德珩主席、韩启德主席为塘沽九三留下珍贵墨宝的经过，使与会成员受到深刻的社的优良传统教育。

四、以参政议政彰显特色

近5年来，社区委形成调研成果230余篇，大部分被选作市、区两级"两会"发言和常委会发言，多篇被选为全国"两会"提案或《九三中央社讯》采用。社区委连年获得社市委参政议政工作组织奖，社员中有7人次荣获"社中央参政议政先进个人"荣誉称号。

（一）加强组织保障。建立以区委成员、人大代表、政协委员、基层负责人和骨干社员为主的队伍；建立负责调研课题认领确认、督导和评审工作专委会；建立健全激励机制；日常工作中，做到主委亲自抓，分管副主委具体抓，专干分头促，层层发动，全社行动。

（二）选准调研课题。借势"五大机遇"，对接国家重大发展战略，瞄准社市委课题部署，对接市重点调研课题，紧抓社会热点，持续跟进。如，针对中新天津生态城建设，为更好地落实生态理念，社区委组织多次调研论证，自2012年至2015年持续跟进，提出的建议被生态城采纳。

（三）注重成果落实。通过招标将重点调研任务分解，成立专项调研组，并以组织形式落实，专委会和主委扩大会做好中期推动，经专委会和全委会投票，评出等次，分类别、分层级采用。专干分项目以时间节点控制进度，除应急专题协商外，一般每年3月发动，4月选题、认领、成立调研组、确定课题负责人，6月跟踪，8月形成初步成果，9月、10月两级推动、完善提升。对重点课题持续跟进，直至产生实效。

五、以社会服务展现风采

（一）坚持做到立足特色，突出亮点；整合资源，发挥优势；贴近需求，力求实效；做到量力而行，细水长流。近年来，社区委响应中共中央统战部和社中央号召，赴贵州毕节考察调研，援建威宁县海拉中学教学设备；为天津市民主党派"同心工程"蓟县实践基地——孙各庄满族乡捐赠科技书籍，帮扶果林经济，援建打井设备；围绕滨海新区民主党派"美丽乡村建设"，为大港民族村村民义诊、捐书；举办了"创建美丽环境　保护海洋生物鸟类摄影艺术展"、为"祥羽孤独症互助会"捐款等科普和爱心活动。

（二）注重省际合作，加强社会服务工作交流。社区委围绕"九地合作"，常年与社河北省委联合组织专家、学者到革命老区或社中央的帮扶点开展健康义诊、助学扶贫和"国际科学与和平周"活动，足迹遍布灵寿、涞源、河间、涉县多地。特别是2014年，组织社内医疗、生物、轨道交通、林业等专业的专家学者近30人赴河北省邢台市临城县开展义诊、捐助活动，并与县政府相关领导研讨县域经济发展。

（三）继承传统、开拓创新。在继承传统方面，发挥界别优势，开展以义诊咨询、科技帮扶、科普宣传为主的社会服务工作。各基层组织每年都组织医务专家到社区、工地、部队义诊，举办保健讲座和健康咨询，组织科技专家到街镇调研、支持区域经济发展。在开拓创新方面，围绕助推大项目，于2012年在中心商务区"建设者之家"首创民主党派助推新区发展的"同心"实践基地，并建立长效机制，每年上门服务，义诊受众达1500人次，发放宣传册近千份，捐助药品价值5000元，捐赠生活用品及健身器材价值近万元。

（四）把社会服务与其他社务工作有机结合。在革命老区举办新社员和基层骨干培训，一方面开展传统教育，另一方面，对老区开展科技扶贫、送医送药活动。在开展"踏井冈之旅，受革命教育"活动中，社区委组织社员捐款4360多元，购买了关于农村养殖、常见病治疗预防等科技书籍、光盘和十几种夏季常备药品，捐赠给井冈山老区人民。

（五）发扬担当精神，积极主动作为。在"8·12"天津瑞海危险品特大火灾爆炸事故后，8月13日上午，社区委就赶赴现场为消防官兵送去可口的热饭菜，并收集在该区域周边工作和生活的社员情况，第一时间为受灾社员送去慰问和帮助。同时，社区委号召社员发挥专业特长，参与抢险救灾。滨海新区60多名医务界社员，坚守一线，救死扶伤，很多社员捐款捐物，主动到安置点做义工。针对善后处置工作，社区委组织社员积极建言献策，通过直报或专报形式，先后提出《关于积极处理"8·12"事故污水和毒土的两点建议》《建立轻轨9号线第二控制中心的建议》《关于在海港生态公园建设中以植物进行生态修复的建议》，得到市、区有关领导的重视和批示。

六、加强机关建设，做好服务工作

机关建设注重树立"大服务"理念，克服机关人员少、社员人数多、分布范围广等困难，不断加强自身建设，努力做好各项社务工作。

（一）以制度建设规范机关工作。在借鉴原塘沽、汉沽、大港区委工作经验的基础上，建立并不断完善机关管理制度，并定期组织机关干部进行政治理论学习、业务知识培训。

（二）创新工作方式，提高工作效率。机关工作涉及面广，人员少，职能多，工作量大，机关干部都是多面手。如，为克服区域面积大、社员分布广、兼职领导工作忙的困难，增加电邮、微信等沟通方式，组织电话会议提高工作效率。自机关参加新区年度考核起，连年被评为优秀，并于2015年4月参加社中央组织的机关工作交流。

（三）机关财务工作做到公开透明。机关严格执行财政预算、决算制度，层层把关。每年将财政拨付的专项经费分为基层经费、业务经费、调研经费，专款专用。其中基层经费占比40%，按社员人数分到区域基层，用于基层活动；调研经费占比30%，用于区委专项考察、调研；每年拿出部分资金开展社会服务工作。每年年初、年中、年底分别向全委会作经费预算及使用情况通报。

凝心聚力　开拓奋进
打造高素质参政党市级组织

九三学社郴州市委员会

社郴州市委在社湖南省委和中共郴州市委的正确领导下，不断探索工作方法，凝聚社员力量，完善工作制度，搭建信息平台，在参政议政、社会服务、自身建设等方面取得了显著成效，多次受到社中央及社省委的表彰，赢得了中共郴州市委、市人大、市政府、市政协的充分肯定和广大人民群众的一致好评。

一、制度引领，全员参与，不断提升参政议政水平

社市委在不断探索的过程中，逐步形成了领导做表率、学习强基础、制度促参与的工作机制，不断提升参政议政工作水平和成效，2015年获九三中央"参政议政先进集体"荣誉称号；被评为2011年全省参政议政工作先进集体，获"2013-2014年度全省反映社情民意信息工作先进单位"一等奖；郴州市政协九三委员活动小组2014年、2015年连续两年获"优秀委员活动小组"一等奖。

（一）领导高度重视，奠定参政议政工作基石

社市委加强对参政议政工作的领导，班子成员工作责任明确，通过召开主委会、社市委全会、各支社主委会、社内人大代表政协委员会议等多层次、多形式的研讨会，认真研讨参政议政工作。同时，社市委班子成员积极参与，身体力行，亲自带队调研，撰写调研报告、提案建议材料和社情民意信息，为推进参政议政工作起到了表率作用。如：社市委主委潘执坤撰写的《把郴资桂"两型社会"示范带打造成"十二五"全市发展的主引擎》被称之为郴州郴资桂"两型社会"示范带建设的"顶层设计"，成为市政协2011年"一号提案"。社市委副主委曹世香撰写的《关于加强南岭植物园保护发展工作的议案》成为郴州市人大三届四次会议议案，市人大常委会专门为此做出《关于加强南岭植物园保护发展工作的决定》，植物园由此喜获发展"第二春"，成为郴州的"生态名片"并免费开放。

（二）完善工作制度，点燃参政议政工作激情

社市委制订了参政议政考核制度，量化工作任务，细化考核指标，加大对效果显著、成绩突出课题的调研经费投入力度。对相关人员完成社情民意工作任务做出具体规定，形成社市委主委会班子成员带头，全体市委委员、各支社主委、人大代表、政协委员、机关工作人员参与的联动机制。执行参政议政课题招标制度，社市委对中标课题组织专项调研，调研组共同讨论修改调研报告的新模式，参政议政材料质量不断提升。近3年，我们的参政议政材料被选作为全国政协重点提案1件、九三学社中央集体提案1件；省人大重点督办建议1件、省政协重点提案2件；选作郴州市政协大会发言材料9件，其中有5件得到市委书记或市长批示；共撰写社情民意信息189条，其中被社中央采用5条、社省委采用33条、省政协采用4条、市政协采

用7条,《应该适时终止散户型沼气补贴和推广》被中共中央统战部《零讯》采用,获全国政协主席俞正声批示。

(三)加强学习培训,提高参政议政工作水平

社市委针对参政议政工作的薄弱环节,连续几年邀请中央、省、市有关专家传授参政议政和社情民意信息的选题和撰写技巧,提高参政议政材料和社情民意信息的质量和水平。定期组织社员中的人大代表、政协委员沟通交流,安排参政议政能力强的社员代表社市委出席有关政治协商、民主监督、提案办理等活动,调动社员参政议政的积极性。每年选送一大批骨干社员参加省、市举办的学习培训,开阔视野,提升参政议政能力和水平。近几年涌现了一大批卓有成效的精品提案和建议。如:大会发言材料《还千年母亲湖应有的美丽》反响巨大,首开郴州市政协提案办理历史上"边开全会、边调查研究、边进行整改、边见成效"的先河,使郴州的母亲湖"北湖"的提质改造更加注重体现民意、集中民智。《保护东江湖流域生态环境是湖南"两型社会"建设的战略选择》得到时任省委书记周强的批示,被列为省政协2011年重点督办提案,目前,国家发改委已将东江湖纳入了湘江流域保护范围,并拨付专项资金进行生态补偿。《生态文化两翼并举 郴永大道助郴起飞》得到郴州市委书记和市长的批示,被市政协列为2015年"一号提案",目前,郴永大道建设规划、生态环境保护、文化旅游开发和基础设施建设正在稳步推进。

二、关注民生,凝聚力量,全方位打造社会服务品牌

近几年,社市委在利用科技人才服务社会、创建同心工程、筹措资金加大社会服务力度等方面进行了深入研究和探讨,形成了领导

牵头、社员联动、社会关注的郴州九三社会服务基本模式。打造了"九三林""九三学社·大塘同心共建学校""九三学社·花园洞同心社区"等社会服务品牌，开创了社会服务工作的新局面。2010年被社中央表彰为"全国社会服务先进集体"，2015年荣获社中央"2011-2015年全国社会服务工作先进集体"称号。

（一）凝聚集体智慧，激励社员参与

社市委成立了"科技服务"活动领导小组，制订了社会服务活动具体方案，组建了科技服务总队和七个小组，明确了科技服务项目，充分发挥社员专长，为郴州新农村建设、科技扶贫等做出了积极贡献。例如：农技专家社员为资兴市廖江镇陈家坪村的万亩双季稻优质高产示范区基地进行技术指导，使当地农民科技致富增收1300余万元；为永兴县湘阴渡镇堡口村农民提供农业技术咨询服务，指导种植高产无公害瓜果。建筑规划专家社员为永兴板梁古村规划设计建设提供专业技术指导，为古村的保护与开发建设献计出力。

（二）加强宣传力度，凝聚社会力量

"人多计谋广，柴多火焰高"，对于扶贫帮困等社会服务活动，民主党派的力量有限，只有加强宣传，凝聚社会各界力量，才能发挥更大的作用。为了给同心学校筹措建设资金，2014年策划了"同心同行同一个家——九三学子与大塘瑶族乡学子学习交流活动"，活动在郴州电视台新闻综合频道分四期播出。节目播出后，社会爱心人士纷纷致电了解情况，要求参与同心学校的建设，两年时间筹措资金120余万元，完成了学校热水系统安装、学校操场硬化及铺设塑胶地板、电子显示屏制作和教师周转房改造等建设项目，校园面貌焕然一新，也为2015年学子交流活动第二期顺利开展集聚了人气。在学子交流活动第二期义卖活动中，募资3.5万元帮扶了17位贫困学子；现在有更多爱心人士加入到同心学校的帮扶工作,为后续工作开展打下了良好的基础。

三、筑牢基础,务实创新,自身建设不断加强

社市委以学习培训为抓手,以思想建设为着力点,全面加强自身建设,取得了可喜的成绩。2012年荣获社中央"社务工作先进集体"称号;2013年、2014年连续两年荣获社中央"组织建设先进集体"称号;荣获社中央九三学社创建70周年"全国优秀市级组织"称号;荣获社省委纪念建社70周年"社务工作先进集体"及"组织工作先进集体"称号。

(一)深化思想教育,筑牢共同政治基础

一是确立工作理念,扬帆起航。在广泛征求各方意见的基础上,经过反复修改和讨论,明确了"传承、创新、民主、服务"的工作理念,推动了郴州九三各项工作持续快速发展。二是开展思想教育,提升政治素养。近年来,开展了学习中共十八大精神和社第十次全国代表大会精神;践行社会主义核心价值体系和"同心"思想教育活动;坚持和发展中国特色社会主义学习实践活动等,同时还开展了学习社章社史和向社内、身边先进人物如杨佳、刘真茂、刘瑞玉等同志学习的活动,增强了成员的政党意识和组织观念。

(二)加强组织建设,贯彻人才强社战略

为贯彻人才强社战略,社市委主委亲自抓组织发展工作,坚持"三个为主"的组织发展原则,制定了组织发展工作程序,有目标、有针对性地挖掘各种人才入社,发展了一批政治素质好、在本职工作中有一定成就、专业技术强、年轻有为的中高级知识分子入社;每年

组织新社员召开座谈会，让他们了解民主党派的职责，尽快进入角色。近三年发展的新社员中有博士1名，硕士12名，35周岁以下的16名，海归人士3名，优秀经济人士5名，各职能部门优秀人才8名。有计划的组织发展，提高了社员整体素质、优化了组织人才结构，为各项工作开展奠定了坚实基础。

（三）完善制度建设，营造锐意进取氛围

社市委制订了包括联系基层制度、走访探望制度、基层组织年度工作目标管理考核办法等41项制度，以单行本下发给各基层组织和全体社员，并针对制度实施中发现的问题，两次进行了修订。如：根据《基层组织年度工作目标管理考核办法》，对各基层组织的工作任务进行量化考核评分，并以填报《基层组织工作手册》为抓手，督促各基层组织认真开展组织生活、社会服务、学习培训等活动，在每年的社务工作会议上，按照制度规定对参政议政、社情民意信息、宣传报道等工作表现突出的基层组织和社员进行通报表彰和奖励，并向获奖个人所在单位通报。根据《联系基层制度》要求，社市委主委会班子成员和机关工作人员紧密联系各支社，为支社开展活动提供支持帮助和指导。根据《走访探望制度》要求，社员生病住院，社市委机关第一时间赶去医院看望慰问，并发挥医卫界别资源优势，为住院社员提供最贴心的照顾，使生病社员感受社组织家人般的温暖；每年老人节和春节走访慰问80岁以上老社员及家庭困难社员，送去组织的关怀。各项制度的实施为全社营造了团结和谐、锐意进取的良好氛围。

（四）搭建宣传平台，畅通沟通交流渠道

社市委开设了"九三学社郴州市委员会"工作网站，编印了《郴州九三》期刊，开通了cz93@163.com公共邮箱，建立了"九三郴州家园"QQ群、微信交流群及社市委官方微信公众平台。通过这些宣传交流平台，及时发布上级指示精神和社市委及各基层组织工作动态，更好地宣传了社内各项特色工作，为社员们了解时事，进一步贯彻落实中央和省、市工作部署奠定了基础，传播了正能量。

尽责履职　开创市级组织工作新局面

九三学社南昌市委员会

多年来，社南昌市委秉承爱国、民主、科学的优良传统，以参政议政为中心，以加强社会服务、组织建设、制度建设为重点，创造性地开展市级组织建设工作，全力打造"九三学社品牌"，各项工作成效显著，连续多年被社中央、社省委评为各项工作先进集体。社市委的主要做法是：

一、带动示范，机制保障，参政议政工作能力不断提升

（一）领导重视，率先垂范做榜样

1. 社市委主委亲力亲为，积极思考参政内容，每年都撰写2-3个重大课题。在榜样作用带动下，社市委班子成员和所有社员积极参与，主动报送课题，参与调研，社市委每年在社省委的中标和被采用课题数量都名列前茅。每次全委会，社市委主要领导均强调参政议政工作的重要性，并与大家分享参政议政工作的体会和经验。

2. 每年年初社市委主要领导亲自主持召开课题讨论会，根据课题立项拟出全年调研计划，确定带队领导和调研人员，并全程参与重点

课题的调研。

3. 社市委主要领导利用各种座谈会、民主协商会、情况通报会的机会，向党委、政府主要领导和统战部负责人提出相关意见建议，争取高层的认同和推动，促进参政议政工作成果的转化。

（二）建章立制，参政议政有保障

建立参政议政激励机制，有利于调动各基层组织和社员参政议政工作的积极性。2005年社市委通过并实施了《参政议政成果奖励办法》；根据实施情况，分别于2009年和2012年2月两次对办法进行了修订完善，加强了表彰力度。2014年制定了《参政议政工作制度》，对各支社小组和机关各部室做了详细的任务要求和工作部署，并优化了奖励方案，更加有力地激发了全市社员参政议政的热情与积极性。

（三）规范流程，操作有效出精品

1. 以时间为节点，稳步推进参政议政工作。年初，社市委向基层组织和全体社员发放参考提纲，征集课题；4月底收集完毕，开始审查申报的课题；5月底或6月中旬前通知立项课题申报人着手调研并给予协助；9月底收齐调研报告，经修改整理最终定稿。

2. 对重点课题或有需要的课题进行全程跟踪协调。首先，根据课题内容，协调社内具有相关专长或在相关行业工作的社员组成调研组，充实壮大调研力量。其次，召开座谈论证会，召集所有调研组成员对课题进行初步讨论，集思广益，确定调研方向和范围，拟出调研计划，确定调研时间，明确调研职责。最后，协调安排实地调查、听取情况通报。

3. 运用新媒体辅助参政议政。建立QQ、微信专题讨论群，将调研人员全部纳入讨论群，使调研组能及时共享所有成员收集的资料并讨论交换意见。

二、夯实基础，提高组织建设水平

（一）强化素质建设，做好组织发展工作

坚持着眼长远的角度，严把组织发展关，确保社组织的健康发展。

1. 规范组织发展规程。在遵循关于组织工作的方针、政策的基础上，结合工作实际，制定严格的组织发展规程，为基层组织发展工作提供有利于操作的规范。同时根据规范对发展对象进行考察，把握相关情况，征求中共市委统战部和发展对象所在地党组织的意见。

2. 在组织发展工作中吸纳多方人才。注重加强与市委统战部、各区县统战部和开发区党工委、市直各部门党委的交流、沟通工作，吸纳多名由党委部门推荐的优秀人才入社，为进一步拓展参政议政工作的深度和广度提供了人才基础。

3. 加强后备干部队伍建设。着重发展有参政议政能力、行政领导能力的优秀中青年知识分子，夯实人才储备基础。

（二）以创新为手段，支持基层组织开展活动

1. 制定社市委领导及机关干部联系基层组织制度。即领导班子成员分工负责联系不同的支社，参加支社组织生活，倾听社员心声，帮助他们解决实际困难。同时，把人数多、代表性强的支社打造成模范支社，及时将其成功经验加以总结，推广到各基层组织。

2. 通过市委会牵头，重点督办，点面结合，激发组织活力。例如城建系统支社作为老牌支社，成员分布在城建系统不同单位，如果没有单位党委支持，活动难以为继。社市委根据该支社特点，督促其制定活动方案，由社市委提供经费及场地，开展组织生活。现在城建支社已发展成为拥有40余名成员的大支社，既是社市委开展各项工作

的骨干支社，也是社市委参政议政的重要力量。

（三）整合优质资源，增强基层组织能力建设

针对许多基层组织为原大型国企或行业系统支社，企业改制后，人才流失严重，现有成员老龄化严重，活动难以为继的现状，社市委采取将其就近并入各城区、开发区组建联合支社和委员会的策略，以解决好组织的经费和活动场地等问题。为此，社市委领导亲赴各县（区）委、开发区党工委进行沟通，取得当地党委部门的支持。经过多方奔走，现已成立了高新区支社，红谷滩新区基层委员会也已完成前期筹备工作。红谷滩新区基层委员会的成立，将直接解决4个基层组织没有党委直接领导、110名社员的组织生活开展不规范等问题。同时社市委已将经济开发区支社的成立摆上了议事日程。

（四）深入基层，最大限度维护社员利益

基层活动开展不理想，最主要的原因不是经费紧张，不是活动方式单调，而是成员的思想认识问题。因此，社市委在依靠基层组织负责人，摸清成员思想脉络的基础上，积极帮助解决社员的实际困难和问题。对在政治上有培养前途的社员，积极与其所在单位沟通，多创造机会，加大培养力度。对那些适合搞研究、做学问的社员，也以组织的名义，加强与其所在单位沟通，帮助他们在科研立项、职称评定等方面取得一定进展。总之，社市委多渠道、多方面地助推社员事业的发展，从而提高社组织的向心力和凝聚力。

三、找准角度，量力而行，社会服务出成效

（一）从实际出发，有重点地开展社会服务工作

党派开展社会服务活动，受到人员和经费两方面因素制约。为

此，社市委改变以前分散、短期的"一地打一枪"游击式帮扶，转为连续针对一地的较集中、较长时间的驻扎式基地帮扶模式。做法是：先将最早建立共建和谐社区的西湖区南浦街办象山社区作为同心双共建城区服务基地；将经济较为落后、群众生活较为困难的新建县厚田乡西门村作为同心双共建乡村服务基地。然后与社区及村组织建立联动联系机制，发挥社内资源，采取"输血"变"造血"的方式，集中力量帮助其建设和发展。同时发挥优势，做好精准扶贫工作。近两年，社市委先后确定了以扶贫联系点安义县长均乡和长埠镇老下村为主攻的扶贫工作思路，每年集中帮扶一个村。经社市委领导和热心社员多方努力，为帮扶点提供了必要的经济支持和技术指导，使乡村面貌得到了较大改观。

（二）挖掘自身资源，努力拓宽社会服务工作渠道

依据社内科技、医疗人才丰富的优势，社市委鼓励各支社结合自身特点和资源，自主开展特色社会服务活动。如南昌县支社2014年成立了南昌县九三科技服务协会，以社区居民为服务对象，免费为群众开展社会志愿服务。新建县支社长期以城市建设为主题，开展白蚁防治、房屋交易、抵押登记、房屋办证、住房保障等政策的宣传与咨询，并争取资金给社区旧房维修与改造。医卫系统支社与市第一医院联合多次开展送医活动，并帮助生病患者在当地医院建立医疗档案。青云谱支社以捐资助学、回馈社会为中心，为青云谱实验学校的15位品学兼优、家庭困难的学生每人每年发放2000元助学款。

（三）加强联动，多方合作开展社会服务工作

社市委加强横向与纵向的联系，争取有关部门的支持和帮助，实现内外结合，资源集聚。

1. 建立社内动态的高素质、有能力、乐于奉献的社会服务队伍。

2. 建立三级互动模式。社市委多次联合社省委、市基层组织共同开展三级联动的社会服务活动。如南昌县支社联合县科协，在社省委帮助和支持，以及社市委协调下，向省科协成功申报在同心共建点打造社区科普展示基地。由县支社、县科协和莲塘镇三方合力出资建设的社区大型全媒体科普阅览器，5D科普电影院、科普仪器作用原理展示区也建成并投入使用，深受群众欢迎。此外，南昌县九三科技服务协会还积极参加省民政厅公益创投项目申报，其社区志愿服务试点项目获得立项，通过政府购买服务的扶持方式，保障了开展社会公益活动的经费。

3. 想方设法动用资源优势，扩大服务范围。如联合对口联系单位科协开展科技讲座或咨询活动；与相关扶贫单位司法局、审计局合力开展送温暖活动；联系社员担任领导职务的单位如计生局获取计生物资和宣传资料等。

四、提高认识，科学管理，进一步提升机关服务水平

一直以来，社市委都以机关建设为抓手，展示机关风貌，提升机关形象。根据新形势新要求新的工作内容，制定出台新的制度及各项配套措施，逐步形成一套行之有效的办文、办会、办事工作程序和规则，力争使机关各项工作有章可循，有序运转，提高机关工作程序化、规范化和科学化水平。坚持多样的学习方式，倡导"好学、高效、民主、和谐"的党派机关文化。2016年，社市委以入选社中央机关能力建设试点单位为契机，将继续强化制度保障，加强科学管理，打造机关干部良好的学习力、执行力、协作力，不断提升机关干部的政治认知与政治品格，培养团结务实的工作作风。

规范组织建设　发挥党派优势
为促进地方经济社会发展献良策做实事

九三学社重庆市涪陵区委员会

社涪陵地方组织成立以来，充分发挥"人才荟萃、智力密集、联系广泛"的优势，紧紧围绕地方经济社会发展大局，认真负责地履行参政党职责，努力建设成为"思想上坚定、履职上坚实、组织上坚强"的地方组织。

一、以提升能力为目标，不断加强组织建设

社涪陵区委以提升"五种能力"为目标，不断加强社组织建设，被社中央评为2006-2015年度全国优秀市级组织。

（一）常抓理论学习教育

坚持把政治学习和思想教育放在组织建设的首位，强化政治信念，增进思想共识。

1.坚持理论学习，坚定政治信念。建立健全学习教育制度，通过社区委全委会或主委会集中学习、各支社集体学习和社员自学等方式，学习中国特色社会主义和多党合作政治理论，学习历届中共中央

总书记关于多党合作和民主党派建设的重要讲话精神，让社员更加坚定"同心、同向、同行"的政治信念。

2. 坚持传统教育，强化九三意识。近年来，认真组织开展了中国共产党成立90周年、"五一口号"发布65周年、九三学社建社70周年暨中国人民抗日战争胜利70周年等系列庆祝活动，重温中国革命和多党合作的光荣历史，让社员永远铭记"爱国、民主、科学"的光荣传统。

（二）实施人才强社战略

认真贯彻社中央《关于实施人才强社战略的意见》，积极引导业务能力强、思想素质好、社会影响力较高的中高级知识分子加入九三组织，凝聚发展力量。在新社员发展中，注意引导、吸纳学历和职称较高的人才入社，突出九三特色。全区社员中有硕士及以上学历者34人，占社员总数的11.1%；获高级及以上职称者121人，占社员总数的39.7%。现有5名社员任政府及部门实职领导，有5名社员被中共涪陵区委确定为后备干部，近年来有7名社员先后被中共区委组织部选派到浙江省、市级部门和市内其他区县挂职锻炼。

（三）加强组织体系建设

按照参政党科学化建设要求，规范社区委和基层组织的领导班子建设。

1. 加强区委班子建设。本着"集体领导、民主协商、集体决定"原则，建立了社区委民主议事规则、社区委委员及领导班子成员分工及岗位责任制度、社区委及领导班子成员履职民主测评制度等工作制度或机制，社区委领导班子成员及委员团结协作、敢于担当，各项工作推进规范有序、富有成效，得到中共涪陵区委及区委统战部、九三学社重庆市委的肯定。

2. 加强基层组织建设。建立支社领导班子管理制度，注意培养吸纳中青年社员进入支社班子，配齐配强支社班子，确保支社班子有活力。建立支社与行业主管部门或所在地政府的挂靠联系机制，确保支社活动接地气。建立目标支社工作考核制度，对各支社的组织活动和社员履职等情况量化评分，将支社活动经费与考核结果挂钩，确保支社工作有动力。建立委员联系支社制度，社区委委员定期到所联系支社开展讲政治理论、讲社章社史、听意见建议等活动，确保支社发展有方向。

（四）提高机关工作水平

按照行政机关建设规范和社务工作要求，建立健全社区委机关工作制度，不断提高社务工作规范化水平。

1. 服务关心社员。坚持在传统节日、社员生日为社员送祝福，重要节日开展庆祝联谊活动，不断增强社组织的凝聚力。近年来为3名社员申请到王选关怀基金，帮助他们缓解了疾病带来的经济压力。在2015年，整理编印已故九三学社涪陵地方组织创始人——周芳雄老先生生前系列文稿《老友的梦》三部，60余万字，不仅让周老家人倍感欣慰，广大社员也深受鼓舞。

2. 营造社员之家。按照"一块牌子、一个场所、一个理念、一个平台、一套机制"的标准建设了社员之家，借实施社中央第二批市（区）级组织机关能力建设试点项目之机，进一步充实了社员之家的功能。建成图书阅览室，购置各类图书800册，还连接了涪陵图书馆、CNKI数据期刊、超星电子图书库等电子图书系统，社员有了理论学习和学术研究的园地；建立信息交流平台，开通了"涪陵九三"微信公众号和短信平台，充实了《涪陵九三》社讯的内容，社员有了互动交流和风采展示的阵地；建立九三文化墙，展示九三学社章程、光荣历史、代表人物和社区委的亮点工作，社员有了对九三组织的温馨感和归属感。

3. 活跃论坛交流。建立社务信息交流机制，及时收集编发社员及社组织活动信息。近年来，社区委向有关方面报送信息300余篇，被九三学社中央采用3篇，被社市委及有关媒体采用50余篇。建立理论研究机制，积极组织社员参加社组织的论坛或征文活动。近年来，先后有5名社员参加社中央"九三论坛"交流活动；在九三学社创建70周年征文活动中，社员韩善模撰写的《"九三"颂歌》（组诗）和《纪念世界反法西斯暨中国人民抗日战争胜利70周年》（组诗）被《民主与科学》微信平台采用；在九三学社重庆市委2015年参政党理论与社史研究中，社员提交的7篇论文全部获奖，3篇被社中央《参政党理论研究与社史研究论文集》收录。

二、以调查研究为抓手，不断加强参政议政能力建设

社区委不断完善参政议政工作机制，积极为地方经济社会发展建诤言、献良策、出实招，荣获社中央2014年度参政议政成果贡献奖集体二等奖。

（一）深入开展课题调研

按照"党委出题、党派调研、政府采纳、部门落实"的课题调研机制，每年承担一项中共涪陵区委下达的专题调研课题，连续4年提交的调研报告获一等奖，得到有关区领导的充分肯定和重要批示。主动承担九三学社重庆市委的常委调研课题，为社市委提供调研报告和政协集体提案素材。2014年中标"关于创新我市行政服务体制机制调研"，形成《创新我市行政服务体制机制的建议》，被作为重庆市政

协集体提案，由社区委主委黄华代表社市委在重庆市政协四届四次大会上交流发言，得到黄奇帆、张国清等重庆市政府领导的批示。

（二）精心打造提案议案

建立健全集体提案工作机制，由基层组织和社员调研提供素材，提交社区委筛选，集中打造政协集体提案，重大议题与有关民主党派、政协专委会或界别小组联合提出政协集体提案，社区委提交的政协集体提案质量不断提高。2012年来，社区委共向涪陵区政协提交集体提案88件，其中，重点督办提案26件、区领导亲自督办提案12件、区政协优秀提案12件，向涪陵区政协会议提交大会发言材料5篇。2015年有三件政协集体提案分别由中共涪陵区委、区政府、区政协的主要领导领衔督办。同时，社员中的政协委员向市、区政协提交个人提案163件；社员中的人大代表向市区人大提交个人建议63件，有5件形成人大议案。

（三）积极反映社情民意

创新社情民意信息机制，组织广大社员积极关注民生、反映社情民意，为党委、政府及主管部门决策提供参考意见，多次被社市委、区政协评为社情民意先进集体。共向社市委、区政协和中共涪陵区委统战部报送社情民意180篇，被采用95篇。《紧急呼吁：长江水运企业亟待减负松绑》《关于综合利用建筑垃圾的建议》被社中央和全国政协采用。

三、以科技推广为特色，不断做实社会服务工作

社区委贯彻落实《九三学社中央关于加强社会服务工作的意见》，突出科技特色，搭建服务平台，扎实服务民生，被社中央评为2011-

2015年度社会服务先进集体，有10名社员荣获社中央和社市委"社会服务工作先进个人"称号。

（一）做实"九地合作"平台

社区委与重庆市涪陵区罗云乡、大顺乡政府分别签订了"九罗合作""九顺合作"协议，组织社员、协调有关专家为两个乡的发展出谋划策。

1. 具体化服务进乡村进学校活动。近5年来共组织社员到合作乡结对帮扶贫困户300余户、资助贫困学生24人次、捐款捐物价值40多万元，举办科技扶贫培训10场次、接受培训群众3000人次，开展义诊活动5次、接受义诊群众1500人次。2015年，积极争取社中央新农村建设项目资金10万元，协调落实有关方面资金40余万元，帮助大顺乡提档升级一家养老院，让70余名老人在此安享晚年。

2. 常态化支社联系对接基层制度。组织13个支社与罗云乡、大顺乡的有关单位、行政村结对子，利用社员的特长和优势每年为结对单位办1-2件实事好事，增强社员的社会责任感。2015年以来，长江师范学院支社组织社员到大顺乡中学举办了6场教学辅导专题讲座及交流活动，捐赠学生科普读物100余册，选派社员辅导的13名优秀本科生到该校顶岗实习，受到学校师生的好评和教育主管部门的赞扬。

（二）做实"九企合作"平台

搭建科技服务平台，发挥人才荟萃优势，积极开展科研及推广活动。社区委科技服务部与建峰集团工程技术研究院、重庆市涪陵正星兽医药械有限责任公司等企业建立了科技合作服务机制，合作研究完成了"优良肉兔引进与配套技术示范推广""重庆黑山羊保育选种研究"等科研项目，指导帮助合作企业提高了科技水平和经营能力。社区委争取社中央"南方羔羊育肥示范"项目资金20万元，与重庆壮益畜禽发展有限公司合作，完成了"重庆黑山羊品种选育研究"课题研究和"渝东黑山羊"品种选育基地项目建设，为"渝东黑山羊"品种通过国家农业部命名、"渝东黑山羊"保种场通过国家级保种场验收奠定坚实基础。指导帮助重庆市涪陵正星兽医药械有限责任公司完善法人治理结构和科技创新机制，为该企业成功进入重庆"OTC"平台挂牌培育上市助了一臂之力。

创新机制 求真务实
积极履行参政党职责

九三学社西宁市委员会

一、常抓思想建设，凝聚思想共识

（一）深入学习，不断提升政治理论水平

1. 利用委员（扩大）会、主委会、机关工作会议等，集中学习各种政治理论和省、市统战理论、精神。通过网络和《民主与科学》《中国统一战线》《人民政协报》等报刊，引导社员自学，切实提升政治理论水平。

2. 举办以"学社章、社史，做合格社员"为主题的新社员培训活动。由副主委亲自主讲，向新社员讲解社史社章和九三学社爱国、民主、科学精神，提高社组织的凝聚力，增强社员对党派的认同感、归属感。

3. 开办"九三讲堂"学习平台，通过邀请社内外著名专家、学者做客讲堂，对社员进行爱国主义、多党合作制度及九三学社优良传统等方面的教育。

4. 积极参加各类会议。参加每季度市委统战部组织的全市党外人士通报会，学习市委、市政府的相关文件精神。参加市委组织的民主协商会议，听取全市经济发展运行情况，结合实际为全市经济健康稳定发展建言献策。参加与市政府各部门对口联系座谈会，加强与对口联系单位的沟通交流。

（二）开展培训，不断提升履职能力

1. 每年组织社员参加社中央、社省委、中共西宁市委及市委统战部举办的各类培训班。2015年，副主委裴改花参加了西宁市委组织部在清华大学举办的县处级领导干部能力提升班，5名骨干社员参加了市委统战部组织的民主党派培训班，1名社员参加了社中央举办的基层组织骨干培训班。通过系统学习，增强广大社员的政策理论水平，提升了履职能力。

2. 积极举办各类培训班。2015年，组织社员开展了思想宣传和组织能力培训。机关专职工作人员对社员进行面对面培训授课，有效提高了基层支社宣传、组织工作能力。并邀请专业人员，对机关工作人员进行了办公自动化技能培训。

（三）精心组织，积极开展学习实践活动

1. 组织社员开展纪念中国人民抗日战争胜利和九三学社正式成立70周年知识竞赛及参观西宁文化、看西宁变化等活动，让社员们回顾历史，展望未来，为实现伟大中国梦而努力。

2. 组织社员到海北州原子城参观，学习曾荣获"两弹一星"功勋奖章的王淦昌、邓稼先等九三前辈的先进事迹，增强社员们的荣誉感和自豪感。

3. 积极推进"同心品牌"建设，组织社员们赴重庆、延安等地学习考察，进一步坚定与中国共产党在思想上同心同德、目标上同心同向、行动上同心同行。

4.每年利用"三八""五一"等节庆日,开展文体书画摄影展、演讲比赛、歌咏比赛、征文、联谊赛等丰富多彩的文体活动,增强社组织的凝聚力。

二、健全组织体系,激发组织活力

(一)加强自身建设,提升组织能力

1.完善各项规章制度,明确班子成员分工和职责。制定了《九三学社西宁市委基层工作考核办法(试行)》,使工作考评有了依据和抓手。建立、健全奖励机制,提高了基层组织和机关干部工作积极性。

2.按时召开主委、委员(扩大)会议,及时传达相关文件、会议精神,通报社市委工作情况,了解基层组织活动情况,提出工作意见建议。

3.积极申报社中央机关能力建设试点单位。目前,社中央已批准九三西宁市委为第二批机关能力建设试点单位,下拨建设经费8万元,有力支持社市委机关建设。

4.积极走访对口联系单位,加强相互了解,增进工作感情和信任。经常走访区县统战部和社员所在单位,加强联系和沟通。

5.主动向社省委、市委统战部请示汇报工作,反映工作中的困难和问题。邀请社省委、市委统战部的领导参加社市委活动,做到多联系、多沟通,增进工作感情。

6.通过"两节"慰问、国庆节座谈、重阳节活动、探望生病老社员、为困难社员和地震灾区捐款、为贫困社员申请王选救助基金等,了解社员心声,反映社员诉求,团结凝聚人心,使社组织成为温暖的社员之家。社员刘娟,曾患有严重心脏病,社市委两次组织为她捐款。2015年，为她申请了1.5万元王选救助基金，后确诊患有鼻癌后，又积极倡议社员捐款1万元，用社组织的力量鼓励她战胜病魔。

（二）落实"人才强社"战略，激发组织活力

1. 做好发展新社员工作。在保持自有特色的基础上，积极吸纳科学研究领域、政府机关、文化传媒和企事业单位等有发展潜力的中青年人才，每年发展新社员近20名，为组织增添新鲜血液。

2. 科学管理人才信息库，由专人负责社员信息动态更新，及时向"社员和组织信息管理数据库"录入新社员信息，确保信息的时效性和完整性，实现动态、科学管理。

3. 重视后备干部培养，关注后备人才队伍储备，将后备干部队伍建设与组织发展紧密结合起来。

4. 积极开辟人才推荐渠道，抓住各种时机，向市委统战部推荐后备干部30名，两名机关干部分别到省委统战部、街道办事处挂职锻炼。

三、转变宣传思路，拓展宣传渠道

一是围绕年度中心工作，及时把社市委的重要会议和重大社会服务活动、参政议政情况报送各级主流新闻媒体，扩大九三学社的社会影响力，提高知晓率。2015年，社市委多次到联点村开展扶贫帮困义诊活动的报道，在西宁网络电视台《夏都新闻联播》中播出，积极宣传社市委工作。

二是编撰内部刊物《西宁社讯》，及时报道社市委各项工作开展情况，刊登学习先进人物事迹，用榜样的精神激励广大社员。

三是以机关干部参加"一号文件"下乡宣讲、创卫和社会服务活动为契机，加大对九三工作的宣传。如在湟中县水滩村开展社会服务

活动时，副主委裴改花向前来参加活动的群众详细讲解了九三学社的相关知识，取得较好反响。

四是通过履职来加大宣传力度。每年"两会"是社市委反映参政议政工作成果的最佳平台。在2015年全市政协会议上，社市委的《创新机制体制　加大科技投入》《农村土地撂荒不容忽视》的大会发言，引起较强反响。在2015年8月召开的全市民主协商会议上，社市委《加大全市科技精准扶贫力度》的发言，得到西宁市委的高度重视。《关于尽快改造解决老旧住宅区基础设施供暖的建议》《关于建设智能城市　提高城市管理水平的提案》的提案受到我市媒体的关注，对办理情况进行了追踪报道。

五是加强与省外九三学社组织的联系交流，通过电话、社刊交流，扩大宣传效果，并组织社员到河南新乡等地学习工作好做法、好经验。

四、围绕经济中心，全面提升履职能力

一是围绕全市经济中心和群众关心的热点问题，统筹谋划，每年深入开展调研活动。2015年，针对西宁市高校毕业生创业、就业难的问题，组成调研组深入全市各大院校和各大学生创业孵化基地，与大学生面对面交谈，掌握了第一手资料，高质量完成调研报告，为市委市政府决策提供了参考。今年，调研课题将紧扣教育精准扶贫，就解决全市原民办教师遗留问题等开展调研。

二是进一步发挥协商民主作用，充分利用全市"两会"、民主协商会议等渠道，集思广益，提出真知灼见的意见建议。2015年，社市委提交提案、建议24件，其中《今年西宁市蔬菜供应良好　还应

推广供应无公害蔬菜的提案》《关于加强宠物管理的建议》《关于建设智能城市　提高城市管理水平的建议》成为市政协主席重点督办提案。

五、结合具体情况，开展有特色的社会服务活动

一是通过项目带动，精准扶贫。2013年，社市委与大通县青山乡西北岔村主动建立联点帮扶，了解到该村高海拔、人多耕地少、农作物歉收的实际困难后，与社省委领导到该村进行实地查看，多次与市农牧局有关领导和大通县林业局领导就该村扶持合作社相关项目进行接洽、沟通，通过努力，为该村合作社种植中药材解决了25万元的项目资金和1万元的办公设备。2015年初，又经多方联系协调，为有合作意向的投资人牵线搭桥，双方初步达成了合作种植一千亩中药的口头协议，并为合作社争取到6万元的项目资金，为促进当地经济发展起到了推动作用。

二是深入基层，开展扶贫、助教活动。2015年，社市委积极争取救助资金4万余元，对联点村28户困难户进行慰问，先后送去化肥及价值1万余元的油菜种子。积极联系市体育局，为另一联点村送去价值2万元的体育器材。

三是捐资助学，为困难学校捐赠学生课桌椅、体育器材、图书、电脑等，为贫困大学生争取救济金6000余元。

四是积极开展能发挥社员特长和优势的社会服务活动。多次组织科技界、医务界社员赴边远农村开展送科技、送医送药义诊活动，并免费发放药品。

六、加强服务意识,提高基层工作水平

一是建立了社市委领导干部联系基层组织工作制度,指导基层支社开展调查研究、社会服务和自身建设等工作,准确把握基层组织的困难和问题,力所能及地帮助社员,做好服务工作。

二是建立并完善了基层支社正副主委职责、组织宣传、学习、活动、社费收缴、档案、财务等相关制度,使支社领导班子分工明确,各负其责,互相配合,工作开展规范有序。

三是指导基层支社开展各类活动,每季度开展一次支社活动,及时主动向区县统战部请示汇报工作,学习通报区县两会、统战精神,积极开展调研、社会服务等活动。2015年,各支社上报高质量的调研报告9篇,提案、建议近20件。

四是重视发展党外人士,积极结交和发现区域内的优秀分子,介绍加入九三学社组织,每年各支社都有一定比例新社员入社,为社组织的发展增添了动力和活力。

五是对基层组织工作中涌现出的先进支社、优秀调研报告、优秀提案人员、社会服务先进个人进行年终表彰奖励,提高社员的积极性和荣誉感。如,2015年表彰了优秀社员20名,先进支社3个,社会服务先进集体2个,优秀调研报告6篇。

新乡之新　在于常新
提升市级组织综合实力

九三学社新乡市委员会

2009年社河南省委开展社务工作量化评价活动以来，社新乡市委连续7年在全省各社市委中名列前3位，被评为社务工作先进集体，"综合实力"稳居全省第一方阵。当一次先进容易，年年当先进难，九三学社新乡市委却在河南省创造了一个"花有百日红"的奇迹。这正是得益于九三学社新乡市第七届委员会领导班子从实际出发、从全局出发，敢于创新、善于创新，促进社务工作整体水平提升。

一、凝聚正能量，思想建设常抓不懈

（一）紧跟形势，专题教育要做实

近年来，社市委紧跟形势，切实做好政治交接学习教育活动、坚持和发展中国特色社会主义学习实践活动、纪念九三学社成立70周年等专题教育活动。在具体做法上，社市委注重两个结合，即把专题学习活动和做好本职工作结合起来、和做好社务工作结合起来。通过集中充电、自我提升，在广大社员中进行深入的思想教育，明确政治方向，凝聚政治共识，巩固共同政治基础。

（二）挖掘典型，树立身边的榜样

典型是有形的正能量，是鲜活的价值观。来自社员身边的榜样更容易让社员产生亲切感和学、赶、超的愿望。近年来，社市委着眼全市模范人物的评选，积极推荐的社员刘四清、于贤娇顺利当选为"最美新乡人"、红旗区"助人为乐"道德模范。社市委有效利用网站、社讯、微信公众号、飞信群、QQ群等平台，宣传这两名社员的先进事迹，发动社员参与网络投票。两位社员顺利当选的好消息传来时，不少社员发来感言："自豪感瞬间爆棚""九三社员棒棒哒""向身边的榜样学习，为九三增光"……

（三）注重宣传，干得好更要说得好

为了更好凝聚人心，树立九三学社的良好社会形象，社市委高度重视宣传工作。一方面不断丰富社内宣传平台。2006年，社市委在全市6家民主党派中率先开设网站。10年来经过3次改版，内容更加丰富，栏目更加合理，成为社市委第一资讯平台。同时，社市委还创办了《新乡九三社讯》，图文并茂，贴近基层。2015年，社市委又开通了微信公众号，将社务资讯第一时间推送到社员手机端。另一方面加大社外媒体宣传力度。自2008年起，社市委每年在《人民政协报》《团结报》等全国性统战媒体发稿数十篇，在全省各社市委和全市各统战单位、政协组成单位中稳居第一。近年来，社市委注重发挥当地媒体作用，在《新乡日报》《平原晚报》的发稿量有很大提升，2015年达到47篇。

二、下活整盘棋，组织建设注重实效

（一）领导班子高度团结，当好"火车头"

"火车跑得快，全靠车头带"，社市委第七届委员会可谓是新乡九三的"火车头"。2011年换届以来，第七届委员会在主委杨书廷的带领下，心往一块聚，劲往一处使，制定并贯彻了《领导班子集体学习制度》《主委班子谈心会制度》《主委、副主委联系基层制度》等规章制度。社市委高度发扬民主，社的重大事件畅所欲言、集体决策，做到没有明争暗斗，没有相互掣肘，没有当面一套、背后一套，没有"不和谐音"。

（二）基层组织建设百花齐放，不拘一格

1. 配好基层组织班子，"不拘一格用人才"。社市委探索了两个做法：一是人选酝酿上放权给各基层组织，只要是有利于班子和谐，组织发展的，社市委都大力支持；二是建立常态进出机制，对于长期不发挥作用的"僵尸"班子成员，随时召开支社会议调整，发现主动担当社务工作的有能力、有热情的社员，大胆给位子、压担子。

2. 丰富组织活动形式，"百舸争流千帆竞"。社市委探索设立"基层组织活动月"，引导各基层组织把最有特色和亮点的活动集中起来开展评比，取得了较为显著的效果。一是选择一个活动主题；二是做足"磨刀"功，年初开始布置各基层组织上报活动计划，年中再次召开基层组织负责人会议推进此项工作；三是走好群众路线，社市委领导班子成员带头下基层，积极参加基层组织活动，了解社员诉求；四是发挥竞争效应，基层组织活动积极邀请其他支社主委参加观摩，相互交流，增加活力，年末结合量化评价开展评比活动，形成百舸争流千帆竞的局面。

3. 优化基层组织架构，"横看成岭侧成峰"。一是拆大扩小。社市委将人数超过50人的大支社改建为基层委员会。在组织发展上向人数较少的支社和直属小组倾斜。二是突破社员老龄化难点。为老社员建立"两套编制"，一方面成立老年支社，由社市委负责提供活动场地、活动经费，组织适合老年人参加的读书会、茶话会、学书法绘画等活动；另一方面要求原属支社活动有选择邀请老社员参加。

（三）把好入口关，重点做到思想入社

"问渠那得清如许，为有源头活水来"。社市委严把入口关，组织发展上宁缺毋滥；重视新社员培养，做到不仅组织上入社，更要思想上入社。社市委在长期的工作中发现，新社员对社组织的热情有大约三个月的"激活期"。在这一段时间里，如果社组织对其进行系统教育，关心其工作和生活，组织其参加社务活动，新社员的热情就会被成功"激活"，顺利进入"蜜月期"，思想活跃，积极主动。而如果这一段时间社组织对其不闻不问，新社员就会产生加入九三学社没啥意义的想法，热情很快下降，进入"平淡期"甚至"疏离期"，再想"激活"就存在很大困难。因此，社市委非常重视新社员的联系和培训工作。一是主委班子和机关干部"分配到人"，做到入社前和培养对象当面谈话一次以上，一个月至少和当年发展的新社员联系一次，使新社员感受到组织的关心；二是每年举办一次新社员培训班和新老社员座谈会，帮助新社员尽快融入集体，找到归属感；三是在社务工作中重视新社员的参与度，根据个人特长和优势引导其做出贡献，帮助新社员找到存在感。

三、有为才有位，履行职能不含糊

（一）参政议政有声音

1. 联合调研"放大招"。社市委探索了"团结一切可以团结的力量"，打出"组合拳"，实现"参大政"的工作模式。2012年联合新乡市6家民主党派和工商联，对新乡市东西部发展不均衡问题进行深入调研，提出建设西部新城的建议，以直通车的形式上报市主要领导，得到时任市委书记、市长的重要批示并付诸实施，目前，西部新城建设正在如火如荼地进行中，造福新乡西部几十万群众。这个建议已经成为新乡市统战系统参政议政的成功案例，多次在全市统战工作会议上提到。

2. 组织保障做后盾。为了保障参政议政工作成效，社市委成立了两个队伍。一是重新调整了专门工作委员会。设立了参政议政咨询委员会，招贤纳才，将新乡九三参政骨干和精英聚集一堂。一方面承担重点调研课题，集中兵力，做实做深；另一方面作为"专家团"，集体审议社市委集体提案和调研报告，择优选用。二是成立了社情民意信息员队伍。以支社为单位，选派1-2名信息员，每月报送1篇以上社情民意信息。

3. 集体提案来"招标"。2014年以来，社市委探索了集体提案"招标"的做法。在每年市"两会"召开前一个月左右，根据市政协提供的提案参考题目，召集社内参政骨干集体商议。各位参政骨干各展所长，就自己熟悉的领域、感兴趣的课题主动领题，挑兵点将，限定时间交出答卷。实施这个办法以来，社市委集体提案的数量和质量都有很大提高，多篇被市政协评为优秀提案。

4. 参政讲堂轮流坐庄。为了发挥参政骨干传帮带的作用，发现和培养更多的参政人才，社市委在参政议政骨干培训中，发动有实力、有兴趣、有热情的同志主动请缨，轮流"坐庄"。通过身边的榜样现身说法，揭开参政议政"神秘的面纱"，帮助更多的社员了解参政议政的方式，掌握参政议政的技巧，领略参政议政的魅力。有兴趣的社员还可以当场"拜师"，请有经验的参政骨干现场"一对一"辅导。

（二）社会服务有平台

1. 有效利用社省委和市委统战部搭建的"沪豫科技合作""同心实践活动"平台。2011年、2012年、2013年积极推进新乡医学院、新乡医学院二附院、新乡学院分别和上海方面达成"沪豫科技合作"协议，为推进这些单位的发展做出了贡献。2013年、2014年，响应市委统战部号召，积极开展同心实践基地建设，协调筹措40万资金用于张大夫寨村小学校舍及周边环境建设；协调市财政局拨付资金20万元用于原阳县福宁集镇小吴庄学校改善教学条件。

2. 整合资源自创社会服务品牌。2007年至2009年，社市委和"新乡之窗"传媒有限公司联合，组织启动了"九三学社新乡之窗爱心公益活动"。活动在"新乡之窗"网络平台上发布通知，征集受助对象。经过资料筛选、现场考察确定人选并进行资助。活动累计资助贫困学生42名，捐助金额10万余元。资助活动多次在新乡电视台、《新乡日报》上报道，产生较好的社会影响。

3. 日常社会服务注重精准扶贫。社市委日常社会服务注重精准扶贫，对症下药，送服务、送技术上门。探索了"巡村义诊""田间讲堂""技术追踪"等形式，受到群众的热烈欢迎。每次组织活动之前，先进行前期调研，了解群众需求，在此基础上组织社内专家定期开展有针对性的社会服务活动，真正做到"缺什么送什么""有需要就满足"，精准扶贫，注重实效。

"新乡之新，在于常新"。2015年，社中央将社市委确定为机关能力建设试点单位，社省委将社市委确定为社内监督工作试点单位。社市委高度重视试点工作，试出特色，试出成效。机关能力建设中，社市委制作了组织发展专题片，以视频形式记录历史、宣传形象；设立了涵盖自身建设、参政议政、社会服务等主要工作的文化长廊，成为新乡市民主党派市委机关一道亮丽的风景线。社内监督工作中，社市委探索了全程监督、主动监督、双向监督、分级监督等做法，工作经验在九三学社全国社内监督现场会上交流。

一分耕耘一分收获，在九三学社河南省委、中共新乡市委的坚强领导下，在九三学社新乡市第七届委员会的带领下，新乡九三下出了一盘整合资源、发挥合力、稳中求胜、稳中求新的好棋，向着"思想上坚强、履职上坚实、组织上坚强"的目标不断迈进！

参政议政篇
工作案例

创新参政方式

——从"万溪冲梨花香"座谈会切入

九三学社昆明市委员会

社昆明市委多年来持续关注呈贡万溪冲宝珠梨古树原生态环境保护，通过社情民意、委员提案、集体提案以及党派建议案提出了一系列相关意见和建议。2015年3月，呈贡万溪冲又迎来梨花竞绽放的美丽景象，社市委决定举办"万溪冲梨花香"座谈会，总结多年来的保护工作，与有关部门座谈，共同推进万溪冲古梨树原生态环境的保护工作。

一、高度重视，精心策划

社市委高度重视这次活动，社领导多次召开专题会议，认真研究、决定座谈会召开的时间、地点、参会人员及方式。时间定于梨花盛开时节的3月24日，地点定在位于"呈贡宝珠梨"核心种植区附近的昆明市委党校会议室。参会人员为社市委领导、各基层组织负责人，从事农林、生态、环保专业的部分社员，同时邀请了社省委、市政协、市委统战部，市农业局、园林绿化局、规划局、环保局、科技局，以及呈贡区政协、区统战部，区土地规划中心、农业局、园林局等相关领导参会座谈，并实地调研万溪冲宝珠梨原生态环境保护情况。

为切实推动古梨树原生态环境的保护工作，争取市区两级政府相关部门积极参会，社市委联合市政协联络委向各相关部门发出邀请函，专门编撰了《呈贡万溪冲宝珠梨原生态群落区保护工作材料汇编》，收录了社市委2012年以来开展的调研成果。会议确定了两名主旨发言人，安排了专项经费，为座谈会的成功举办提供了有力保障。

二、展现实情，形成共识

会议由市政协副主席、社市委主委常敏主持，社省委专职副主委周勇、副主委王云月，市政协副主席张建伟到会指导工作，昆明市、呈贡区政府11个相关部门的领导参会。两位主旨发言人对万溪冲古梨树原生态环境的演变及保护情况分别作了详细介绍。

（一）万亩古梨树正在城市建设中消亡

社呈贡区支社主委张黎明通过PPT现场演示介绍了古梨树原生态群落区发展变化情况。"呈贡宝珠梨"自宋朝起至今已有900多年的栽种历史，因皮薄肉细、清香甘甜，元朝时曾作为贡品进贡朝廷，是云南省著名特产。全区种植面积约3.5万亩，品质最优的主要分布在呈贡区万溪冲村、缪家营村，占全部种植面积的1/3。在核心区50-100年生老梨树占50%-70%，200-300年的老梨树也不罕见，甚至500年以上的珍稀古梨树仍在开花结果。"呈贡宝珠梨"是昆明市唯一获国家地理标志产品认证的果品类品牌。"呈贡宝珠梨"是昆明市乃至云南省的珍稀物种，是传承宝珠梨历史文化活的标本库。

但从2003年开始，"呈贡宝珠梨"种植区逐渐被征用为建设用地，种植面积大幅减少，目前，仅存万溪冲村的8000亩，"万溪冲古梨树生态群落"核心区的保护底线已被触及，根据《呈贡雨花东南片区及昆明呈贡信息产业园区控制性详细规划》，万溪冲集中连片 8000 余亩呈贡宝珠梨种植区全部处于新区建设规划控制线内。该规划对古梨树仅是实施"单株"保护或结合绿地小片保留，对大量成片古梨树采用简单"移植"，脱离原生态区，保护形势堪忧。

（二）多渠道开展抢救性保护

座谈会上，社市委秘书长王云伟汇报了社市委近年来针对古梨树原生态群落区保护开展的相关工作。社市委从 2009 年开始关注"呈贡宝珠梨"的保护问题，先后向中共昆明市委提交了《关于抢救性保护呈贡万溪冲古梨树生态群落的建议案》、向市政协提交了集体提案《关于留住历史记忆规划建设好呈贡特色生态旅游示范区的建议》、社情民意《关于抢救性保护呈贡宝珠梨古树应引起高度重视的建议》《关于在呈贡万溪冲"宝珠梨古树群落"保护中应关注的几个问题》，组织开展了"保护名木古树，建设美丽昆明——古树名木挂牌活动""高位统筹长远谋划，为子孙后代留下一片古梨树生态遗产——与呈贡区相关部门座谈会"等两次专项活动。

提出的保护意见和建议共计 18 条，主要有：尽快出台《宝珠梨原产地生态园区 17202.58 亩的保护措施及其发展规划》；采取措施，对百年老树进行普查、挂牌、保护；立法保护，为"古梨树生态群落"提供法律保障；规划保护，将"万溪冲古梨树原生态群落"集中连片区域划定核心保护区域，纳入到控制性详细规划中，调整或取消不利于万溪冲古梨树生态群落保护的已规划建设项目，停止对万溪冲的土地征占；科学保护，按高起点、高标准、高质量和高科技的"四高"要求，新建 1 万亩规范化、规模化、标准化、商品化和产业化的"五化"宝珠梨接班园。

三、广献良策，凝聚力量

会上，社市委农林、环保方面的专家纷纷发言，指出古树名木是城市环境中十分重要和珍贵的组成部分，它承载着城市的历史，也见证城市的未来，它是"活文物""活化石"，蕴藏着丰富的社会、历史、人文资源，在维护生物多样性、生态平衡中有着不可替代的作用，是一个城市生态文明最为显著的标志之一。提出保护好呈贡古老的万亩梨园，保持良好的自然景观和生态环境，是实现把昆明建设成为望得见山、看得见水、留得住乡愁的生态旅游城市的现成案例。如果再不及时改变城市发展理念，仍按现有规划实施，那么在2020年之前，经过近千年发展形成的古梨树生态群落，就将在我们这一代人眼前永远地消逝。昆明市政协张建伟副主席建议社市委利用党派直通车的优势，向省委省政府建言，促进省、市政府相关部门联动形成保护机制，高位统筹，明确定位；并将该区域保护的办法列入省、市人大立法计划，健全保护机制体制，实现宝珠梨的再度兴盛与生态村的共同繁荣。

参加会议的昆明市政协联络委、城环委、提案委的领导对社市委几年来聚焦一项重点保护项目，持之以恒地开展调研给予了高度评价。社省委也给予了充分肯定，并坚决支持社市委的工作。昆明市环保局等市、区政府相关部门的11位领导分别做了表态发言，表示将结合部门工作，高度重视古梨树生态群落的保护工作。

"万溪冲梨花香"座谈会召开后，引起了中共呈贡区委、区政府的高度重视，多次就呈贡区土地开发、规划建设等工作与社市委沟通交流，听取意见建议，并就今后的保护工作积极出台措施，不久将来，"万亩梨花竞绽放，枯木逢春延千年"这一昆明最秀美、最珍贵的景象将再现于人们面前。

强机制　讲奉献　创最优
——记一份建议材料的炼成

九三学社荆州市委员会

参政议政工作是参政党履职尽责的第一要务，是参政党存在价值的突出体现。近年来，社荆州市委充分发挥社员"人才荟萃，智力密集"优势，深入开展调研，建有用之言，献务实之策，参政议政亮点纷呈。仅2015年，社市委就有2个提案被市政协列为重点督办提案，3个提案被市政协列为重要提案，分别占2015年度荆州市政协重点督办提案和重要提案的20%和15%。

社市委所提交的每一份建议材料，都是经过深入调研，悉心打磨，数易其稿而形成的，绝大部分得到了中共市委、市政府、市政协以及有关部门的高度认可。以2014年11月13日社市委在双月座谈会上作的《荆州壮腰　人才先行——荆州开发区企业人才工作现状及启示》重点发言为例，经过历时半年的调研、撰写、交流、整合、修改，这篇发言材料得到了市领导及有关部门的充分肯定。这篇材料的成功，与社市委日趋完善的参政议政工作机制、调研机制密不可分，同时也彰显了九三人情系荆州、服务大局的政治责任。

一、组建专班，制定计划

2014年2月，荆州市民主党派主委联系会议确定，第四季度在市人社局举行"双月座谈会"，围绕荆州实施人才战略建言献策，九三学社荆州市委做重点发言。

4月13日，社市委召开参政议政工作会议，明确由市人大副主任、社市委主委段昌奉负责"双月座谈会"上的重点发言材料。同时，成立课题组，段昌奉任组长，汪舜阶、陈礼旺、方奕、周毅、欧阳海、梁次红、张军等社员为组员。课题组成员既有理论功底深厚的高校教授，又有政府部门干部和企业行政人员；既有总览全局的市级领导干部，又有掌握第一手资料的企业人力资源主管。这种人员搭配为多层面、多渠道获取人才工作信息，了解人才工作基本规律，掌握荆州市人才工作的内在特点提供了便利，为后期调研和建议奠定了基础。

课题组制定了详细的工作计划，将任务层层分解落实。一是准备阶段，由课题组成员自主学习、收集资料，做好调研准备工作；二是调研阶段，深入相关部门和企业全面摸清情况；三是交流阶段，课题组成员提交个人建议材料，相互交流讨论；四是研讨阶段，确定建议材料主题和内容。

二、走访调研，摸清现状

在课题组成员学习了解相关知识、查阅相关资料的基础上，7月31日下午，主委段昌奉带领课题组到市人社局调研，听取了人才工作开展情况的介绍，并与该局有关负责同志就怎样优化人才发展环境、创新人才培养方式等问题进行了探讨，对全市人才工作的现状有了基本了解。

参与调研的同志分别从自身了解掌握的情况出发，多角度地形成了各具特色的调研材料。欧阳海提交了《工业壮腰　人才先行》；陈礼旺提交了《关于荆州市实施人才战略的思考》；周毅提交了《盘活现有人才　最大限度地发挥其作用》；张军提交了《以人才培育创新为契机　夯实荆州"壮腰"》；汪舜阶提交了《有关技能人才队伍建设的问题》。社市委办公室把这些建议材料收集整理，发送给课题组每个成员，以便互相学习启发。

三、理清思路，重点调研

9月27日下午，课题组召开研讨会，大家就前期调研了解到的情况、已提交的五份建议材料进行了交流，就怎样写好建议材料各自发表了看法，经过思想的交流和碰撞，最后形成一致意见：荆州的壮腰工程，首要是要壮工业；壮工业，重点在开发区；开发区工业要壮大，人才是关键，人才必须先行。课题组决定以荆州开发区的企业人才工作为突破口，深入荆州开发区的企业开展深度调研，解剖麻雀，找出企业人才工作存在的问题和困难，理清进一步做好荆州市人才工作的思路。

确定了重点和突破口后，10月25日上午，段昌奉带领课题组深入到荆州开发区有关企业进行重点调研。在社市委与荆州开发区管委会的积极对接下，课题组首先到湖北能特科技公司和湖北菲利华石英玻璃股份有限公司，就当前人才激励措施、创业平台搭建、人才支撑效应、人才留用情况等进行了详细的考察调研。此外，还邀请了荆鹏软件、荆州恒隆汽车零部件有限公司等十多家重点企业的人事工作负责人,以及荆州开发区人社、科技等相关部门负责人,就企业人才问题进行了集体座谈,掌握了开发区企业人才工作的第一手材料。

四、精益求精,百炼成钢

在深入调研的基础上,由欧阳海主笔完成了建议材料初稿,并发给课题组成员,征求意见。根据收集到的意见,段昌奉以初稿为基础,亲自修改,完成了《荆州壮腰 人才先行——荆州开发区企业人才工作现状及启示》的建议材料,并分发给课题组成员。11月5日,段昌奉召集课题组成员,面对面征求每位成员对建议材料的修改建议。大家对建议材料整体框架和内容都予以了充分肯定,并就进一步提高建议材料的质量提出了意见建议。段昌奉据此对建议材料做了充实完善。因会议日期几次变更,为了使材料能精益求精,课题组成员抓紧可利用的有效时间,不断对建议材料进行补充完善。直到座谈会召开当天,课题组仍在对材料进行最后的加工优化。因在十堰市出差,段昌奉无法亲自参会,特委托市委委员方奕代表社市委做主题发言。当天中午,两人通过电话和邮件的形式,就材料中的相关内容及建议沟通交流,反复斟酌,不断完善,才最终定稿。

五、发言精彩,获得好评

11月13日,"双月座谈会"在市人社局召开。社市委将课题组成员辛勤数月的成果《荆州壮腰 人才先行——荆州开发区企业人才工作现状及启示》向与会人员汇报展示。材料建议要做好我市人才工作，荆州市政府及其相关职能部门要以人才自我发展、自身价值的体现为人才工作的出发点；以充分发挥人才作用、推动经济社会发展为人才工作的落脚点；以搭建人才施展才能的舞台，构建促进企业加大人才投入、加强人才引进力度的平台为人才工作的重点；将政府、企业、个体三方有机整合在一起，找准人才工作的平衡点，刺激各方的兴奋点，真正使人才成为荆州壮腰工程的一个重要支点，成为推动荆州跨越式发展的一个重要增长点。

发言得到了与会领导的高度评价，得到了有关部门和参会人员的充分肯定。市人社局的一位领导会后感慨地说："人才工作涉及面广，专业性强，你们没有人才工作实践基础，但提出的建议站位高、观点新、建议实，建议材料能达到这样的高度，取得这样的效果，充分体现了九三人的敬业精神和务实态度，真是值得我们好好学习。"

这篇建议材料虽然只是社市委众多参政议政成果中一个成功案例，却是社市委近年来工作机制日趋完善、运行模式日趋规范成熟的必然结果。为了提高参政议政能力水平，社市委全面发力，一方面强化领导机制，规范参政议政工作程序，重视人才培养机制，参政议政工作更加主动、保障更加有力、团队优势更加显现、科技特色更加凸显。另一方面，开门选题，重点谋划，打造团队，统筹协调，畅通渠道，增强调研实效，促进成果转化。更重要的是，一篇好的建议材料，是与广大社员的无私奉献和高度责任感分不开的。这篇建议材料的形成历时半年，过程中每位课题组成员利用自己的业余时间，参加会议4次，实地调研2次，撰写文稿1篇，征求意见3次。正是社员们强烈的使命感和政治热情，催生了精益求精的敬业精神和扎实严谨的工作作风，才成就了一份份高质量的建议材料，展现了九三学社作为参政党的政治风采、政治价值和工作实效。

建立完善"十二字"工作机制
不断提高参政议政工作水平

九三学社嘉兴市委员会

参政议政是民主党派最基本和最主要的职能。始终如一地抓好参政议政工作,不断提高参政议政工作水平,是民主党派"长期共存"的价值所在,是"互相监督"的有效方式。近年来,社嘉兴市委根据自身实际,积极探索,建立完善"早准备、精选题、深调研、出精品"十二字工作机制,不断提高参政议政能力和水平,先后多次获得社省委参政议政工作先进和市政协参政议政工作创新奖,一批集体提案被市政协列为重点提案或评为优秀提案,社情民意工作连续9年在市政协各个民主党派市委会中得分第一,许多意见建议引起了中共市委、市人民政府的高度重视和采纳。

一、早准备

根据民主党派参政议政工作特点,社市委把一年一度的市"两会"作为年度工作的重要节点,每年"两会"一结束就立即着手部署各项准备工作,在"早"字上争主动。

（一）及早召开参政议政专题会议

近年来，社市委在每年的二季度组织召开参政议政专题会议，参加对象包括参政议政工作委员会成员、社内人大代表和政协委员以及部分参政议政骨干，会议主要任务是总结经验，交流工作，征集议题，动员广大社员以主人翁精神积极参与参政议政工作。

（二）广泛开展参政议政议题征集

议题征集是做好参政议政工作的重要基础。社市委既把参政议政议题征集作为一项经常性工作，又强调"早"字当头。同时，在具体工作中注重向参政议政骨干和一线工作社员征集。

（三）积极探索课题招标机制

社市委制定出台了《九三学社嘉兴市委员会参政议政调研课题招标办法》，每年5月向基层组织和社员公开招标一批参政议政调研课题，进一步激发了各级基层组织及广大社员参政议政的积极性，社市委参政议政工作水平和课题研究能力得到不断提高。

二、精选题

选题是做好参政议政工作的重要前提。社市委根据党派界别特色与人才优势，围绕中共市委市政府中心工作，在"精"字上做文章。

（一）围绕中心

坚持围绕中心，服务大局，自觉服从、服务于党和国家事业发展的总体目标，选择课题，开展调查研究，做好参政议政工作。据统计，近十年来，社市委在围绕中共嘉兴市委、市政府中心工作，助推发展方面的调研课题占了八成以上。如：在调研基础上先后形成了《推进建设现代农业园区　加快我市农业转型发展》《抢抓机遇　加大

创新　着力推进嘉兴新一轮改革发展走在前列》《进一步加强平台建设　促进块状特色产业向现代产业集群提升发展》《抓住机遇　科学规划　努力把嘉兴打造成"长三角"现代物流重要枢纽城市》等一批调研成果，在市政协全会上作为大会发言和集体提案。

（二）体现特色

参政议政要真正做到问题找得准，建议提到位，选题"准"且"深"，就要选择与党派界别特色相关的课题。九三学社社员中从事自然科学人才较多，许多还是本系统、本专业、本单位的专家和骨干，社市委注重发挥这些人才优势和界别特色，把创新发展和产业转型升级作为选题的重要领域，先后围绕大力发展精品农业、基层农技推广体系建设、加快科技创新公共服务平台建设、加快推进工业化信息化"两化"深度融合、大力发展生产性服务业等课题开展调研，形成了一批高质量调研报告，通过不同形式向党委政府及有关部门建言献策。

（三）长期关注

持续关注一些重点领域、重大问题，开展调查研究，有利于做深做精。近年来，社市委在工业转型升级、现代农业发展、旅游业发展等领域持续开展调研，形成系列调研成果，并根据新形势新情况持续提出建议，推动相关工作。如针对制造业转型升级，社市委2011年提出《关于加快淘汰落后产能的思考与建议》；2012年提出《以规划为引领　以转型为主线　着力推进我市工业园区二次开发》；2013年提出《强化企业技术改造　推进工业强市建设》；2014年提出《加大力度　完善措施　加快推进企业"机器换人"工作》；2015年提出《关于加快发展现代装备制造业的建议》等意见建议，推动制造业转型升级不断向纵深发展。

三、深调研

调查研究是谋事之基,成事之道。为了使参政议政工作取得实效,调查研究必须深入一线,了解实情,切准问题,有调有研,在"深"字上下功夫。

(一)坚持问题导向

当前我国已进入发展关键期、改革攻坚期、矛盾凸显期,许多问题相互交织、叠加呈现。民主党派作为参政党,调查研究必须坚持问题导向,推动问题解决。如针对目前嘉兴市楼宇经济发展现状和存在问题,2015年社市委开展了有关专题调研,查摆出了当前嘉兴市楼宇经济发展过程中存在"开发总量供求失衡、同质化竞争失序、产权过于分散、经营规模'低小散'、配套服务保障失位"等问题,并提出相应对策措施向政府和有关职能部门建言献策。

(二)坚持深入一线

深入一线调查研究,不仅能够及时收集第一手信息,准确获取问题产生原因,得到解决问题的启示,还能准确把握基层组织和人民群众需求,增强参政议政的紧迫感和使命感。调研课题确定后,社市委组织有相关专业和工作背景的社员组成课题组,重点课题由社市委主委任课题组长,其他课题由副主委牵头,组织课题组成员赴基层一线,听取各方意见,掌握大量第一手资料。

(三)坚持多维思考

参政议政必须做到"三真",即真情实意,真实可靠,真知灼见。要做到"三真",除了深入一线调研外,还必须坚持多维度思考。针对调研中发现的问题,坚持实事求是的原则,不夸大、不缩小、不回避，积极发挥民主党派的优势，多维度理性思考和分析，找准症结，向党委政府提出解决问题的良策。如2014年社市委围绕水环境综合治理开展专题调研，对嘉兴地表水质量现状和主要污染源的影响进行客观理性分析，提出了嘉兴水污染环境科学治理的重点、主要路径及对策措施。

四、出精品

建言献策必须做到有情况、有分析、有建议，注重前瞻性、针对性和可行性，才能引起党委政府和有关部门的重视，成果才能被采纳，参政议政实效才能不断提高。

（一）注重前瞻性

发展是党执政兴国的第一要务，也是各民主党派的重要职责。九三学社作为以科学技术界中高级知识分子为主的参政党，发挥党派自身智力优势，提出前瞻性建议，一直是社市委努力追求的目标。如：2015年针对嘉兴如何融入浙江海洋经济"十三五"规划发展问题，社市委在"两会"上做了《发挥优势 抢抓机遇 着力推进嘉兴滨海地区新一轮发展》大会发言。在随后市政协常委会协商"十三五"规划议题时，再次以《把握"路带战略"机遇 发挥海河联运优势 着力培育嘉兴区域经济发展新的增长点》为题做专题发言，两篇调研报告分别得到了中共市委、市人民政府主要领导的批示，有关部门在"十三五"规划制定中也予以积极采纳。

（二）注重针对性

社市委作为参政党地方组织，参政议政的主要任务是推动地方经济和社会事业发展。在参政议政过程中，对课题遴选、问题分析和对策建议都十分注重针对性。如2014年针对嘉兴市旅游事业蓬勃发展，但主要集中在县（市）的现状，带着旅游业如何发展这一问题，社市委组织课题组在深入调研的基础上，认真分析市本级旅游业发展存在的问题，撰写了《发挥优势　完善功能　着力推进嘉兴市区旅游业大发展》调研报告，作为市政协全会的大会发言并转化为集体提案，被市政协列为重点提案，得到中共嘉兴市委书记和市长的分别批示。

（三）注重可行性

参政议政建议是否具有可行性是决定调研报告价值所在的关键。社市委非常注重调研报告中所提建议的可行性。如2015年社市委开展《抓住机遇　统筹规划　加快推进"月芦文杉"片区旅游开发建设》调研过程中，经过多次实地考察，听取多方意见，提出了十分具体可行的意见建议，材料报送市政府后，得到市政府主要领导的肯定，市长不仅作了批示，还邀请社市委主委陪同进行实地考察，要求有关部门按照调研报告中所提出的思路和建议进行规划建设，进一步推进嘉兴运河国际旅游休闲城市建设。

参政议政篇
经验总结

探索运用"二三四五"模式提升参政议政成效

九三学社潍坊市委员会

参政议政是民主党派的首要职能,体现着党派组织的能力、水平和形象。多年来,社潍坊市委高度重视参政议政工作,重点从培育主力军、丰富素材库、增进精准度、提升转化率四个方面进行探索实践,逐步形成了以建设两支队伍、坚持三项制度、盘活四方资源、用好五个平台为主要内容的"二三四五"工作模式,参政议政工作成果丰硕,在全市民主党派中始终居前列,连年有课题成果转化为省政协提案,并实现了国家级参政议政成果零的突破。2011年以来,社市委先后荣获社中央"2014-2015年度参政议政工作先进集体"称号、"2014年度议政成果贡献集体"二等奖,4次被社省委表彰为"全省参政议政工作先进单位"、1次被表彰为"全省信息工作先进集体"。主要做法如下:

一、建设两支队伍,培育勇挑重担的主力军

做好参政议政工作,需要广泛凝聚全体成员的智慧和力量,需要

培育一批勇挑重担的主力队员。为此，社市委借鉴社中央、社省委相关做法，重点在培育加强参政议政专委会成员队伍和骨干社员队伍上下功夫，取得了较好成效。

（一）建立专委会成员队伍

社市委成立参政议政工作委员会，由社市委分管领导牵头，吸纳驻本市的社省委参政议政特约研究员、各级政协委员、政府及部门任职的代表人士以及科技卫生高校领域的专家型人才担任专委会成员，并及时充实调整，不断壮大这支队伍。近年来，专委会相继承担了社市委100余项集体提案建议的课题调研、报告拟稿和落实跟进等事宜，切实发挥了参政议政主力军作用。

（二）培育骨干社员队伍

吸纳社省委社情民意信息员、支社班子成员、代表性人士及有一定参政议政能力的热心社员，组建参政议政工作骨干队伍，每年都召开专题会议具体部署参政议政工作任务，并组织专题培训，强化传、帮、带措施，先后培训成员500余人次。

加强两支队伍建设，培养和造就了一批善思考、能动笔、关民情、肯吃苦的笔杆子，为做好参政议政工作奠定了坚实的基础。

二、坚持三项制度，丰富参政议政的素材库

为发展建言，为民生献策，需要合大局、接地气、听民声、顺民意，事前之功不可缺，课题素材的积累也很重要。为此，社市委注重加强制度建设，调动挖掘积极因素，努力丰富参政议政的素材库。

（一）实行课题招标制度

每年年初按照社中央、社省委和市委统战部课题招标要求，面向

支社和全体社员，特别是参政议政工作委员会成员和骨干社员，开展调研课题招标，确定社市委年度重点调研课题。近年来，社市委通过课题招标形式确定课题70余项，约占全部参政议政课题的60%。其中"关于促进我国再制造产业加快发展的建议"等3项社中央中标课题、"关于治理农业面源污染促进生态文明建设的建议"等6项社省委中标课题，都是从支社提报的课题中筛选出来的。

（二）试行专项考评制度

社市委制定并试行社务工作评价办法，将参政议政工作作为对支社和社员考核评价的一项重要内容，引导各基层组织积极组织社员参与课题投标，推动了课题调研"量"与"质"的双提升。

（三）探索成果奖励制度

为充分调动广大社员对参政议政的工作热情，进一步完善参政议政工作激励机制，对调研成果转化为提案建议的人员进行表彰奖励。近年来，已通报表彰120余人次，发放课题补助和奖励经费6万余元。

三、盘活四方资源，增进议政建言的精准度

议政建言贵在务实，重在精准。社市委注重在挖掘基层组织、社内专家、对口联系单位和友邻党派组织等资源上下功夫，深化了课题成果，提升了提案建议的精准度。

（一）基层组织资源

重视对支社潜在资源的挖掘，尽量将相关专业岗位的社员纳入课题组，促进了课题工作的开展。对中标的重点课题，还视情况开展支社间的横向联合，推动了优势资源互补与融合。据统计，近年来80%的课题来源于基层组织，20%的课题由支社横向联合提出，大大提升

了课题成果的质量。

（二）社内专家资源

定期联系在专业领域有一定影响力的社员，汇集信息，寻求线索，将课题报告稿有针对性地委托给专家社员审核把关。近年来，社市委所有提报社中央、社省委和市政协及统战部门的提案建议都经社内专家以座谈讨论或定向征求意见等形式讨论审定。

（三）对口联系资源

借力政府部门开展的与民主党派对口联系制度，先后与14个部门开展多方面的对口联系活动，重点将对口调研课题的推进过程与调研报告审核工作融入其中。近年来，社中央先后两次来潍以"新农村建设中农业面源污染问题"和"土地规模经营与农业现代化和粮食安全"为题进行专项调研，社市委主动联系对口部门相关人员参加，增强了调研工作的针对性，得到社中央领导肯定。在社省委多个重点调研课题的落实过程中，社市委注重通过对口联系单位，收集大量翔实的第一手资料。如社省委对黄河三角洲专题调研时，协调市三区推进办调集了160余页的文字和图表资料，较好地充实了社中央、社省委相关报告。

（四）党派联合资源

积极参加党派联系组联系调研活动，先后与民建、农工、民进、致公等市委会联合开展专题调研活动，围绕国家和省市改革发展大局、经济社会热点和民生事业难点形成了一批高质量的调研报告，有5项转化为市政协提案建议，其中《关于保护我市潍柴老厂区规划建设创意产业园的建议》和《关于依托互联网促进文化产业发展的建议》两项得到市主要领导批示。

四、用好五个平台，提升调研成果的转化率

注重发挥社内组织平台、政党协商平台、政协协商平台、统战建言平台和新闻媒体平台的协商、交流、宣传作用，推动调研成果转化为各级提案建议或社情民意。

（一）社内组织平台

积极提报社中央课题、社省委课题和社情民意，调研成果顺利转化为提案建议或社情民意。近年来，已有1项建议转化为社中央在全国政协大会的提案，《关于加快新型社区建设创新农村社会治理机制的建议》等7项建议转化为省政协大会发言、提案。

（二）政党协商平台

社市委把参加市委市政府召开的座谈会、协商会摆在参政议政工作突出的位置，在市委、市政府及有关部门组织的座谈会、情况通报会、征求意见会、协商会上，多次围绕政府工作报告、党风廉政建设和反腐败工作等，近年来先后提出30余项意见建议，得到市委、市政府领导及有关部门的重视和采纳。

（三）政协协商平台

社市委每年都向市政协提交一批精心准备的提案建议，还积极参加市主要领导与政协委员联组讨论、政协常委专题协商会议和界别协商座谈会等协商议政活动，努力建言献策。2011年至今，社市委通过政协平台先后提交建议、提案120余件，《关于打造滨海高质量生态环境的建议》《关于抢抓机遇加快发展我市健康服务业的建议》等12件分别被省、市政协列为重点提案，《关于推进我市农村一二三产业融合发展的建议》等16件得到市主要领导批示，《关于加快推进我

市物联网产业发展的建议》等4件获市政协优秀提案表彰。

（四）统战建言平台

社内各级人大代表、政协委员以及被聘任的各类社会监督员以高度的政治责任感，积极参与各类监督、检查、视察活动，提出了许多有价值的意见和建议，较好发挥了参政议政与民主监督职能。在省委统战部议政建言和市委统战部"献一策"活动中，先后有13项建议被省、市采用，其中《关于落实"质量支撑"的建议》等6项建议得到市主要领导批示。

（五）新闻媒体平台

积极向新闻媒体推介参政议政成果，近年来有14项提案建议分别被齐鲁晚报、潍坊日报、潍坊晚报、潍坊人民广播电台等媒体采访报道，社市委领导还应邀做客潍坊电视台直播访谈《聚焦两会》栏目，重点介绍了社市委履行参政议政职能、做好提案工作等方面的情况。

探索参政议政新机制
打好助推发展组合拳

九三学社淮安市委员会

围绕科学发展做好参政议政工作是民主党派的第一要务。社淮安市委不断探索和完善参政议政工作机制，努力营造"打造主力军，壮大主阵地，奏好主旋律"的良好氛围，全力打造精品和品牌，取得了显著成效，产生了良好的社会影响。具体做法如下：

一、创新网络机制，打造参政议政主力军

（一）健全参政议政网络

围绕"抓住一条主线、建立两套网络、发展三种联系，全面扩大信息收集报送面"的工作思路，在全市各级组织中形成了较为完善的参政议政网络。"抓住一条主线"即紧紧抓住社内各级人大代表、政协委员这一信息富矿，利用他们联系面广、信息渠道丰富、视角开阔的优势，开发高质量的信息来源。"建立两套网络"即在社中央、社省委、社市委兼职信息员网络的基础上，再建立一套由专家学者组成的信息员网络，通过定期开展专题座谈会、集中调研等多种形式的交

流,大家集思广益、畅所欲言,对参政议政工作启发很大。"发展三种联系"即发展参政议政工作与组织发展、自身建设等工作的联系,特别是在发展新成员时,注重了解其参政议政工作能力,并与之深入沟通,提升新成员参政议政的意识和水平。

（二）提升参政议政工作能力

组织参政议政培训下基层,通过以会代训等形式,开展参政议政骨干定期交流；针对性组织各级人大代表、政协委员专题调研视察活动,提升特约人员对口参政议政能力；大力支持基层组织开展专题调研,每年编撰《参政议政成果选编》发放给所有在职社员。目前,社市委共有成员400名,信息工作参与率达到14.63%,在全国九三学社市级组织中名列前茅。

二、创新激励机制,壮大参政议政主阵地

（一）招标机制

自2008年起,社市委每年从有限的机关工作经费中拨出专门预算,面向全市成员进行课题招标,年均收到申报课题50多个,由有关专家组成课题评审委员会按程序进行评审,最终确定10个中标课题。社市委给予每个中标课题3000元资助,对社中央、社省委中标课题也给予配套经费的支持。社市委还分别走访基层组织,与承担课题的负责人就课题调研过程中存在的问题及时沟通交流,积极协调解决,确保形成高质量的调研成果。

（二）组稿机制

机关专职工作人员加强与社省委、省政协、省委统战部及各基层组织的双向沟通,对每期重点选题进行认真思考,做好策划,明确具

体内容及相关要求，在此基础上有的放矢，先后组织了"社会管理创新""辛亥革命纪念活动建议"等专题，取得了较好效果。一旦遇到重大、突发性事件，不论时间地点，机关专职工作人员均能够及时反应，做到"休假不休工作"。按照格式要求，将提案、课题、信息等参政议政材料相互转化，资源共享，起到事半功倍的效果。

（三）反馈机制

力争对信息投稿做到篇篇有回声，每月按条目公示来稿情况，每季度编发《信息采用情况通报》，对该季度信息工作开展点评，采取积分制，计算当季得分与累计得分，并列明有关条目和作者，做到篇篇有回声。将相关讯息及时在社市委网站公布，并将纸质通报及全国、全省采用情况一并寄发各基层组织负责人和参政议政骨干。机关参政议政具体负责同志对上级部门反馈意见不做"二传手"，对来稿中存在的问题与作者及时沟通解决，增强广大成员对社情民意工作的关注度。

（四）考核机制

每年都给基层组织负责人、各级人大代表、政协委员、信息员等参政议政骨干分配数量不等的工作任务，并按季度考核，定期公布完成情况。完善成果奖励措施，根据成果采用情况给予相应奖励，得到高层领导批示的稿件，向成员所在单位发贺信通报表彰。这种长效激励机制，有力提升了广大成员参政议政的精品意识。

三、创新载体机制，奏好参政议政主旋律

（一）开启"直通车"

社市委主要领导通过"季季谈"的方式，面对面向中共市委、市

人民政府主要领导提出建议，受到地方党委政府的高度重视。

（二）依托"直报点"

多年来，社市委的参政议政工作形成了特色的品牌，被中共市委纳入党委政府社情民意直报平台，及时有效的信息传递使多项参政议政成果得到转化利用。

（三）明确"聚焦点"

每年在市"两会"前夕，召开"迎两会动员会""媒体通报会"，鼓励九三界别的人大代表、政协委员推出高质量的提议案，同时加强与媒体的沟通联系，主动通报"两会"工作。据统计，2015年社市委各级"两会"提议案共计66件，其中市政协集体提案11件，提交大会发言材料2份，组织"两会"专题稿件48篇。

2015年，社市委在地方党委政府考核中名列各党派第一名。《警惕存量资金变成地方政府隐性债务》得到中共中央政治局常委、国务院副总理张高丽的批示，市委统战部向中共市委做了专题汇报，市委书记姚晓东也作了重要批示。社市委副主委陈伏涛应邀参加了社中央调研组在河南信阳市就淮河流域综合治理与生态保护工作开展的调研；课题成果《保护水资源 修复水生态 建设秀美淮安》得到了时任市政府市长曲福田批示。《关于里运河生态旅游航道建设的建议》等五个专题调研报告，得到了中共淮安市委书记、市长的批示，反响强烈。

加强骨干队伍建设
提升参政议政水平

九三学社重庆市渝中区委员会

做好参政议政工作,是民主党派最基本最重要的政治任务。社渝中区委将组建参政议政小组和青年学习小组两支骨干队伍作为参政议政工作的重要支撑,从发现人才、培养人才、使用人才三个环节着手,建立了老中青结合,跨学科、跨领域、共调查、齐撰写,充满活力的参政议政"专业"团队,取得了良好实效。

一、整合社内力量,组建骨干队伍

(一)参政议政小组

长期以来,社渝中区委主要是通过专委会来建设骨干队伍,但因其覆盖面较窄,不能充分调动更多社员的参与积极性,效果有限。为了改善这一问题,社渝中区委于2013年创新性地提出成立7个参政议政小组,并将此打造为参政议政人才培养的重要平台。小组由7名导师和60名组员组成。导师由社渝中区委领导班子成员和优秀政协委员担任,组员由支社推荐、社员自荐,再结合社务工作表现、界别等综合因素选拔产生,通过以一对多、以老带新的形式,培养普通社员的参政议政能力和水平。

（二）青年学习小组

为了进一步培养和发挥青年社员的参政议政能力,社渝中区委在组建参政议政小组的同时,利用青年委这一平台组建了青年学习小组,并开办"常青藤系列沙龙"活动。根据每期沙龙的主题,结合青年委员的专业、兴趣来组建青年学习小组,组织组员进行调研和讨论,并最终形成参政议政素材。轻松活泼的沙龙形式,吸引了青年委员参与其中,激发了年轻人的兴趣、谈锋和灵感,并在此过程中促使青年人不断学习,增强参政议政的责任和意识。

二、加强队伍管理,提升履职能力

（一）以机制保障促进队伍健康发展

为实现对参政议政小组的规范化管理,激活和保持参政议政的活力,社渝中区委制定了《参政议政小组活动方案》《青年委参政议政工作方案》,明确了活动次数、考勤办法、提案数量、进出机制及经费管理等要求。每年年末,社渝中区委都会根据课题内容、年龄结构、提案数量、出勤情况等对两支骨干队伍成员进行调整。截止至2015年年底,参政议政小组精简为5组,组员45人。通过建立机制,促使骨干队伍成员切实履行好参政议政职能。

（二）以学习培训促进参政议政能力提升

社渝中区委主要从四个方面着手开展培训工作,一是创新打造内部参政议政培训团队,由社内优秀人大代表、政协委员和驻会副主委担任成员,通过解析优秀提案开展专题培训。二是请进来,邀请全国、省市知名参政议政专家分享先进经验和心得体会。三是在拓展知情知政渠道上下功夫，邀请中共渝中区委、区人民政府重点部门负责人定期通报区内相关工作情况。四是创办"社员讲堂"，鼓励社员走上讲台讲专业建谏言，使骨干队伍成员了解更多的参政信息，同时，又为培养和发现更多社内优秀人才搭建了优质平台。

（三）以老带新发挥好传帮带作用

参政议政小组的导师作为各行业里的领军人物，有着较高的威望和自身素质，参政议政能力强，参政议政小组活动由导师全权主导。由于小组成员大多来自不同支社和工作单位，涉猎的领域有差别，从结构上看也存在专家学者较多，复合型人才较少的状况。为了取长补短，导师在与小组成员讨论确定好选题后，根据课题内容，结合小组成员的特点，由一人或多人负责一个课题，整合力量，更大地发挥优势，从而撰写出高水平的参政议政材料。

（四）以调查研究提高参政议政质量

开展课题调研是参政议政小组形成提案的必要过程和重要环节。调研开始前，导师会组织小组成员围绕课题深入讨论，确定调研初步提纲和工作方案，社渝中区委负责做好后勤保障，协调衔接有关单位，为课题调研争取支持。调研结束后，各小组将收集到的材料汇总，筛选出有用的信息，通过多次召开小组会议，进行反复分析和讨论，达成共识后，撰写提案初稿。初稿完成后交小组成员讨论修改，最后经导师把关后报社渝中区委。

三、发挥青年作用，增强队伍活力

（一）以主题沙龙提炼议政成果

基于青年社员思维活跃，不拘泥于形式的特点，社渝中区委组织青年学习小组开办一年一期的"常青藤系列沙龙"活动，每期确定不同的主题，并围绕主题开展5-6次沙龙活动，最后产生一个参政议政成果。年初，青年委召开全体委员会议，围绕重庆市、渝中区重点工作，以及当前经济形势下的热点话题进行讨论和交流，确定沙龙的主题。主题明确后，发动青年委员组建青年学习小组，小组成员围绕主题内容查阅相关资料，在沙龙上就自己了解的情况进行探讨，畅谈观点和建议，多角度进行思辨，为参政议政提供了许多新思想、新观点。根据不同的主题，沙龙活动会安排2-3次实地调研，经过反复的调研、讨论，最后形成提案成果报送社区委。

（二）以竞争机制实行优胜劣汰

为确保所有的青年委员都能进入青年学习小组，并在其中得到锻炼和提高，青年学习小组每年都会根据沙龙的主题、青年委员的工作、专业和兴趣等因素调整小组成员，同时要求小组成员必须参加半数以上的小组活动，年末对小组成员的履职情况进行考核评价，淘汰出勤率低且表现不积极的组员，同时取消其青年委员资格。引入考核和退出机制，增强了小组成员的责任意识和危机感，营造出积极向上、奋勇争先的良好氛围，使组员的学习能力、社会责任感、参政议政意识和能力都得到了很大提高。2015年，青年学习小组负责的两个课题在渝中区政协全会上做了大会口头发言，3名组员成长为区政协委员。

经过三年的实践，参政议政小组和青年学习小组这两支骨干队伍，已成为社渝中区委参政议政的重要支撑，社区委的参政议政工作取得了较好成绩，连续两年获得社重庆市委重大参政议政成果奖，连续四年荣获"社重庆市委参政议政和反映社情民意信息先进集体"称号。2015年荣获"九三学社全国参政议政工作先进集体"称号。2015年10月，社中央常务副主席、监督委员会主任邵鸿带领社中央巡视督导组一行来到社渝中区委中冶赛迪集团有限公司支社观摩组织活动，对该支社参政议政小组成员所撰写的提案材料进行研讨，并高度赞扬和肯定了社区委以骨干带动普通社员参政议政的做法。

加强队伍建设　创新履职机制

九三学社张家口市委员会

参政议政是民主党派的基本职能，更是体现民主党派履职水平的一项核心工作。多年来，社张家口市委团结带领广大社员，围绕发展第一要务，服务于构建和谐社会大局，不断探求参政议政工作创新点，努力开创参政议政工作新局面。

一、近年来参政议政工作概况

目前，全市有区级委员会3个、支社14个、成员389人。成员中各级人大代表、政协委员52人，共计62人次。2010年以来，社市委人大代表、政协委员在各级"两会"共提交提案、建议518件。其中，2010年、2012年、2014年三年的市政协"一号提案"都是来自社市委。社市委大会发言每年均被市政协评为优秀集体提案，委员提案27件次被评为优秀提案，1人被市政协评为"十佳政协委员"。为社中央、社省委、省市政协常委会、市委统战部等提供调研报告、提案60多件，上报信息70多篇，部分信息被中央统战部《零讯》采用。特别是2014年，在社省委提交省政协全会的121件集体提案中，

22件由社市委提供，占18.2%；社省委在省政协全会的50件大会发言中，10件由社市委提供，占20%。目前，社组织参政议政工作制度健全，运行机制成熟，基本形成了完善的参政议政网络。各行业的专家学者70多人能够经常参与到这项工作中来，有的社员还当选为社省委参政议政专委会主任、副主任或委员，成为社省委参政议政骨干。

二、参政议政工作中的一些做法

（一）提高认识，加强领导，在队伍建设上下功夫

1. 认识水平决定着行动方向。多年来，社市委围绕"参政议政要有新突破、建言献策要有新贡献、民主监督要有新提高、全社工作要有新面貌"的目标开展工作，提高认识。为进一步加强对参政议政工作的领导，在领导班子分工上，由副主委主抓参政议政工作，主委班子固定在岁末年初对参政议政进行专题研究，围绕重点进行调研部署，充分调动参政议政工作部门、基层组织和广大社员的积极性，发挥整体优势，使参政议政工作不断取得新突破。2015年初，陈秀娟撰写了《关于加强我市水资源涵养区工程建设　保护京津水源地的建议》，社市委认为该提案切合时宜，能为全市湿地和野生动植物保护提供有益借鉴，组织力量进行了再调研和修改完善。该提案得到承办单位的高度重视，提案中关于成立市湿地和野生动植物管理中心的建议得到了落实，调研成果得到了转化。

2. 加强对参政议政骨干队伍的培养。2007年初，社市委从委员中选出3名参政能力强、议政水平高的成员作为参政议政部的负责人。2011年，又选出55名社员组成参政议政工作委员会，下设科技经济、农林水环境、文教医卫、社会法制四个专委会，负责全社的调

研工作。对专委会人员实行动态管理，及时补充新鲜血液。为参政议政骨干搭建学习交流的载体和平台，积极推荐他们参加各级社院、市政协、市委统战部等组织的学习培训，多次邀请市政协提案委员会及有关领导、专家为他们做报告，面对面座谈交流，提升他们的参政议政工作能力和水平。2014年初，刘守义撰写的《关于促进我市县域经济大发展的建议》被市政协确定为"一号提案"，市政协专门召开"一号提案"答复座谈会，并由各副主席分别带队深入全市9个区县就该提案落实情况进行了督办，该提案的部分建议还被列入市"十三五"规划。

3. 认真做好代表、委员的推荐和使用工作。2012年初，社市委经过充分酝酿、全面考察、多方协商，推荐了一批政治素质高、专业技术强、社会影响大的成员担任新一届市人大代表、政协委员。每年"两会"前，社市委都会积极主动地与市、区人大代表、政协委员进行联系，就"两会"期间的热点及人民群众普遍关心的问题进行探讨，并把这些问题集中成提案、建议案的参考题目，分发给每个代表、委员，为他们撰写提案、建议案提供指导和借鉴。同时，社市委在新社员入社时就把参政议政能力作为考察的一个重要方面，作为推荐人大代表、政协委员的一个重要依据，扩大了参政议政参与面，锻炼了骨干队伍，培养了后备人才，调动了年轻社员的积极性。经过近几年的发展，社市委已基本建立起了一支年纪轻、学历高、议政能力强的参政议政梯次队伍，为参政议政工作增添了新活力。

（二）创新机制，加强调研，在提升质量上下功夫

1. 做好参政议政工作，建立健全工作机制是关键。社市委始终坚持把参政议政工作作为一件大事来抓，充分发挥政协提案的主渠道作用。一是在社领导的分工中，明确由专人负责参政议政工作，各基层

组织中也都确定专人负责，建立起由社市委班子、基层组织班子、政协委员及其他骨干成员组成的政协提案骨干队伍。二是逐步健全完善了参政议政工作机制，深入落实"提高认识、圈定重点、责任到人、重在调研、集体定案"的工作思路，确保了社市委参政议政的质量和水平。三是建立了相应的激励机制。在每年全体成员大会上，对集体提案的撰写者、各级优秀提案获得者、个人提案的撰写者均进行表彰，激发全社参政议政的积极性。四是发挥好社市委机关干部的参谋助手作用。社市委机关相应的专职干部做好服务和保障工作，征集好提案，并做好审查、整理和修改等工作，尽最大可能联系调研、提供素材，为参政议政队伍加强联系、互通情况、交流经验提供平台，加强宣传报道。

2. 注重调查研究，是做好提案工作的基础，是提高参政议政质量的关键。调查研究是参政议政的基础，是酝酿、撰写高质量提案的基础工作。社市委紧紧围绕市委、市政府中心工作和社会关注、群众关心的突出问题，紧紧围绕热点、难点问题，进行调查研究，在此基础上提炼出一批具有前瞻性、科学性、切合实际的提案，真正体现出民主党派作为参政党的政治价值。几年来，社市委通过深入调研，撰写了关于环境保护、城市建设、食品安全、素质教育等方面的提案，受到市委、市政府的高度重视，取得了良好的经济和社会效益。

（三）明确思路，措施到位，在工作落实上下功夫

多年来，社市委充分认识到参政议政的地位和作用，牢牢把握做好参政议政工作的基本原则，认真总结经验，提出了"围绕一个中心、确立三早原则、落实四个到位"的工作思路，不断推动参政议政工作上台阶、上水平。

1. 围绕一个中心。即围绕"发展"这个中共市委、市政府的中心

工作参政议政。每年，社市委主要领导都要参加中共市委、市政府召开的协商会、经济工作会、征求意见会，特别是参与中共党委、政府的中心工作研讨活动等。之后，社市委领导会在市委会上就相关情况进行通报，并对一些问题进行针对性的探讨，达成集体共识，在参政议政工作中适时提出社组织的意见或建议。

2. 确立三早原则。即对参政议政工作早计划、早部署、早落实。一是在市"两会"召开之后，根据市政府工作报告中提出的问题及确定的任务、目标进行细化和分解，把参政议政课题纳入全年工作计划之中。二是召开主委扩大会议或市委扩大会议对全年参政议政工作进行及早部署。三是广泛发动社内的政协委员、参政议政小组及支社骨干社员承担提案、调研报告的撰写任务，把任务落实到个人。

3. 落实四个到位。即计划到位、人员到位、措施到位、论证到位。每年的第一季度把参政议政工作计划落实到位；每一个课题都具体到一名专业相近或了解情况的社员担任主要负责人，社市委年度内根据工作计划安排指导或参与调研；社市委参政议政部对形成的课题予以审查修改，主委扩大会议集体审查研究，确定是否转化为集体提案。目前，社市委的政协提案工作已进入了规范化、程序化轨道，无论是政协全会的大会发言还是政协常委会的调研报告，社组织每年都能提出体现九三学社特色的高质量、高水平的提案。

健全机制 抓住关键
推动参政议政工作再上新台阶

九三学社亳州市委员会

参政议政是参政党的基本职能，是民主党派的生命线。近年来，社亳州市委始终把参政议政机制建设作为总抓手，坚持把握关键环节，在实践中完善，在创新中发展，努力推动参政议政工作不断取得新成效和新突破。

一、参政议政组织框架结构

社市委在成立之初就着手构建参政议政网络框架，为社员参政议政提供平台和支撑。目前，已经初步建成以社员为基础、以"两会"人员为核心、以专委会委员为骨干的参政议政组织网络框架。

（一）发挥社员的整体力量

5个支社都配备了信息员，负责动员社员报送信息，并统筹信息的收集、整理、上报工作，为做好参政议政工作奠定基础。

（二）发挥人大代表和政协委员的核心力量

社市委现有社员91名，其中省人大代表1人，省政协委员1人；

市人大代表4人,市政协委员15人;区人大代表2人,区政协委员4人。他们代表着社市委参政议政的水平和形象。

(三)发挥专委会的骨干力量

成立经济工作委员会和教科文卫工作委员会,激发委员建言献策的热情和活力,增强委员参政议政的责任感和使命感。

二、参政议政的成果和成效

(一)努力在各级"两会"上有新作为

1. 社市委主委徐景龙在担任全国人大代表的10年间,共有176件议案和82件建议被全国人大立案。其中领衔提出的议案《修改安全生产法》《制定能源法》和《制定粮食法》连续三年被全国人大列为"一号议案"。社市委编辑出版《履职实录》一书,详细记录了其履职过程和成果,社中央主席韩启德为本书题词,社省委主委赵韩为本书作序,副省长方春明为本书作跋,该书获得了较高的社会评价。

2. 在省"两会"上,社员韩青提出的《关注留守儿童》和《农村食品安全问题刻不容缓》等被省人大列为重点建议。

3. 在市政协会议上,自2010年社市委成立以来,以九三学社集体和社员名义提交提案217件,其中,重点提案10件。先后做了《加快民营经济发展 重在优化发展环境》等多篇大会发言,发言材料得到中共亳州市委主要领导的批示,社会反响强烈;在市人代会上,社市委连续五年都领衔提出议案,多件作为重点处理建议。

(二)积极在课题申报上有新突破

社市委五年间承担社省委招标课题4件,向社省委提供"两会"发言材料和提案素材10余篇。《当前农产品质量安全监管存在的突出问题及对策建议》被社中央作为集体提案在全国政协会议期间提出，该成果获评社省委参政议政课题一等奖；提案《扶持粮食主产区　建设皖北大粮仓》被中共省委、省政府、省政协联合表彰为优秀提案；《制约农民创业的因素及对策》等多件提案材料被社省委采用。社市委作为课题执笔人连续多次参加了省政协九三界别调研组就"新农村建设规划""皖北粮食功能主产区可持续发展""农村宅基地管理和使用"课题开展的调研，并向省"两会"提供多篇发言材料。同时，积极承担省委统战部"一带一路"课题研究，上报了《依托"一路一带"战略新机遇　助推中医药产业的海外发展》等研究成果。

（三）扎实在信息报送上有新进展

信息工作是民主党派履行参政议政职能的重要载体和有效形式，是党派参政议政的基础性工作。社市委高度重视信息工作，5年来，向社省委、市政协、市委统战部共报送信息300余件。其中，向社省委报送信息260余件，信息报送数和采用数在全省市级组织中均名列前茅。其中有两篇被中共中央统战部《零讯》采用，多篇信息被社中央、省委统战部《信息专报》等采用，有多篇得到中共省委、省人民政府主要领导的专门批示。向市政协和市委统战部报送多篇信息，分别被市政协《信息专报》和市委统战部《信息快报》编辑采用。

（四）取得的荣誉和成绩

5年来，社市委10余次被社省委表彰为参政议政、信息工作先进集体，12人次被社中央表彰为参政议政先进个人，多人次被社省委表彰为参政议政、信息工作先进个人。社市委先后四次荣获社中央表彰，特别是2011年11月，在北京举行"各民主党派、工商联和无党派人士为全面建设小康社会作贡献表彰大会"上，社市委被表彰为"各民主党派、工商联、无党派人士为全面建设小康社会作贡献"先进集体。

三、做好参政议政工作的几点体会

（一）领导重视是前提

1. 社省委高度重视。社省委把参政议政作为工作的重中之重来安排，定期举办参政议政专题培训，每季度通报各地参政议政情况，督促各地工作开展。

2. 社市委领导带头参政议政。主委徐景龙在全国人大会上，提出258件议案建议，其中多件被列为重点建议；副主委刘云飞精心组织参政议政课题的申报、研究和撰写工作，在市人大会议上领衔提出5件议案；副主委臧艳丽多次在市政协会议上代表九三学社发言。他们身先士卒、率先垂范，发挥了表率和示范作用。

3. 召开会议专题研究。社市委每年都在"两会"之前、社省委课题招标过程中等多次召开专题会议，研究参政议政工作的重点和方向，明确专人负责落实。

（二）社员参与是基础

社市委积极创造条件，搭建平台，充分调动广大社员参与的积极性。

1. 做好信息员工作，加强管理。定期开展座谈和培训，提高他们的积极性和责任感。

2. 调动全体社员参与的积极性，要求每个社员每年报送一条信息，并纳入支社考核内容。

3. 调动人大代表和政协委员的积极性，给他们出课题，压担子，发挥其模范带动作用。

4. 加强对信息工作的整理和提炼，提高信息质量，对选题较好的信息进行精加工，切实提升信息采用率。

（三）机制健全是保障

1. 建立健全领导机制。加强对参政议政工作的领导，提高民主党派领导班子参政议政意识，把参政议政工作摆上重要议事日程。

2. 建立信息员联系机制。定期召开信息员交流座谈会，开设网络平台和信息交流窗口，及时进行信息的沟通交流。

3. 建立完善工作机制。建立健全参政议政和信息工作绩效考评制度，出台了《参政议政工作实施办法》《信息工作实施办法》等制度，推动工作的规范化和制度化。

4. 建立健全保障机制。为参政议政工作提供经费、交通等方面的基础性保障，在收集资料、撰写调研报告、促进成果转化等方面提供服务。

5. 建立健全激励机制。把参政议政能力作为民主党派成员考核的重要条件，充分调动广大成员的积极性、创造性，对成绩突出的给予表彰、奖励，并在人大代表、政协委员等政治安排上予以优先考虑。

（四）把握重点是关键

做好参政议政工作，必须要把握好以下关键环节。

1. 建好队伍。在组织发展中，根据需要物色、培养、吸收有较强参政议政能力的同志加入进来，充实新生力量，并开展交流与培训，不断提高其政治素质和综合能力，为参政议政工作提供智力和人才支持。

2. 建好机构。选择那些热心参政议政工作、有较强能力的成员，将其充实到参政议政工作机构，组成一支有战斗力的骨干队伍。

3. 选准主题。坚持围绕中心、服务大局，从党委政府工作中的重点难点、群众关心的热点问题以及经济社会发展进程中出现的新情况新问题来选题。

4. 深入调研。调研要深入基层，深入实际，深入群众，多方面听取意见，真正把群众的各种合理诉求和建议，客观公正地反映出来，为党委政府科学决策提供有价值的参考。要创新调研的形式和方法，把参政议政与社会服务等紧密结合起来，进一步提升调研质量，拓宽调研成果转化渠道，使调研成果在经济社会发展中发挥更大的作用。

做好参政议政工作　彰显民主党派价值

九三学社郑州市委员会

参政议政是民主党派的主要职能，是民主党派最重要、最基本的工作。近年来，社郑州市委充分发挥组织优势和智力优势，积极组织广大成员认真履行参政议政职能，围绕政治、经济、文化和社会生活中的重要问题以及人民群众普遍关心的热点、难点、焦点问题，深入实际调查研究，广泛收集社情民意，通过调研报告、提案等形式，建睿智之言、献务实之策，充分体现了民主党派的存在价值。社市委连续多年被社河南省委评为参政议政工作先进单位，2014年荣获社中央"议政成果贡献奖"二等奖。社市委的主要做法是：

一、高度重视，社市委领导班子成员领题调研

每年社市委都把参政议政工作列入重要议事日程，围绕中央、省市中心工作，结合党派实际，认真讨论选题，拟定调研题目，成立调研小组，制定调研计划，由社市委领导班子成员领题调研。在此基础上，形成高质量的调研报告和提案，对促进经济社会发展起到了一定的推动作用，扩大了九三学社在社会各界的影响。

2015年，社市委主委舒安娜凭着多年分管文化事业的经验，选定了传统媒体与新媒体融合的调研方向。在了解掌握了郑州市新媒体发展的基本情况后，带领调研组赴成都、昆明等地调研，借鉴外地市先进经验，形成了《关于发展郑州微电影事业的建议》，提出了建立中国郑州微电影节、成立郑州市微电影协会、建立中国郑州微电影创作培训基地、设立中国郑州微电影大赛、设立郑州微电影事业发展专项基金、将中国"微电影创作奖"评选和颁奖地落户郑州等多条建议。调研报告经市委统战部论证评选，作为民主党派重点调研课题呈报中共市委，时任市委书记吴天君作出批示，要求相关负责人阅研报告，协调推进微电影事业的发展。

二、邀请专家，提高调研的深度与高度

为提高调查研究能力和建言献策水平，社市委成立调研组时，在充分整合社内资源的基础上，注重借助民主党派以外的智慧和力量，与高等院校、科研机构、社会组织等开展合作，为参政议政课题研究提供支撑。

2015年，社市委副主委兼秘书长郑高飞非常关注郑州市城市建设，尤其是地下管网的建设与维护。随着郑州市城市建设和规模的快速发展，地下管网建设滞后、管理水平不高等问题凸现，大雨内涝、管线泄漏、路面塌陷等事件时见报端，严重影响了人民群众生命财产安全和城市运行秩序。为此，社市委邀请从事管线基础工程设施检测修复技术研究的中国工程院院士、郑州大学教授王复明对郑州市地下管网建设与维护情况进行了专题研讨，组织部分从事市政、供水、化工等相关专业的社员组成课题组，对国内地下管网建设、管理水平较

高的广州、深圳等市进行了调研，形成了《加强城市地下管网建设与维护的调研》。受到中共市委高度重视，时任市委书记吴天君作出专门批示，要求分解到相关部门研究吸纳、完善措施、加快工作推进。在此调研基础上形成的提案亦被省政协列为重点督办提案。

三、加强指导，提升基层组织调研水平

社市委共设有10个专委会和4个基层委员会。为充分发挥基层组织参政议政作用，每年社市委都会根据社省委、中共市委、市政协、市委统战部的工作部署，结合党派实际，多方沟通，在各基层组织自主选题的基础上，确定调研题目、调研任务，以社市委文件下发。社市委领导班子成员分管专委会并领题调研，进一步加强了对调研课题的研究和指导力度，提升基层组织调研质量。

社市委人口资源环境委员会主任徐英从事社保工作多年，深知社会保障对人民群众的重要性，2014年组织专委会成员围绕征地拆迁的突出问题，结合外地市先进经验措施，为打破拆迁"瓶颈"制约，构建社会公平，促进城乡社会保障一体化建言献策，调研成果《和谐拆迁中的社会保障问题》被社省委采用。人资委《养老金领取资格认证方法可探索增加银行比对》的社情民意信息被河南省《政协信息》采用。

社市委科技委员会主任申爱民是郑州市蔬菜研究所研究员，他在多年的工作中，深切感受到废旧农膜污染的严重性，提出《关于对我国防治废旧农膜污染的建议》，被社中央、社省委和省政协采用。

四、强化培训，提高社情民意信息质量

社市委注重发挥社情民意信息员作用，扎实开展信息员培训教育工作，邀请社省委参政议政处副处长陈静结合工作经验和自身体会，以《立足本职　彰显作为　升华人生》为题，用生动的语言、翔实的案例，教授大家准确理解信息的内涵、充分认识信息的影响力、注意把握写作的技巧，实现本职社务的共赢。社中央参政议政工作先进个人颜志伟也曾为骨干社员讲授如何从本职工作发现信息、提炼信息、形成社情民意。

经过培训，广大社员立足本职工作和熟悉领域，细心发掘素材，精心深入提炼，专心撰写信息，2015年报送社情民意信息120余条，被社中央、省政协及社省委采用42条。郑高飞、申爱民、陈颖燕提出的《控制废旧农膜污染刻不容缓》被社中央采用；崔学晨《中州大道紫东路附近中石化输油管道存在重大安全隐患》被省政协采用，省委常委、郑州市委书记吴天君和副省长张维宁分别作出批示；《重视土地流转中的"非农化""非粮化"问题》的建议被新华社主办的《河南领导参考》采用。

2015年4月，社内市政协委员崔学晨发现位于中州大道与紫东路交汇处的河南省中石化四根地下输油管线在没有防护的情况下，被各种大型载重车辆肆意碾压，存在重大泄露爆炸隐患，随即写下社情民意信息并附照片上报。社省委、社市委及政府相关部门多次召开会议，进行协商沟通。在大家的共同努力下，中石化于2015年底正式施工，将爆炸隐患彻底排除，确保了社会稳定及人民群众生命财产安全。

五、完善机制，切实做好参政议政保障

重点围绕提高参政议政能力和水平，修订了《九三学社郑州市委参政议政工作奖励办法》，对社基层组织和社员提交的调研报告、社情民意信息和提案材料，根据采用情况，给予适当的奖励。推行社市委领导班子成员分管专委会和领题调研制度，主委、副主委对各自分管的专委会调研进行指导和督促。进一步完善参政议政工作上下互动机制，年初社市委将调研参考题目下发至各基层组织，由各基层组织自主选题，经社市委参政议政咨询委员会审定后，以社市委文件形式发布。每年多次召开参政议政工作会议，具体安排部署参政议政重点工作和任务。把参政议政的调研任务、社情民意作为社务工作的重要组成部分，纳入各基层组织年度考核主要指标，提高广大社员的参政议政积极性和参与度。每年安排专项调研经费，加大机构、人员保障力度，确保调研工作顺利进行。

拓宽思路 创新机制
助推信息工作再上新台阶

九三学社泸州市委员会

近年来,社泸州市委扎实推进社情民意信息工作,树立创新思维,开展有益探索,通过新机制、新举措,力求取得新成效。据统计,社市委近五年累计上报社情民意信息500余条,其中,被中共中央领导批示1条,被全国政协采用7条、中央统战部和社中央采用29条、省政协和省委统战部采用74条、社省委和市政协采用380余条。具体做法如下:

一、创新机制、完善制度,推动信息工作有序开展

(一)集结骨干,引入竞争

2015年,社市委进一步创新机制,将原参政议政部改为参政议政委员会,补充大量新人,并进行改组,将参政议政委员会分为两个小组,引入竞争机制,实行分组活动,开展单双月座谈会(单月为第一小组,双月为第二小组),对平时搜集到的热点、难点问题进行分析讨论。每次座谈会至少落实5个以上热点、难点问题,由专人负责,

限期调研、撰写并审核上报。

（二）激发活力，适当奖励

社市委高度重视信息工作，从有限的办公经费中挤出奖励资金激励参政议政工作，结合市委统战部开展的"五比五看"活动，制定并完善了《九三学社泸州市委员会参政议政及宣传工作稿费发放办法》《九三学社泸州市委员会课题调研立项管理办法》等制度。奖金虽然不是很多，但较好地激发了广大社员撰写社情民意信息的积极性和参与度，形成了信息工作有序开展、数量不断增加、质量有效提升的良性循环。

（三）拓面延伸，提升素质

社市委组织骨干成员参与社会服务、精准扶贫、课题调研等多种活动，助推信息工作开展。工作中强化协作，积极提高社员整体写作能力和信息质量，注重发现、选拔、培养有较强责任心、积极性及有一定写作基础的新社员。通过培训会、推进会、学习交流等多种形式，讲解信息撰写和提高信息质量的方法。通过深入基层调研、走出去学习借鉴、与政府部门联合调研等形式，不断延伸信息工作的深度与广度，发挥成员的主动性和积极性，提高参政议政素质和水平。

（四）重传帮带，学以致用

社市委建立了"老带新""一带一"或"一带多"工作制度，即由入社时间长、工作经验丰富的社员通过"一带一"或"一带多"对新社员的信息工作进行指导和帮助，把不会写信息的社员带出来；把信息写作能力不足，但主动性较强的社员，逐渐带强。如：新社员陈慧在该支社颜华的指导、带动下，从不会到会，写作水平在短时间内有了较大提高，3年来共撰写信息30余篇。其中，有3篇被全国政协采用；1篇被社中央采用；8篇被省政协采用；1篇被中共泸州市委副书记签批,个人获江阳区政协2014年、2015年优秀社情民意信息先进个人和优秀政协委员称号。

社市委参政议政部副部长颜华、朱发平等骨干成员在"传帮带"的同时,以身作则,每年撰写信息至少20篇,被全国政协、社中央、省政协和省委统战部采用的稿件举不胜举,两人多次获得社中央优秀个人,社省委参政议政先进个人、优秀个人,市政协优秀社情民意先进个人等荣誉称号。社市委专门汇编刊印《朱发平参政议政选录》,供社员学习参考,效果明显。该书还用于兄弟社组织之间的工作经验交流,产生了积极的影响。

二、领导重视、积极探索,推动信息质量稳步提升

(一)制定计划,强化推进

社市委领导高度重视信息工作,亲自部署召开参政议政动员会,研究确定年度工作计划和任务目标,并通过召开社市委专委会、骨干社员培训会、参政议政推进会,讨论、筛选、确定重点调研课题,组建课题小组,有序开展工作。

(二)注重结合,聚焦热点

为深入了解社情民意,并从中寻找有价值的信息线索,搜集社情民意亟待研究的课题,社市委积极探索社情民意信息与参政议政调研课题相结合的工作方式,实行定期召开信息分析会议制度,把有价值的线索,列入调研课题,认真分析研究;同时也将调研中发现的社会热点、难点问题,及时转化为社情民意信息。如:社员周富斌在合江县调研"农业机械化发展"过程中,听农机专业合作社的同志提到"农忙时,农机加油需村上出证明、派出所盖章后,加油站才给农户

加油,致使农民苦不堪言",经过反映,这一问题引起社市委课题调研组的高度重视,迅速将农忙时节农机加油难列入重点调研内容,通过深入基层,走访群众、相关人员和相关部门,搜集整理了大量素材,形成了《农忙时节农民农机加油难亟待关注》信息并及时上报,被全国政协单篇采用,并转交农业部办理,该信息也被泸州市政协评为2015年度优秀社情民意信息。

三、搭建平台、主动出击,推动信息资源集聚共享

(一)借助平台,凝智聚力

社市委通过建立网站、组建参政议政委员会及信息工作小组、搭建参政议政平台、QQ群、微信群等方式,全面开展信息工作。社员们常常通过看新闻、报刊、走亲访友、茶话聊天等渠道,搜集到大量热点素材,在社市委信息平台上发布讨论。社市委将反馈意见进行汇总,对有价值的线索列入社市委调研课题范围,分组调研,朝着形成较高质量信息的方向迈进。

(二)用心用情,关注民生

撰写信息的方式多种多样,素材搜集就在身边,只有用心用情,才会诞生高质量的信息。如:一位社员反映农民专合社财务管理需规范的建议,在平台上引起共鸣,经过大家充分讨论,深入调研,形成了《关于杜绝农民专业合作社"包包帐"的建议》并被社中央采用。社员李忠晨探亲时,在游览和接触中发现北方城市、农村信仰佛教、天主教、基督教的信徒剧增,有些地方教主和头目利用聚会互相帮扶的幌子敛财,形成社会不稳定因素。这一问题引起社市委的高度重视,及时组织人员开展调研,经过半个月的调研形成了《宗教过热

现象应引起高度重视》，被全国政协采用，得到中共中央领导的专门批示。社员刘彤彤通过采访特种车辆驾驶员、开展问卷调查、查阅相关部门在特种车辆管理上的法规等方式，搜集和整理了大量素材，形成了《建议加强特种车辆行驶立法和规范管理》，被中央统战部采用，并被列入全省统战系统典型案例，在全省进行案例分析研讨推广。

当前，信息工作越来越受到各级党委政府领导重视，对信息的撰写要求也越来越高。社市委将在信息工作上不断探索，积极创新，挖掘潜力，充分发挥九三学社的特色和优势，团结带领广大社员立足本职岗位，积极履职建言，以高度的政治责任感和历史使命感，投身到经济发展和社会建设中，提出更多更有价值的意见和建议，为经济社会持续健康发展和人民群众幸福安康贡献力量。

构建全员参政议政模式
切实提高参政党履职能力

九三学社中山市委员会

长期以来，社中山市委参政议政工作主要依靠个别骨干社员完成，这种工作模式存在以下问题：一是个别骨干社员工作一旦发生变动或其他特殊情况无法完成课题时，参政议政工作容易陷入被动；二是不利于参政议政人才队伍的有序培养；三是广大社员参政议政参与度不高，组织动员能力不强。为改变这种单一模式，提高参政议政效果，近年来，社市委从实践中探索，在机制建设、队伍培养和规范工作程序上下功夫，积极开拓新思路，努力创建新机制，开创了互动开放、骨干社员团队和各支社课题组协同工作的"全员参政议政"模式，推动参政议政工作不断实现可持续、健康运行的新局面。

一、建立健全参政议政工作机制

根据参政议政形势的变化，社市委不断完善《九三学社中山市委员会参政议政工作指导意见》（以下简称《指导意见》），对资助课题和自选课题的申报、立项、进度及质量控制、经费的使用和管理、成果奖励和验收等，作出明确具体、可操作性强的规定，在课题征集、调研、撰写、修订、提交和办理协商等环节，健全完善开放互动的工作机制；不断优化基于市委会指导，参政议政工作委员会（以下简称参委会）具体协调，各支社全面参与的参政议政工作体系。使参政议政工作的内容和形式纳入广大社员可预期范围之内，成为广大社员可持续的自觉行为。

二、广泛开展课题申报和立项工作

每年2-3月，成立由专职副主委、分管参政议政的市委委员及参委会主任为成员的评议小组，集中听取人大代表、政协委员和参政议政骨干社员等对社会发展中热点难点问题的意见和建议，从中拟定年度调研选题，提交立项会议审议。调动各支社积极研讨年度选题，填报《九三学社中山市委员会参政议政课题申请表》，提交立项会议讨论。立项会议由社市委召集参委会成员、分属提案委的社内政协委员、各申报课题的负责人及各支社主委参加，对前期提交的调研选题进行开放式研讨，编制调研选题推荐目录，提交由主委召集的市委委员工作会议审议。审议通过后，对调研选题进行立项，社市委组织一批专业对口、参政议政水平高的社员成立年度课题组，各基层组织也以支社为单位成立相应课题调研组，层层落实调研任务。

三、积极开展调研，认真撰写报告

课题立项后，市委会年度课题组和各支社课题组围绕课题的目标和任务撰写调研计划，到镇区、相关政府部门及市外的有关单位深入开展调查研究，社市委机关给予必要的指导和协助。社市委极力倡导和切实推进参政议政调研工作，认真、全面、深入地进行调研，这已经成为参政议政的一种工作常态。每年9月下旬，各课题组在调研基础上撰写并提交调研报告。

四、多渠道报送课题调研成果

每年10月，参委会针对课题调研情况，向社市委提出成果使用的意见和建议，即把调研基础最广泛、最深入，对策建议最具前瞻性、全局性和可操作性的调研报告，提交市委统战部、选送社省委，并转作市政协大会发言；对质量较高，对策建议有针对性和可操作性的调研报告选送社省委，并转为社市委集体提案，提交市政协；对有具体、可行措施的调研报告转为参政议政信息。确定调研成果的使用方向后，由参委会统一组织对成果进行修改完善，与各课题负责人进行面对面的指导评议，并各自做好指导所联系支社的课题修改工作。

五、科学制定经费补助及奖励办法，推动成果验收

《指导意见》规定，凡经社市委立项的调研课题，都给予必要的经费资助。资助经费在成果立项后和验收通过后分两次划拨。其中，立项后的调研启动经费补助按统一标准拨付。课题验收一般在次年市人大、市政府和市政协办公室联合召开建议提案交办工作会议后进行，验收后，社市委除了对课题组给予基本经费补助外，还根据课题成果被采用的层级高低进行分级奖励。为鼓励广大社员积极反映社情民意，实行了参政议政信息奖励办法。

六、体验协商办理过程，提高参政议政成就感

每年市"两会"后，社市委有计划地组织安排各课题组成员参与提案办理协商工作。通过参与提案办理协商环节的参观考察和座谈，让课题组成员了解支社提案对党委政府工作的推动作用，以及整个参政议政工作的系统性，亲身感受参政议政工作成果，增强对参政议政工作的成就感和获得感，提高参政议政积极性。

七、在全方位系统培训中扩大参政议政队伍

社市委的参政议政培训分定期的统一培训和不定期的针对性培训。社市委每年都要举办一次参政议政专题学习班，对全体参委会委员、资助课题执笔人、支社责任主委、政协委员、人大代表及办公室专干等进行培训。培训课程包括调研报告、提案和参政议政信息撰写，以及有关课题调研和参加提案办理交流座谈的技巧等内容。培训采用案例教学、问答互动与交流相结合的方式，提高培训的实效。针对性培训一般以报告（或提案）修改研讨会的形式进行，既有参委会委员针对各份提案存在的问题提出翔实的修改意见，又有各课题负责人或代表之间的相互交流。持之以恒、形式多样的培训产生了强大的带动和扩散效应，涌现出一批参政议政骨干成员，形成了一支肯吃苦、能战斗的参政议政工作队伍，为"全员参政议政"模式提供了强有力的人才支撑。

八、通过定期通报营造参政议政工作氛围

通报是一种有效的工作督促方式。社市委在每年的基层组织活动、参政议政工作会议、学习培训班以及年度工作总结会议上，对各基层组织的课题申报、课题立项、调研进度、成果转化情况、提案办理成效以及信息的报送和采用情况等进行通报，对成绩突出的基层组织和个人给予通报表扬，对好的经验和做法进行宣传和推广。一方面可以及时为广大社员提供参政议政动态消息；另一方面也可以激励先进、督促后进，形成你追我赶的参政议政工作氛围。

在创新机制和全员工作模式的驱动下，参政议政成为社中山市委最具广泛群众基础的整体性工作，也是最具获得感、最有魅力的核心工作，成为社市委和各支社组织活动的引擎。广大社员从事参政议政工作的积极性不断提高，参政议政成果的质量明显提升。截至2015年底，本届社市委在市政协历次会议上共提交集体提案25件，立案24件，立案率达96%。其中，4件提案被评为市政协十一届会议优秀提案，4件提案获评市政协重点提案，1件建议被确定为市人大重点建议。2014-2015年，共选送15份调研报告参加社省委参政议政投标活动，其中7份中标，中标率达46%，连续两年在社省委投标活动中雄踞首位，填补了社市委在这项重要活动中的空白，使社市委的参政议政工作取得了有史以来的最大突破。

强化意识　健全机制
推动信息工作健康发展

九三学社朔州市委员会

近年来,社朔州市委始终围绕党委政府中心工作和经济社会发展大局积极建言献策,先后有7、17、76篇社情民意分别被全国政协、社中央、省政协采用,两个调研报告被朔州市主要领导批示并已经实施。获得社山西省委"社情民意信息工作先进集体"一等奖1次、二等奖2次、三等奖1次,2012年作为全省市级组织的代表在"晋豫合作"社务工作交流会上做了交流发言。社市委的主要做法是:

一、转变思想观念,强化信息意识

社市委自2006年成立以来,始终把社情民意信息工作作为主要考核指标来抓,领导班子成员认识到社情民意信息工作是能够从侧面反映党派素质、活力、凝聚力和感召力的有力抓手,因此工作中,始终坚持破解"难有作为""难以适应"的难题。经领导班子成员研究,确立了一条"强化意识、建立网络、抓住骨干、加强培训、健全机制、奖励兑现"的工作思路。确立这一思路主要基于三点考虑:一是领导班子成员思想统一、凝心聚力，有强烈的参政议政意识；二是领导班子成员亲力亲为，起到表率作用；三是为广大社员搭建平台，形成良好风气，充分调动广大社员反映社情民意信息的积极性和自觉性。

二、健全信息制度，明确工作职责

建机制、立章程是做好社情民意信息工作的保障。近年来，社市委不断修改、完善相关规章制度，建立健全社情民意信息工作的长效机制。

（一）信息工作会议制度

社市委每季度召开社情民意信息通报会，由秘书长向主委办公会通报社情民意的报送、采用情况，总结上季度社情民意信息工作，研究安排下季度工作任务。每半年召开一次总结会，研究分析半年信息工作形势，总结半年信息工作完成情况，安排部署下半年工作任务；年底召开年终总结会，对全年信息工作进行总结，表彰奖励社情民意信息工作先进基层组织和优秀工作者。

（二）信息工作责任制度

建立健全了信息工作分工责任制，由主委统管统抓，分管副主委专管专抓，市委委员兼管兼抓，支社主委齐管齐抓，专职人员具体负责信息的督办、收集、整理和上报工作，每位社员都有任务，有指标，有压力。社市委、支社两级总动员，大家齐心合力抓信息。明确了任务指标，社市委主委、副主委、秘书长每季度至少3条，必保2条；社市委委员、副秘书长、各支社主委每季度至少2条，必保1条；市县人大代表、政协委员、社省委委员、省人大代表、省政协委员每季度至少2条，必保1条，社员每半年至少1条，全年至少2条。

（三）信息工作激励机制

制定了《九三学社朔州市委关于社情民意信息工作奖励制度》，明确了奖励原则和奖励标准：被社省委采用的每条奖励10元，被省政协采用的每条奖励100元，被社中央采用的每条奖励300元，被全国政协采用的每条奖励500元，得到国家领导人批示的每条奖励1000元。同一条社情民意被不同部门采用，可以重复登记和奖励，极大地调动了了撰稿人的积极性。年底社市委召开社情民意信息工作表彰奖励大会，对成绩突出的支社和个人给予表彰和奖励，在广大社员中树立起看得见、挨得着、够得上的参政议政好榜样。为调动广大社员信息工作的积极性，社员只要提交信息，无论质量高低，无论是否采纳，也给予一定的基础奖励。

三、组建信息队伍，动员全社力量

抓队伍、树典型是搞好社情民意信息工作的关键。社市委组建了一支由基层社员、骨干和各级人大代表、政协委员，社市委委员组成的金字塔式的信息采写员队伍。其中，广大社员是塔基，活跃在基层提供大量丰富的信息素材；各级人大代表和政协委员是中坚力量（社市委共有各级人大代表和政协委员30多人）；社市委成员、信息骨干是塔尖。每年都有多篇高质量信息被全国、省、市政协采用，信息工作水平得到极大的提高。除此之外，社市委还通过聘请社情民意信息员，与部分大学、研究所开展合作调研，增强全社动员能力，为做好社情民意信息工作奠定了坚实基础。

四、围绕转型跨越，广开信息资源

（一）抓热点

主要是看市委政府领导干什么、群众要什么。如2009年抓住全国检察系统案件管理改革的契机，社市委积极调研，形成了《建议省检察院积极推广山阴县案管中心的管理模式》的提案，得到山西省检察院的重视，原省检察院检察长亲临朔州进行调研，并在全省进行经验介绍会、推广会。在此基础上，社市委组织社员联合基层检察院合作开发了信息化管理系统，并已投入使用，获得了最高检的肯定，为全省检察系统案件信息化管理提供了经验。

（二）看"两会"

学习"两会"报告是拓展信息来源最直接有效的办法，"两会"报告详细解读了全市年度工作目标和工作重点，只要认真学习"两会"报告，就能从中找到参政议政的重心和方向，就能知道参什么政议什么题。如：2013年，针对市委市政府提出的"优化产业结构、提升发展质量"的工作思路，社市委经过充分调研形成了《关于在我市建立固废资源化利用研究院的建议》，得到了市委市政府领导的批示，如今研究院已经成立，相关建议也已落地实施，对优化当地产业结构起到了积极的推动作用。

（三）重视察

每年结合全年工作计划和调研课题，主动联系相关单位，听取汇报，开展视察，为社员撰写信息提供素材。

五、健全培训机制，提高撰写水平

通过专题培训、以会代训和举办讲座等方式，解读社会热点难点问题，发动社员在分析素材的基础上撰写信息，并对他们撰写的社情民意信息进行点评，指出需要改进的地方。培训会改变了以往枯燥乏味的讲课模式，使参训社员在交流讨论中学到了知识，激发了撰写信息的热情，提高了理解能力和实际把握能力。在整体提高的基础上，重点培养信息骨干，对优秀信息进行广泛宣传，作为培训材料相互学习交流，有效提高了广大社员社情民意信息捕捉和撰写能力。

六、建立档案记录，尊重劳动成果

社市委探索开发了"社员工作成果电子记录系统"，详细记录社员社情民意信息工作的优秀成果。这样既可以浏览历年的工作成果，还可以按不同要求快捷地进行排序和分析。为领导准确了解社情民意信息的主要贡献者、报送和采纳部门、实际效果和获奖情况等提供了便利，对做出贡献的社员也是一种认可和尊重，激发了他们多出成果、出高质量成果的积极性，为社市委外出考察调研人选提供了依据。

社会服务篇
工作案例

扭住天水果品产业集中发力

九三学社天水市委员会

天水海拔高、日照足，种植水果具有得天独厚的优势，是闻名全国的苹果主产区之一。近年来，中共天水市委、市人民政府把果品业作为首位支柱产业，年产值达80亿元，果品收入占当地农户收入的30%-40%，已成为主要收入来源。如何发挥九三学社的科技优势，扭住天水果品产业集中发力，是社天水市委一直以来思考的问题。思路在2011年被两位果农的北京之行打破，从此开始了长达五年的实践探索：从最初邀请专家到田间地头一对一讲课，到依托天水市果树研究所成立专家工作站，集中培养技术骨干，再由技术骨干培训果农，以点带面，整体带动，在专家学者与果农之间架起科技帮扶的桥梁，把最新的科技成果送到果农手中，为果农增收，为产业助力，从"输血"到"造血"，走出了一条精准服务与地方需求紧密结合的新路子。

一、源起：两位果农的北京之行

2011年10月，社中央在北京召开多党合作新农村建设项目推介交流会暨苹果优质高效栽培示范园建设与推广应用经验交流会，邀请了来自北京、山东、山西和甘肃四省（市）的果树专家及果农学习交流苹果栽培的相关问题。社市委从水果种植重镇伯阳镇遴选了两位种植大户，资助他们到北京参会学习。会上，他们听了社北京市委科技服务专家团副团长、北京林业果树研究所副所长魏钦平"优质高产苹果栽培相关技术"、山西大学王俊宏博士"果树旱井集雨节水技术示范基地建设"、山西省晋中市林业高级工程师吴建功"关于建立绿色标准化果园和果树使用生物有机农业技术的经验"的讲座，实地参观了昌平天汇园矮砧集约栽培研究与示范基地、昌平苹果主题公园、昌平真顺园上园苹果种植基地。通过学习比较，他们发现天水苹果在果品质量、修剪成分、管理技术等方面与之存在很大差距，回来后，就把这一情况反馈给社市委，社市委认为九三学社具有人才和科技优势，应该利用好自己的优势帮助果农解决这些技术上的难题。说到做到，社市委先组织社内林果方面的专家就这一问题开展调研和座谈，这里面就包括九三学社社员、市果树研究所高级农艺师王慎喜。调研了解到，天水果品业确实存在科技创新和技术示范带动能力不强、技术骨干力量薄弱、培训经费不足、技术推广覆盖面小、土壤管理水平落后的问题，特别是新建果园、边远贫困山区果园管理水平差，效益低，急需加强技术培训和推广，而天水现有的技术力量难以在短时间内有效解决，需要引进高端专家智力资源帮助解决。

二、起步：从田间地头到专家工作站的成立

社市委将情况汇报给了社甘肃省委，社省委给予了高度重视，分五期牵头邀请了土壤、栽培、修剪、果品、农药等方面的社内专家来天水实地考察。初次来的专家是中国科学院南京土壤研究所土壤生物

与生化研究室主任董元华教授，当时正值隆冬时节，董教授直接就到田间地头和果农面对面交流。当果农得知来的是土壤而不是他们认为的修剪方面的专家时，开始不怎么欢迎，董教授就从果农普遍关心的果品不成型或裂果、常见的病虫害、果树老化以及果品质量方面存在的问题讲起，这些问题讲出来，果农听了感觉很实在，很到位，说到了点子上，他们就开始认真听了。董教授针对土壤方面的问题，开出治理良方：一是要根据树冠生长情况深挖施肥，这样才能充分吸收；二是要多施有机肥，少施无机肥。果农开始一知半解，社市委就提出先做几棵树看效果，当年选了三四棵树做实验，效果显然不一样，果树的抗病能力、生长情况、果品的质量明显提高。果农尝到了甜头，主动找到社市委提出再请董元华教授来讲课。第二年，董教授带着博士生专门到秦州区、麦积区收集土壤样本，带回去做了微量元素分析，针对缺失情况做出了改良方案，很快就使当地的果农受益了，种植技术和管理水平大大提高。后来，邀请专家几次授课，效果都很好，受到果农的热烈欢迎。社市委感到这件事可做，于是向社省委做了汇报，社省委认为有必要在天水成立专家工作站，并得到了社中央的支持，2013年4月，省内首家"九三学社专家工作站"在天水市果树研究所挂牌成立。

三、成长：准确定位后的思路转变

专家工作站成立初始，社市委邀请多位专家先后到秦州樱桃园、麦积南山苹果基地、秦安万亩桃园举办培训班，效果非常好。但当时考虑到授课专家工作忙、层次高，每次仅是培训几名、几十名果农有点"大材小用"；同时，据果农反映，由于文化水平低，不会讲普通话，方言口音重，与专家相互交流有一定难度，影响了培训效果。综合以上考虑，社市委向社省委做了汇报，经社中央、社省委、市林业局、市果树研究所多次协商研究后，决定调整工作思路和方式，将重点放在培养天水果品技术人员上，由市果树研究所牵头，以果树所90名农技人员为主体，从各区县遴选技术骨干为补充，集中进行培训。然后，由技术人员再下去培养果农，以点带面，整体带动。为提高培训的针对性和实效性，社市委与果树研究所积极对接，并就专家工作站工作机制做了分工，果树研究所负责提出技术需求和专家类别，制定培训计划，承办培训工作；社市委负责通过社省委邀请并具体对接专家。针对果树研究所技术人员成长慢，急需提高论文写作水平的问题，社市委通过社省委邀请了社甘肃省委常委、甘肃农业大学教授孙学刚主讲了《科技论文写作与发表》；结合天水本地实际，立足解决果农实际问题，社市委先后邀请了陕西省农林科学院蔡宇良教授、北京市农林科学院林业果树研究所所长魏钦平、中科院南京土壤所李建刚博士、甘肃省农科院李宽莹教授等社内专家分别就果品质量、修剪技术、土壤施肥、产业链营销等开展讲学和培训活动10余场次，深入田间地头为果农现场指导和培训20余场次，累计培训1500余人次。同时，积极"走出去"，选派技术人员到市外相关大专院校和科研院所学习交流，联合开展科技项目，共选派7名技术人员分别到北京市林果所、西北农林科技大学园艺学院等进行学习交流，联合开展科技项目2项，有效提高了农技人员的业务水平和果农的种养殖技术，为天水果品产业发展提供了人才支撑和发展后劲。

四、收获：社会服务与参政议政、社务工作的有机融合

围绕天水林果产业，依托专家工作站，社市委同步开展议政调研，先后形成了《关于天水市果品产业发展状况的调研报告》《关于天水市大樱桃砧木应用现状的调研报告》《关于丝绸之路经济带视域下天水果品产业与文化的地位及其作用的调研报告》等多篇高质量的调研成果，全部转化成"两会"大会发言或政协提案。其中，《九三学社天水市委建议提升果品产业的"三化"水平》被《人民政协报》刊发；《关于促进我省果品产业发展的提案》提交省政协十届五次会议，获评优秀提案；《关于丝绸之路经济带视域下天水果品产业与文化的地位及其作用的调研报告》获评天水市调研成果三等奖。近3年来，社市委通过专家工作站，依托天水市果树研究所开展的技术培训和业务指导，壮大了科技人才队伍，彰显了九三学社爱国、民主、科学的优良传统，扩大了九三学社的影响力和吸引力，为组织发展和做好社务工作奠定了良好基础。

未来，社市委将深入挖掘和总结专家工作站经验做法，进一步健全完善长效机制，紧紧扭住天水果品产业发展的关键环节集中发力，依托天水果树研究所，把社会服务及社组织建设与当地果品产业发展深度融合起来，持续打造成为社会服务工作的精品品牌。同时，以专家工作站为载体，继续推进社会服务与参政议政和组织发展深度融合，共同进步，推动社市委各项工作再上新高度。

八年磨一剑

——社海口市委精准帮扶甲子镇卫生院工作案例

九三学社海口市委员会

如何发挥自身优势，在社内资源与群众需求之间搭平台架桥梁，打造社会服务新模式，是社海口市委一直致力于解决的问题。通过深入调研，社市委将工作重点瞄准了一个名不见经传的乡镇卫生院——琼山区甲子镇卫生院，从最早成立九三学社医疗专家服务基地为依托，发挥医疗专家人才优势，到定期开展义诊送药送设备，再到开设专家门诊、专题讲座培训、业务查房、手术及护理指导，八年磨一剑，将一个偏远落后、人才短缺、水平低下的乡镇卫生院带到设备先进、人才充盈、诊疗水平高的先进卫生院，切实解决了偏远地区群众看病难、看病贵的难题，为乡镇农民群众提供更为优质的医疗服务。2015年，社市委获社中央颁发的"2011-2015年社会服务工作先进集体"荣誉称号。

一、深调研找准帮扶目标

早在2007年，社市委组织社内医疗专家深入基层和偏远地区开展医疗服务调研,在调研中了解到琼山区甲子镇卫生院急需医疗帮扶的情况。甲子镇是海口市最边远的乡镇,距离市区70多千米,人口2.7万人。由于离市区较远,交通不便,甲子镇卫生院成为周边群众就诊看病的主要场所。同时,卫生院还承担着农村公共卫生和基本医疗的双重任务,平日接诊量大,群众需求高。而卫生院长期存在医护人员学历低、职称低、执业资格率低、流失率高"三低一高"的状况,严重制约了卫生院医疗水平的提高。当时全院只有3名正式医生、十几名护士和行政人员,医疗人才年龄结构、专业机构不合理,年青医务人员没人传、帮、带,缺乏临床经验,很多应配置的专业人员缺失,医疗服务水平比较低,人才流失严重。调研情况反馈到社市委,社市委高度重视,经过研究,决定把甲子镇卫生院作为医疗帮扶重点对象,从建立医疗帮扶基地入手,深入实施了"一地、一训、一查、两指导"的帮扶思路,将其打造成为设备先进、诊疗水平高、人才搭配合理的先进卫生院。

二、五举措开展精准帮扶

(一)建立医疗专家服务基地

2009年9月3日,"九三学社海口市委医疗专家服务基地"在甲子镇卫生院成立,开展定点医疗帮扶。从2009年至今,社市委海口市第三人民医院和海口中山医院的儿科、妇科、内科、骨科等社内专家每年坚持参加2-3次义诊活动,8年来,参加活动的医疗专家共有300人次,农民就诊人数达3000多人,捐赠腰椎牵引床、心电监护仪、婴儿床、棉被等医疗设备和液晶彩电等物资3万余元,免费发放药品2万余元。受到中共海口市委统战部的高度重视,市委常委、统战部部长王云霞多次到现场指导。《海口新闻》栏目跟踪报道，得到了中共海口市委的表扬，树立了九三学社良好的参政党形象。

（二）开展专题讲座培训

根据卫生院的业务需求，结合相关医科专业最新成果，社市委组织相关学科社内专家到甲子镇卫生院，开展多种形式的专题讲座，8年来为卫生院培训各类专业技术人员50多人次，增强了甲子镇卫生院的基本医疗服务能力，提高了医务人员的业务水平。

（三）建立业务查房机制

针对临床实际问题进行业务查房，帮助卫生院医务人员解决诊断治疗方面存在的疑难问题，规范诊疗措施，提高他们解决临床实际问题的能力，为甲子镇卫生院留下一支赶不走的业务骨干队伍。

（四）"手把手"进行当面业务指导

卫生院的护理工作较薄弱，仅应付打针发药，难以适应现代护理的整体要求。社市委每年组织专家到活动基地当面业务指导3-5次，培训护理方法，提高卫生院整体护理水平。

（五）创新远程业务指导

利用电话和网络等信息技术，卫生院和医生护士如果工作现场遇到实际问题，还可以跟九三学社海口市委会的医疗专家沟通和联系，就疑难病症进行会诊、指导治疗，及时解决问题。

三、促结合推动调研成果转化

社市委在帮扶甲子镇卫生院提升基层医疗水平的同时，注重推动社会服务与参政议政工作的结合。近年来，围绕解决农民群众"看病难、看病贵"的问题，社市委组织专家和专业人员深入大坡、三门坡和城西等乡镇，对"参合"农民和基层医务人员进行问卷调查，收回有效答卷163份；同时还组织社员到海口市四个区政府有关部门调研农民"参合"的相关情况，经过认真的研究论证后向中共海口市委、市政府提出《关于海口市农村合作医疗基金使用情况的调研报告》，得到中共海口市委、市政府的高度关注。为了解《海口市基层医药卫生体制综合改革实施方案》的实施情况，2012年8月至10月，社市委会组织医疗专家和专业人员深入甲子、大坡等9个镇卫生院，对琼山区各乡镇卫生院改革前后的总体情况进行调研，撰写了《海口市琼山区乡镇卫生院综合改革情况调研报告》，向中共海口市委、市政府提交了《关于提高基层卫生院医疗技术人员积极性的建议》，得到政府有关部门的关注和肯定。

下一步，社市委将紧密结合精准扶贫工作要求，充分利用结对帮扶甲子镇的有利契机，针对甲子镇困难群众多为因病致贫的情况，打造九三学社医疗专家服务基地，提升甲子镇卫生院医疗服务水平，帮助落实农村合作医疗政策，继续开展医疗精准扶贫服务。

以小见大　实干惠民
——创建唐历村同心工程实践基地工作案例

九三学社南宁市委员会

社南宁市委将社会服务作为加强组织能力建设和提高参政议政能力的重要载体，秉承"创新载体、汇聚资源、以小见大、积少成多、实干惠民"的宗旨，9年来持之以恒地打造武鸣县甘圩镇唐历村同心工程实践基地，在实践中创新探索，开创了"115"服务模式，即"建立一套工作流程、培育一支骨干队伍、凝聚五种关键力量"，为唐历村的民族团结进步、经济发展、基层稳定做出了积极贡献。先后荣获全国各民主党派工商联无党派人士为全面建设小康社会做贡献先进集体、九三学社中央学习践行社会主义核心价值体系全国先进集体、九三学社全国优秀市级组织、九三学社社会服务工作先进集体、广西壮族自治区民族团结进步先进集体等荣誉。

一、主要做法

唐历村村民以壮族群众为主体，村民大部分外出务工，留守老人儿童多，发展产业困难。2008年，社南宁市委在唐历村建设同心工程实践基地，9年来持续开展了同心惠民、同心科技、同心关爱、同心文化、同心合作五大工程帮扶行动，累计开展43次活动，捐赠款物28.95万元；以实践基地为研究点，先后完成了《解决农村师资不足问题的建议》等近10篇提案建议、农村林改试点等6类参政议政议题调研，助力唐历村发展产业经济、增强基础设施、巩固民族团结，并与村民结下了兄弟般的情谊。"唐历经验"得到中共南宁市委统战部"不以事小而不为，不以事少而不做，以小见大，积少成多"的高度肯定。社市委的主要做法是：

（一）建立一套工作流程，有效实施动态管理

坚持"集思广益、实地调研、精准帮扶"原则，形成了"务虚会—实地调研—帮扶计划—建立台账"的标准化工作流程，对前期准备、实施动态、总结提升进行有效监管。抓好四个环节的质量，即抓实帮扶设想的科学评估，抓实唐历发展需求的实地调研，抓实帮扶方案及落实的针对性、精准性和实效性，抓实帮扶台账建立和记录。通过规范化的工作流程，明晰帮扶项目、方法步骤、落实情况，及时发现问题，及早调整完善措施，促进帮扶稳准、有序、给力。

（二）成立一个专家服务库，充分发挥优势力量

成立一个专家库，组建专门帮扶小分队，对唐历村开展专业化、精准化帮扶。成立水利水电帮扶小分队，提供水利水电技术服务；成立法律工作委员会和法律服务站，开展法律援助、法律培训；成立医疗服务小组，免费开展义诊下乡、送医送药；成立科技服务队，做好技术帮扶；成立企业家联谊工作委员会，实现村企资源共享；成立文工队，通过文化作品下乡、演出等形式弘扬团结友好、科学民主、开放向上的文化。

（三）凝聚五种关键力量，纵横联合形成合力

坚持上下联动、借用外力，积极联系九三学社各级组织、各级统战部门、对口职能部门、兄弟民主党派、非公经济等五种力量，共同开展帮扶。一是在广西率先启动自治区、市、县三级党内党外共建模式。成立由九三学社广西区委、九三学社南宁市委、中共武鸣县委统战部参与的唐历村同心工程实践基地创建领导小组，设立统战工作站。二是主动联络兄弟民主党派、新阶层人士、相关职能部门等各方力量，广泛争取技术、资金、政策、项目支持。三是做好广泛动员和上门宣传。鼓励社员把帮扶唐历作为履行参政党职能的广阔舞台，积极参与、献策出力。

（四）重点实施五个改造，建设美丽生态唐历

1. 产业结构有力调整。开展"同心科普进乡村"系列活动，增强村民科学种养能力。提出引种德国葱和韩国椒、提高农产品附加值的建议，引导产业升级。如今，唐历村形成了以经济林种植、养鱼养猪为主，柑果种植、水牛养殖、农家乐为辅的发展模式。

2. 基础设施大幅改善。帮扶唐历村完成人饮改造、东干灌溉渠维修工程。为唐历小学援助电脑等物资，修建"同心"阅览室，发展民族教育。

3. 生态环境持续向好。捐资4万多元帮助唐历村修建排污水渠和广场硬化，出资6万元支持村内池塘生态环境改造、池塘环道硬化绿化、文化广场建设等，美化村容村貌。

4. 文化建设初见成效。捐助书籍电脑、成立"同心"书屋、出版宣传专栏，帮助村民提升科学素养。建设"同心文化长廊"，开展联系党建、科普宣传、社会公德和民族宗教政策教育等活动，引导村民把思想统一到民族团结和经济发展上来。

5. 民族团结得到巩固。唐历村有"三月三"壮族村庆传统,为帮助壮族群众摒弃迷信的陋习,社南宁市委每年资助并参与村庆活动,创作《梁祝》《七月火把节》等舞蹈,引导村民追求健康向上的文化品位。以往村庆中酗酒、打架斗殴现象明显减少,汉、壮、瑶各族群众和睦相处。

（五）科学制定工作计划，明确今后帮扶思路

1. 做好"同心乡村"市级示范点创建。在实践基地的基础上,整合资源、集中力量,全力打造具有九三学社南宁特色、壮族文化突出、成效明显、推广性强的"同心乡村"示范点。

2. 优化升级唐历"同心"品牌。坚持"发挥优势、突出重点、量力而行、持之以恒、务求实效"的方针,继续做好同心惠民、同心科技、同心关爱、同心文化、同心合作等五大工程帮扶行动。

3. 积极参与精准扶贫攻坚战。在隆安县陇割村、马山县双联村等对口联系点的帮扶工作中推广唐历经验,为广西壮乡首府人民摘掉"穷帽子",献计出力。

二、实践经验

唐历村同心工程实践基地建设事多面广,党派机关人少力薄、经费有限。面对人员不足、资金不足和唐历村积极性不高等难题,社南宁市委注重创新思路、整合资源、借力帮扶、务实服务,积累了一些可持续的实践经验。

（一）高度重视，集中发力

以精准发力为原则,在唐历建立政治交接教育实践活动、践行社会主义核心价值体系、同心工程教育3个实践基地,将社会服务帮扶

主项目集中在唐历村。领导班子从巩固民族团结的高度，重视实践基地工程建设，想方设法调动智力财力等资源，集中发力开展持续帮扶，日积月累逐见成效。

（二）整合资源，发挥优势

利用与九三学社广西区委、中共武鸣县委统战部共建的优势，整合资源补短板。如唐历村养殖户急需肉鸭养殖和水库养鱼的技术指导，但南宁缺乏相关领域社员专家，于是社南宁市委求助社区委提供养殖技术专家支持，联合开展相关技术培训，及时解决了养殖户发展难题。

（三）巧借外力，助推发展

社南宁市委有扶贫任务却没有专项资金。为解决帮扶工作资金短缺，社市委充分发动社员及有联系的财政、水利等政府部门，巧借外力拓渠筹款，先后筹集到近200万元人民币，顺利完成了唐历村人饮工程、农田灌溉渠项目改造、排污水渠修建、广场硬化、池塘生态环境改造等项目，有力地助推了唐历经济社会发展。

（四）善用利导，调动参与

在唐历村同心工程实践基地建设初期，唐历村积极性不高，"坐等靠"思想较重。社南宁市委持续组织村干部和村民代表到南宁市三塘镇"活力微生态发酵床"养殖示范基地、广西现代农业技术展示中心、邕宁区新江镇那蒙屯综合示范村等地学习观摩，以榜样力量引导村民提高学习现代农业科技的热情，调动他们拓渠致富的原动力，通过参观学习，村民们的参与度明显提高。

（五）持之以恒，滴水穿石

社会服务工作单靠8个机关专干，每年不足10万的专项经费，是无法成事的。但社南宁市委紧紧依靠全体社员及社员身后的资源，秉承着"以小见大、积少成多、实干惠民"的思路，9年来通过唐历村同心建设工程，把提高组织建设实力与社会服务能力相结合，把服务社会能力与提高参政议政质量相结合，把服务经济社会发展与巩固民族团结行动相结合，集中资源，持续发力，取得了可喜成绩。如今的唐历村生态有序、邻里和睦、民族团结，正走向共同富裕！

在自身优势与地方发展中寻找结合点
——创建汽车科普教育基地服务社会的经验和做法

九三学社襄阳市委员会

如何实现"九地合作"的持续性、集中性和务实性,同时又能最大限度体现九三学社特色,是社襄阳市委在推进社会服务工作中一直坚持探索和努力解决的重点课题。近年来,汽车产业在襄阳市取得突飞猛进的发展,已成为全市的支柱产业,2015年全市规模以上汽车工业产值突破2000亿元,增长16.6%。中共襄阳市委提出建设"全国重要的汽车及零部件产业基地""中国新能源汽车之都"的宏伟目标,社市委将目光瞄准了汽车产业,通过创建汽车科普教育基地,把自身优势与地方产业发展需求有机结合,走出了一条精准服务的新路子。

一、发挥自身优势,从汽车产业发展中寻找突破口

社市委拥有45名具有汽车科技专业知识或行业相关的社员,占全市社员的四分之一。既有从事汽车科研教学的湖北文理学院教授,也有在政府主管汽车产业发展的部门负责人、汽车零部件研发生产的

企业家、在东风汽车公司从事发动机研发和整车零部件检测的全国知名专家，还有从事汽车销售和售后服务的企业家，以及为汽车产业发展和汽车科普推广积极争取项目的科技科协部门负责人。"结合中共襄阳市委的汽车梦，襄阳九三的汽车人才优势，我们应该建设一个汽车科普教育基地……" 2013年7月，社市委社会服务部部长计虹在青岛参观青岛九三海洋科普教育基地时，一个大胆的念头突然冒了出来，她立即向社市委主要领导进行了汇报，引起罗琼玖主委等社市委领导的高度重视，并立即组织相关人员研究其可行性和可操作性，大家一致认为这个想法正好找到了九三学社特色与地方经济发展的结合点。

二、齐心协力排除万难，确保基地如期建成

（一）多次沟通协调，取得学院支持

由于建设场地需要依托湖北文理学院机械与汽车工程学院的实训基地和部分实验室，必须取得学院支持才行。主委罗琼玖带领社市委领导班子一行人多次到湖北文理学院，与学院领导就建设襄阳汽车科普教育基地有关事宜进行沟通协调，终于取得学院大力支持，2013年9月襄阳汽车科普教育基地建设正式启动，计划用两年时间建成投入使用。

（二）多方学习考察，确定建设方案

创建汽车科普教育基地尚属全省首家，规模、板块以及建设方法都没有现成的经验可学，怎么设计？社市委、湖北文理学院组织相关人员先后到青岛海洋科普教育基地、武汉和上海的博物馆考察学习，拿出了初步建设方案，经多方研究，最终敲定了具体方案。方案

计划建设汽车发展与文化、汽车驾驶安全和交通法规、汽车品牌文化长廊、汽车新材料技术、汽车科普影院、襄阳汽车产业、汽车整车系统、汽车爆炸悬挂、新能源汽车展示等十大版块，立足于湖北文理学院机械与汽车工程学院的12个汽车教研实验室和两个教学实训车间。

（三）组建工作专班，分期逐步推进

基地建设方案确定后，社市委联合湖北文理学院成立了由社内汽车相关产业专家以及学院有关人员组成的工作专班，决定分三期建设。工作专班人员加班加点，查找资料，设计制作了210块展板，按照方案设计的位置严格施工，同时配备了大量的汽车整车及零部件实物展品和演示设备，做到了既注重汽车知识的系统性、专业性和实用性，又注重新技术运用，突出互动性、体验性、趣味性和实践性。

（四）组建工作专班，分期逐步推进

2015年9月25日，九三学社湖北省委同心·科普教育实践基地暨襄阳汽车科普教育基地揭牌仪式在湖北文理学院工科大楼门前举行，社中央副主席丛斌，社省委副主委欧阳建平、应楚洲，中共襄阳市委常委、统战部部长李跃华，市人大常委会副主任、社市委主委罗琼玖，副市长丁亚琳，湖北文理学院院长丁世学、副院长汪云等领导参加揭牌仪式，并同市25中、万户小学、白云社区的学生和居民代表一起参观襄阳汽车科普教育基地。

三、实行四个联动，确保基地发挥长效作用

（一）实行基地与学校联动，普及汽车科普知识

一是开展校外科普活动，组织学生参观汽车科普教育基地、汽车整车及零部件标本展；二是开设校内科普课程，组织社内专家（校

外辅导员)成立学者讲师团,走进学校举办讲座;三是开设赛车暑(寒)假主题夏(冬)令营活动,激发学生的汽车科研兴趣;四是开展"交通安全日"学生志愿者活动。

(二)实行基地与企业联动,开展校企合作活动

开展人才对口培养活动。汽车科普教育基地组织社内汽车专业的专家,与各汽车产业(企业)通过密切合作,充分发挥各自优势,形成校企融合、资源共用、人才共享的运行机制,获得了较大的社会效益和经济效益。

(三)实行基地与社区联动,开展专题讲座活动

开展科普进农村、进社区专家报告会活动。确定选题,组织基地专家开展汽车驾驶、环境保护及交通法规等科普知识报告会,提高农民及社区居民遵守交通规则意识和安全意识。

(四)实行政府与企业联动,推动企业科技创新

一是开展科技服务进企业活动,联合科技局、科协等政府部门,强化企业自我创新能力,引导企业科技创新。对企业科技人才进行一对一帮扶,做好专利申请服务工作。二是开展汽车与科研科协论坛型会议活动,推进科技合作平台建设,促进创新成果转化。

襄阳汽车科普教育基地是湖北省首家以汽车行业为鲜明特色的科普教育实践基地,也是社市委发挥自身优势,主动服务地方支柱产业的具体体现。襄阳汽车科普教育基地建成以来,已经吸引前来参观的各行各业观众上万人次,在普及汽车科普文化、丰富襄阳汽车之都内涵、促进校企合作、产教融合、启迪青少年关注汽车文明、科技创新等方面发挥了重要的作用。

近年来,社市委积极拓展社会服务内容,不断延伸社会服务触角,在开展送科技、送医疗、送文化"三送"常规工作的同时,关注

新农村建设试点，在宜城市王台回族村创建了同心品牌社会服务基地；关注城乡一体化建设试点，在襄城区白云人家社区创建了品牌社会服务基地，均取得了显著成效。先后被社中央、社省委授予"社会服务工作先进地方组织""社会服务工作先进集体"荣誉称号。

精准服务
助力生态移民地区枸杞产业发展

九三学社银川市委员会

社会服务是民主党派直接参与社会活动、服务社会,特别是对经济落后、群众生活艰苦的生态移民地区开展服务的有效形式。近年来,社银川市委发挥优势,改变以往以送物、送资金为主的服务模式,转变为送科技、送技术,针对需求开展社会服务,取得明显的效果。通过社会服务增强了生态移民改变家乡、建设家乡的信心和决心,为使生态移民地区与全国同步进入全面小康社会贡献智慧和力量。

永宁县闽宁镇木兰村是1995年陆续从宁夏西吉、海原等地移民搬迁后组建的新村。全村回族人口占93%,是一个生态移民回族村。2011年6月,社银川市委作为对口帮扶单位来到木兰村调研,与该村副书记张彩霞一起走访了养牛户和枸杞种植户。走访过程中,张彩霞副书记详细介绍了当地枸杞种植发展状况。木兰村在农业产业结构调整后,村民对枸杞种植产生了浓厚兴趣,特别是广大妇女,因为家里有小孩和老人需要照顾,所以无法外出打工,只能通过务农增加收入。但由于村民种植枸杞时间短,经验不足,缺乏科学技术,导致产量不高、质量不好,卖不上好价钱。村里希望在枸杞产业上得到帮扶单位的帮助和支持。

社市委走访调研后，立即组织召开了农牧局、科技局等有关对口部门联席会议，围绕枸杞产业种植技术、成本投入、管理要求、社会需求及销售等方面座谈研讨。大家一致认为要想在枸杞上获得较好的经济收入，必须突破四个难关：一是种植关。木兰村地处银川的西南，以沙地为主，灌溉靠扬水，非常适合枸杞喜沙耐旱的特性。二是种苗关。要想收成高就必须选择好的种苗，比如宁夏农林科学院培育多年的优质品种。三是管理关。俗话说得好"师傅引进门，修行在个人"。枸杞种植管理是关键，从修剪、浇水、施肥、病虫害防治等都需要较高的技术。木兰村村民需要实践经验丰富的专家指导枸杞种植技术。四是销售关。可以通过成立枸杞合作社，把好枸杞卖出好价钱，增加茨农的经济收入。

一、做给农民看 带着农民干

为了寻找合适的老师，社市委走访市农牧局、人社局等部门，与永宁县对口支援的科技特派员进行沟通交流，均未找到所期望的老师。时任社市委主委、银川市科技局局长马丽岩了解情况后，立即与宁夏农林科学院枸杞研究工程中心副主任安巍沟通，就木兰村枸杞种植户长期系统培训达成合作意向。2011年3月的北方，天气乍暖还寒，9日，沙尘暴来袭，气温骤降。社市委邀请安巍研究员，来到永宁县闽宁镇木兰村6组，为全村枸杞种植户开展春季枸杞修剪和田间管理技术培训第一课。村民围绕在安主任周围。用谁家的枸杞树做示范呢？村民们犯难了。大家认为，用自己家的枸杞树当教材，学手艺，不懂修剪枸杞树技术的人肯定把树剪坏，树剪不好会影响当年枸杞收成，所以，谁都不愿意在自家树上"下剪"。正当大家为难的时候，"到我家的枸杞树上学习修剪，我不怕树剪坏"——张彩霞副书记挺身而出。安主任被这位女支书的奉献精神所感动。在张书记家的枸杞田里，安主任让村民们先围在一颗枸杞树的周围，他戴上手套，拿起剪刀开始示范。"修剪要按照'根茎剪除徒长，冠顶剪强留弱枝，中层短剪中间枝……'的修剪顺序。"他边说边剪边解释，不一会儿就把一颗杂乱无章的枸杞树修剪得漂漂亮亮的，然后，他请村民拿起剪刀一字排开，按照他讲的要领进行修剪。"安教授，我剪的这一枝对不对？""安老师，这两枝留哪一支好，为什么？"大家边剪边问，实地培训课的热闹劲儿，比得上北方赶的集市。半天的培训，20多个人都得到悉心指导。

万事开头难。有了第一次的枸杞树修剪经历，加上张书记在关键时刻挺身而出的勇敢举动，着实给了村民信心和力量。更给力的是，张书记拿她家的枸杞树修剪做了试验品的结果是，当年枸杞果子最大、产量最高，卖的价格也最好。村民终于相信了一句话——"枸杞产量是剪出来的"。

从2011年到2015年，安教授每年定期来到枸杞田里培训村民修剪、灌溉、施肥、病虫害防治知识和技术。做给农民看，带着农民干的培训模式，深受农民朋友的喜爱。4年间，木兰村枸杞种植面积由原来620亩，增加到998亩；枸杞纯收入也由原来的2000多元增加到10000多元。

二、推动合作社的成立　走枸杞产业共同发展之路

随着木兰村茨农枸杞种植技术的提高，枸杞产量稳步增长。怎样

把一家一户的自由发展，变为集全村力量的共同发展？社市委专门到宁夏农科院枸杞研究中心请专家出主意，帮忙联系全区走在前列的枸杞合作社，请木兰村枸杞种植户代表去参观，开阔眼界、扩展思路、学习先进经验。

2012年6月，社市委组织木兰村枸杞种植户代表参观石嘴山市惠农区燕子墩乡枸杞合作社。该枸杞合作社成立于2010年，经过几年的努力，合作社已经发展成为"基地+合作社+市场营销"为一体的现代生态枸杞产业格局，这对农业结构调整和农民增收发挥了重要作用。

负责人刘占贵总结枸杞合作组织的经验时说：一是要把农民的思想统起来，由每户的自由发展变为集中共同发展。二是建立统防统治机制，根据枸杞病虫害防治特点，统一喷洒农药、统一预防。三是做好为农民提供良好的服务，得到农民的满意和信任。四是做好各方的协调工作，多争取项目资金，为农民合作组织提供资金支持。五是把好品牌质量关，这是枸杞产业可持续发展的生命。

2015年，木兰村成立了"木兰红合作社"。社市委并没有停止帮扶的脚步，而是积极牵线搭桥，联系银川市扶贫办，为合作社争取枸杞加工设备项目，经过扶贫办实地考察，一台枸杞烘干机落户合作社。在张书记带领下，木兰村的社员联合起来，走上了共同发展、共同富裕的康庄大道。

三、破解特色产业发展瓶颈　精准施技

银川市西夏区镇北堡镇团结村是银川市各民主党派、工商联和无党派联谊会共同建立的"统一战线服务示范基地"。该村是1996年

由江苏华西村援建的移民村，村民主要来自西吉、海原等地，是回汉杂居村。主要收入以枸杞种植、劳务输出、运输贩运等产业为主，其中，枸杞产业为该村优势特色产业。多年来，枸杞产业的发展已经走上"规模化种植、产业化经营、标准化管理、有机化生产"之路。但是在枸杞加工方面还欠缺设备技术，还存在加工过程必须使用"碱"加工工艺的瓶颈。这种加工方式在全省普遍存在。怎样突破瓶颈，提高枸杞加工品质，走一条别人没有走过的路？这是摆在团结村茨农面前的问题。社市委了解情况后向社区委反映，得到王大陆副主委的高度重视。他积极联系中国农业大学博士生导师、社中央科普专委会委员、社北京市委科技专委会主任高振江教授，并得到高教授"果菜真空脉动节能干燥装备研究"成果推荐。

2015年6月，中共银川市委在团结村召开"统一战线服务示范基地"项目协调会。银川市农牧局、市扶贫办、科技局、财政局等十余个市政府部门和民主党派市委会以及西夏区有关部门参加会议，在会上，项目单位介绍各自实施情况、存在问题和解决的办法等。社市委抓住这一契机在发言中详细介绍了果菜真空脉动节能干燥装备及其优越性能。与会人员听后为之一振，既惊喜又诧异，当今有这样不用碱处理直接烘干枸杞的高科技设备吗？市委常委、统战部部长马凯听完介绍后，当场拍板，肯定了这种烘干设备的科技效果。他请市扶贫办积极对接该项目。在社市委的协调和努力下，一台价值50万元的果菜真空脉动枸杞烘干装备项目意向性资金"花落"团结村。经社市委与市扶贫办、西夏区扶贫办、中国农业大学设备制造企业等部门多方沟通协商，资金于10月底落实到位。由高振江教授带领的北京农业大学博士团队也将很快抵达团结村，测试设备，做好相关数据的采集和分析，并培养操作烘干机的本地人才，为团结村枸杞品质再上新台阶做出积极的贡献。据测算，使用新型烘干机烘干的枸杞果品价格将提高30%以上。

　　社市委帮扶生态移民村特色产业发展，邀请专家长期系统跟踪式地开展枸杞培训，采用"做给农民看，带着农民干"的培训方式，使种植户学得会、用得上、有问题及时处理；鼓励成立枸杞合作社，协助申请烘干机，谋划产业长远发展；主动加强与有关政府部门沟通和协调，最大限度用好用足社内资源，积极创造条件引入高科技研发成果，支撑生态移民地区产业发展，增加农民收入。几年来开展精准扶贫为枸杞产业发展助力，得到中共银川市委、政府的高度肯定，2015年荣获"银川市委、政府十二五扶贫开发定点服务先进集体"称号。

串珠成链　服务上品
——社静安区委社会服务品牌化工作案例

九三学社上海市静安区委员会

在上海市静安区中心医院眼科门诊室内，挂着一面面闪闪发光的锦旗，其中一面尤为夺目："感谢九三静安亮康行动送我光明——孙克仁养老院仲耿生老人。"仲老先生已有84岁高龄，原本右眼完全失明，左眼接近失明，严重影响日常生活。他接受"亮康行动在静安"项目的资助，双眼先后进行了白内障复明手术，并由静安区著名眼科专家、区眼科学带头人、九三学社社员吴良成博士亲自主刀，术后视力恢复到1.0。老人非常激动，送来了锦旗。

"亮康行动在静安"是社静安区委响应社中央"亮康行动"号召，从本地区百姓需求出发，推出的一项医疗咨询和义诊的社会服务项目。近3年来，服务足迹已遍布全区所有的社区居民点和养老院，受益于医疗咨询和义诊的老人近8000名。特别是为517名老年白内障患者施行了复明手术并提供补助，对其中73名困难老人的手术自负部分给予全额补助，体现了民主党派对特殊群体的真情关怀。而"亮康行动在静安"只是社区委诸多社会服务品牌活动之一。

一、多年努力，无私奉献，珠珠发光

社静安区委一直将社会服务视为民主党派参与国家经济和社会建设的具体行动，作为发挥参政党作用、提高社会对九三学社认知度的重要载体。二十几年来，社区委一直与区内的曹家渡街道和彭浦镇开展结对共建活动，坚持每年为辖区老百姓帮困送温暖，已经资助了第四个困难家庭的孩子在基础教育阶段的学费。每年，依据不同街镇提出的需要，先后多次组织社员专家到社区、进学校、入机关开展科普讲座，送健康（医疗咨询和义诊）到居民区、养老院、老人日间照料中心、残疾人活动中心、建筑工地等等，"亮康行动在静安"就是近年发展出来的一项活动。

同时，联合区科委结成对口联系单位，积极参与到每年的"科技活动周""全国科普日"活动中，配合区政府开展大型科普宣传活动、编写科普故事和科普小册子，先后开展了以"水资源和社会经济发展""家庭和社区灾害准备""功过是非话细菌""从PM2.5谈空气污染""疾控知识和健康生活方式"等为主题的科普讲座。与市老年基金会静安区分会联手开展"携手共暖夕阳情"志愿服务系列活动，为困难老人检查视力并赠送合适的老花镜等。

多年来，社区委开展的社会服务在很大程度上弥补了区政府在相关领域的工作盲点，为困难人群提供了贴心、暖心的服务，体现了九三学社良好的社会责任感和社会形象。在努力拓展社会服务的广度和深度，提高服务质量和实效，充分调动社员积极性的过程中，社区委的服务特色逐渐在"为老服务"和"科普宣传"这两方面体现出了优势，不仅深受基层老百姓的欢迎，还多次获得社上海市委的表扬，被授予"爱心助老特色基地"。

二、串珠形成品牌、串事提升质量，串起九三影响

学习实践活动开展以来，社区委进一步提高思想认识，把社会服务作为增进政治思想共识、凝聚广大社员、提高组织化程度的一项重要实践活动。在改进工作方式的基础上，进一步发挥九三人服务社会的有效性，面向社会、面向基层、面向群众，做深做细社会服务工作，社区委积极调动多方资源，在社上海市委、区政府相关部门和街道党工委的支持下，在结对共建的曹家渡街道挂牌设立了"九三科普基地"和"九三健康咨询基地"，将原本分散的服务内容纳入两个基地，通过品牌化、系统化、长效化的提升，不仅提高了服务质量，而且扩大了影响力。

（一）发挥资源优势创设基地

社区委在寻求多渠道、多方式合作的共建模式上下功夫，积极争取社市委的支持，发挥社内科技和医疗资源优势，以科普宣传和健康咨询为服务内容，与区卫生计生党工委、街道党工委三方签订了联合服务群众的基层党际合作协议，挂牌成立了"九三科普基地""九三健康咨询基地"两个服务平台，并根据职责和资源进行了工作分工。街道党工委负责需求导向，提出有实效的服务内容；社区委负责供给侧资源整合，组织安排市区两级社内专家开展科普讲座和健康咨询服务，区卫计委负责调动市区级医院的医生开展大型义诊。多方合力共同推动社会服务工作实现主动引导和自觉参与相结合，最大限度地利用各种社会资源，为广大群众服务。

（二）统筹安排提高组织化程度

为进一步提高社会服务的质量和效率，社区委将科普讲座、健康咨询、"亮康行动在静安"、助老慰问、帮困助学等品牌服务项目全部整合到两个基地的服务内容中，串起了社会服务大大小小的珍珠。每年初，社区委就同几方合作伙伴一起商定全年的服务内容和计划安排，通常每年安排2-3次的科普讲座、4-6次健康咨询，场地以结队共建的街镇为主但不限于此。科普讲座进居民区、进学校、进楼宇，健康咨询更是形式多样、与时俱进。在年度计划初定后，社区委便进行广泛联络、周密安排，定时、定点、定人做好组织落实。两年来，社区委将社会服务与自身建设相结合，实践改进工作机制，规范完善工作制度，使社会服务工作做到了常态化、系统化、实效化。

（三）拓展服务　提升九三学社影响力

静安区是上海国际化程度最高、高端商务楼宇最多、地处最中心的区域，区内不仅有近30万常住人口，还有近20万"白领"。这些"白领"们长期处于压力大和快节奏的生活状态，身体状况呈"亚健康"的比例不小，同时，他们对各种科学知识、健康知识的需求旺盛。针对这一情况，2014年底，社区委在坚持做好为"白发"服务的基础上，增设了为"白领"服务的项目——"九三健康咨询基地"进楼宇，利用中午休息时间为楼宇内的白领们进行心理疏压和义诊服务，得到了"白领"的欢迎。同时还开设了满足年轻人需要的科普讲座专场。目前，为"双白"（白发、白领）群体提供社会服务已成为社区委社会服务的一大特色。

社区委发现，活动当天无论该楼宇的"白领"是否会驻足我们的服务现场，当他们进进出出该楼宇看见社组织的宣传牌时，总会认真看、回头看、驻足看，"九三学社"对他们来说或许是第一次看见听说，或许也无暇深究，但"九三学社"这个名字一定留在了这些年轻人的脑海里了。

"串珠成链，服务上品"，是社区委开展社会服务工作的思路和追求。社区委将在社会服务品牌化的创建上进行更多的探索，力争取得更大的成效。

社会服务篇

经验总结

九广合作

——九三学社社会服务大手笔

九三学社广元市委员会

九三学社在广元市开展的以经济建设为中心，依靠科学技术，实施西部开发，振兴贫困地区和革命老区经济的"九广合作"，从1986年2月开展以来，至今已30年。九广合作成效显著，得到了党和国家领导人的肯定与支持。

九广合作开展以来，九三学社组织援广专家、教授、企业家300余批次2000余人次，为广元市培训各类专业技术人才1万余人次，推荐工业、农业、医药、卫生、科技、教育等项目1500多项，参与实施350项，争取项目资金10余亿元，捐款捐物1000多万元，为广元市经济和社会发展做出了重大贡献。尤其在"5·12"汶川大地震后，社中央向广元市引进了轻钢龙骨结构房并率先实施农房重建，其经验在后来的芦山地震灾区得到推广。社四川省委联系台湾滋根基金会、香港慈恩基金会和香港福慧基金支持广元市教育发展，捐资342万元修建了旺苍县檬子乡中心小学教学楼，捐资18万元实施"爱的书库"援建工程，捐款102万元援建旺苍县4所小学，捐款160万元在朝天区、利州区援建6所中心小学，每年捐款15万元帮助旺苍

150名优秀中学生。黑龙江九三组织捐款45万元援建剑阁县剑门关中学。九三学社还积极参与广元市的招商引资和项目推进工作。九三学社中央积极促成亭子口大型重点水利枢纽工程建设,实施大唐火电项目立项,促成苍溪县被国家农业部命名为"全国第二批现代农业示范区"和"全国休闲农业与乡村旅游示范县"。社广东省委联系东风日产集团公司在广元市建成东风日产4S店,2010年投入营运以来,年均实现销售额1.2亿元,税收1400万元。

一、九广合作经验体会

(一)合作机制健全

首先是领导重视,认识到位。广元市历届市委、市政府的书记市长都高度重视九广合作。早在合作之初,九三学社和广元市便分别建立了工作机构,确定了专职人员,落实了工作经费,健全了工作制度。市、县(区)把九广合作工作纳入目标考核范围。合作领域从以农业为主到工业、农业、教育、卫生、科教、文化、旅游、商贸、基础设施建设等全面开花。其次是合作方式灵活多样。有直接到国家、省有关部门为广元争取资金、项目,有组织专家、教授到广元座谈论证、讲学助学、培训人才,有组织企业家到广元合资合作、新办企业等等。无论哪种形式的合作,九三学社领导、专家都身体力行,亲自过问,亲自参与。一分耕耘,一分收获,双方积极,九广合作硕果累累。

(二)合作双方互动共促,尽其所能

30年来,九三学社中央和九三学社四川、陕西、浙江、江苏、河南、河北、广西、北京、上海、天津、重庆等省市领导多次来广元考

察、指导。九三学社专家为广元推荐的技术项目年年得到推广实施，从未间断，且力度一年比一年大，效果一年比一年好。时任全国人大副委员长吴阶平、韩启德等亲临指导，时任九三学社中央副主席洪绂曾十到广元早已传为佳话。九三学社中央、九三学社四川省及沿海省市委不仅帮助广元争取资金、技术、项目，而且动用办公经费并发动社员捐款捐物支持广元发展，令人十分感动。与此同时，广元市始终坚持把九广合作作为一把手工程，书记、市长亲自研究，亲自部署，亲自检查。各级领导、各部门齐抓共管，认识到位，工作主动，配合密切。九广合作双方实现了互动共促机制。

二、九广合作近期工作及成效

（一）成功举办"九广合作行"活动

2014年12月，成功举行了"九广合作行"活动，现场签订了西北农林科技大学、九三学社江苏省委、九三学社陕西省委与广元市人民政府"校市合作"、科技合作等13项合作协议。北京市嘉洁能科技有限公司等国内知名企业分别与广元市相关区县和经济技术开发区签订传感器生产线、生物废物处理、农副产品综合加工协议，计划投资13.55亿元。同时，在活动期间，举办了招商引资项目推介会、西北农林科技大学与广元市农口部门合作对接座谈会，开展了合作项目考察活动，举办农林、医疗卫生专题讲座及现场教学6场次、全市1000余名农村医卫技术人员和种植农户参加培训。

（二）认真承办九三学社全国社会服务工作会议

2015年7月，九三学社全国社会服务工作会议在广元召开。全国30个省级组织和部分地市级组织负责人及参与九广合作的部分科技专家、企业家近200人参加会议。会议期间，播放了《九广合作三十年巡礼》电视专题片，举办了九广合作30年、广元法治建设、城乡规划建设、扶贫攻坚成就图片展。全体参会代表考察了九广合作汽车产业园、广元口腔医院、广元娃哈哈食品有限公司等九广合作项目。九三学社中央丛斌副主席出席会议并做重要讲话，他充分肯定了九广合作工作，对深入推进九广合作提出了"亲力亲为，开拓创新，尽力而为，量力而行，借势借力，整合资源，品牌做新，新牌做响，不图虚名，力求实效"的社会服务工作总体思路，要求九广合作进一步拓展新思路，抓好重点项目推进。丛副主席还深入广元农村社区调研农村产权制度改革。会议期间举行了九三学社省级组织与广元市投资促进系统工作联系（联谊）会，进一步增进了广元市与九三学社各地组织的联系。会后，与广元签订合作协议的九三学社组织还到现场考察合作项目进展情况，力推协议加快落实。

（三）在农业农村合作项目上持续推进

协助促成九三学社中央援建国华镇花街村中药材基地，使基地面积从500亩扩大到1500亩。通过旭日生态农业有限责任公司发展"订单农业"，火麻仁和柴胡成为旺苍县出口创汇产品，实现年销售收入750万元。促成九三学社中央投入帮扶资金18万元，社市委和市农业局协助争取省财政项目配套资金25万元，支持国华镇花街村种羊基地建设，2015年10月项目已通过验收。促成九三四川省农科院支社帮助朝天区协调马铃薯项目投资700万元、羊肚菌项目投资200万元，先后派出专家教授8人次开展技术培训，带动群众发展脱毒马铃薯种薯繁育基地2000余亩，培育种薯生产营销企业1家，建羊肚菌生产大棚5万余平方米。促成西北农林科技大学先后3次派专家到朝天区进行技术指导，主要在核桃产业化生产、魔芋软腐病防治、魔芋取芽播种技术等方面进行培训、指导。促成九三学社四川农科院支社帮助青川县沙洲镇落实项目资金200万元，用于8万亩油橄榄管护。促成江苏省淡水水产研究所专家深入亭子口和白龙湖库区，对银鱼品种退化、大水面生态渔业开发、水产品种更新等问题进行了技术指导。通过社汉中市委引进的"洋黑2号""黄华占""红糯米"等优质水稻在苍溪县成功试种120余亩。通过社南充市委引进的脱毒土豆、油菜、黄豆新品种在苍溪县推广种植8000余亩，经济效益显著。促成西北农林科技大学将昭化区猕猴桃溃疡病防治纳入科研课题，目前病株标本试验正有序开展。促成上海九三学社专家在昭化区建立毛细虹吸专利技术治污试点，目前已取得阶段性成果。促成九三学社上海市委在剑阁县推广农作物新品种面积1000余亩，培训蔬菜种植500余人次。促成社四川省委在广元新建现代农业园区规划和评审、全国现代农业示范区建设、农村沼气建设项目争取和农业、畜牧产业培训等方面给予了大力支持。

（四）宣传推介广元文化旅游产业

2014年11月，促成九三学社中央、九三学社北京市委、九三学社四川省委围绕提升广元市旅游景点文化品位、促进剑门蜀道申遗工作，先后组织开展了知名书画家楹联撰写和书画作品创作的"蜀道文化行"活动，创作书画200余幅并无偿捐赠给广元文化场所和旅游景点。九三学社中央学苑出版社资助此次活动资金30余万元。2015年11月，九三学社中央、中国林业产业联合会森林休闲体验分会指导，促成广元市人民政府、九三学社北京市委主办"2015中国·青川生态旅游目的地建设研讨会"，来自国家、省市发展改革、旅游规划、生态环保、政策咨询领域的行业领导、专家学者以及企业家代表对青川建设生态旅游目的地提出了很多宝贵的意见和建议。促成九三学社首都师范大学委员会主委魏明建来青川县做康养产业指导,并在青川干部大会上做了题为《康养产业的发展态势与青川生态康养产业的发展》的专题讲座。通过九三学社中央协调,国家邮政集团已同意优先安排发行剑门蜀道特种邮票。

(五)促成医疗卫生实现高层次合作

2014年11月,促成北京大学医学部与广元市人民政府合作成功签约,2015年8月,北大交通医学中心与广元市中心医院签订并启动"严重创伤区域性救治体系科研合作项目",10月国家卫计委、北大交通医学中心、广元市卫计委三方签署了《关于在四川省广元市建立区域性严重创伤救治体系项目实施合作协议书》,将广元地区严重创伤救治水平与国内、国际接轨,该项目已列入广元卫生"十三五"规划。2014年9月以来,北京大学、北大口腔医院、首都医科大学附属北京口腔医院的专家、教授先后在广元举办专题学术报告和疑难病会诊6次。北大口腔医院和首都医科大学附属北京口腔医院的6名专家被聘为"九广合作项目医院(广元口腔医院)客座专家"。2015年6月,由九三北京市委提供经费,帮助市第四人民医院、苍溪县人民医院、广元口腔医院选派医师分别到北大医院、北大口腔医院进行半年培训学习。九三学社上海市委为剑阁县协调6名医务人员赴上海进行为期一年的学习培训,组织医学专家在剑阁县开展专题讲座和疑难症会诊3次。今年12月,通过九三学社陕西省委协调,陕西省人民医院国际领先学科泌尿学科与广元市医院的合作已开始前期洽谈。

(六)促成科技教育合作

2014年10月,九三学社中央副主席武维华院士率队到广元开展"院士专家行"活动,考察广元市农业、医疗卫生、工业制造,开展科普报告,专家与广元市企事业单位在农业、食品、医疗、工业制造等方面达成合作意向。共建的"九广科技馆"得到了九三学社中央、中国科协的大力支持，目前已启动筹建前期工作。邀请九三学社专家参加《广元柴胡规范化种植与产地加工关键技术研究与应用》国家科技富民强县专项、《柴胡GAP技术集成及其在秦巴山区的示范应用》四川省科技扶贫专项计划可行性论证，目前到位项目资金200万元，有力助推全市柴胡产业化发展。2015年6月，市九广办、市农业、水务、人社和川北幼专应邀参加"首届人社局长、人才中心主任陕西知名高校行"活动，西北农林科技大学已在广元市建立学生实践基地14个。2014年11月以来，学苑出版社向广元中小学和市图书馆捐赠3万套价值100余万元的图书。诗丽堂公司通过社四川省委协调捐助资金30万元，支持旺苍县木门镇中心小学完善教学设施，目前项目已完工。协调山东睿智教育集团、北京光合园林股份有限公司、四川坤唐集团、广元成功集团捐赠旺苍县红军小学学习用品及助学金，价值共计37万元。九三学社全国社会服务工作会议在广元召开期间，协调四川省扶贫基金会、深圳恩普电子技术有限公司捐赠价值42万元的图书和价值210万元医疗设备。2015年11月，九三学社中央出资10万元支持旺苍县21名中小学校长在北京师范大学参加全国中小学优秀校长高级研修班学习。九三学社上海市委对剑阁贫困学生捐资助学10余万元，捐赠图书10余万册帮助学校建立"爱心图书室"，联系上海市浦东新区香山中学、上海市曹杨职业技术学校与剑门关高级中学、剑阁职业高级中学，分别结成友好帮扶学校。九三学社山东省委、济南市委促成"泰月投资　慧才添富"教育帮扶基金会每年出资10万元，资助旺苍县100名贫困学生，该帮扶项目已连续实施8年。

　　目前，经社中央协调，国家发改委、工信部明确表示在各省名额受到限制的情况下，同意四川省增补广元经济技术开发区申报国家级低碳园区；争取国家水利部和发改委支持青川曲河水库建设；北京市嘉洁能科技有限公司落户广元经济开发区，智能计量仪表生产项目已于去年3月正式开工建设，现已到位资金4000余万元，生产A线已经开始试生产；大连梓源生物技术项目目前正在开展项目前期论证调查工作；广元煤炭物流园区招商项目、北大青鸟集团投资项目、北控集团燕京啤酒项目等已达成合作意向；九广合作汽车综合服务园区项目已正式营业，目前已引进两个4S汽车品牌店，综合市场以及综合服务区工程进入收尾阶段；大唐火电后续工作和争取气源地用气指标政策有序推进。

"九广合作" 30年来，成效显著，已经成为多党合作、共谋发展的典范。"九广合作"的成功实践，开辟了民主党派社会服务的新途径，丰富了多党合作的新内涵，已经成为民主党派服务地方经济建设的一个品牌，这一品牌必将坚持和不断深化，释放出更大的力量，结出更多的硕果。

秉承优良传统　创新服务社会
——社黄山市委发挥优势创新模式做好社会服务

九三学社黄山市委员会

2015年，社黄山市委被社中央评为"2011-2015年度全国社会服务工作先进集体"，这是继获得"2006-2010年度全国社会服务工作先进集体"后又一次获此殊荣。一直以来社市委秉承爱国、民主、科学的优良传统，发挥科技优势，积极主动开展社会服务，打造具有特色的社会服务品牌。

一、发挥优势打造服务品牌

近年来，社市委在不断的实践和探索中打造了具有黄山特色的两大社会服务品牌。

（一）黄山九三科技讲师团

2007年开始，社市委明确品牌意识，探索既能发挥九三优势又能满足地方需求的"有特色、有实效"的社会服务品牌。整合全社资源，由医疗、农业、林业、水利、教育、法律等各行业的50多名专家组成"黄山九三科技讲师团"，其中有享受国务院津贴的专家2名，市级突出贡献专家3名。采取上下联动的方式，开展了形式多样的服务活动，以"送医送科技到基层，服务社会主义新农村"为宗旨，深入偏远山区、深入社区，积极开展义诊和送科技等活动。共开展大型义诊和农业科技讲座100余次，携带B超、心电图、血压计等设备免费为近5万名群众做检查，发放科技资料、医疗药品，深受广大基层群众欢迎。

（二）百名专家乡村学堂讲科普

2008年启动"百名专家乡村学堂讲科普"活动以来，连续8年与市科协密切配合，联合开展"讲科普"活动64次。安排省市专家到64所农村中小学举办了"用眼卫生""外语中考辅导""急救知识""科技小发明"等知识讲座，两万多名中小学生受益，培养了学生学科学、爱科学、用科学的兴趣，广受师生好评。

二、不断创新服务模式

多年的务实奉献和热心服务，使黄山社市委连续多次被九三学社安徽省委评为"社会服务工作先进集体"。荣誉鼓舞人心更催人奋进，黄山社市委从2014年开始积极探索服务社会的新模式、新途径，谋求开展更高层次、更有长效的社会服务。沪黄两地九三学社长期医疗合作交流活动便是探索出的社会服务新模式之一。

（一）积极谋划寻求地域合作

由于黄山市地处皖南山区，本地医疗资源相对欠缺，而与黄山市有着源远流长的地缘关系的上海市有着丰富的医疗资源，九三学社上海市委则是医疗专家云集，资源优势突出。为了能让优良的医疗资源造福黄山市百姓，2014年开始，黄山社市委积极与上海社市委对接，谋求九三学社跨地域医疗合作。主委顾家雯"三上上海",发挥她身为上海老乡的亲缘优势,与上海社市委领导密切联系加强沟通交流,达成合作意向,2014年上海九三医疗专家来黄山开展医疗指导和讲座。社市委积极争取社省委支持,紧紧抓住沪皖两地九三结对合作契机,将沪黄医疗合作交流项目纳入"沪皖两地九三学社结对交流工作"总框架。

(二)精心筹备周到安排

在上海社市委和安徽社省委的大力支持与帮助下,社市委与社上海市医委会达成长期合作共识,商定于2015年10月31日来黄签订合作协议,并开展为期一天的大型专家义诊。

1. 确定义诊地点。对义诊规模、本地医院医疗条件、病患就诊需求等多重因素进行通盘考虑,通过反复筛选,确定在黄山市最大、硬件设施最好、申办最积极的民营医院——黄山首康医院开展义诊。

2. 组建义诊专家团队。根据本地医患的实际需求,提出义诊团队组成建议,社上海市委积极支持,组织上海瑞金医院、华山医院等6家医院的13名专家来黄山义诊,团队阵容强大,代表了国内高血压科、神经内科、心内科、骨科、妇产科、眼科、内分泌代谢科、泌尿外科、普外科(乳腺)、呼吸内科、五官科、消化科和肾脏内科等领域的一流水平,其中不乏专业泰斗。

3. 确定义诊方式。一般义诊形式效果不佳,为了让黄山患者获得上海专家门诊的同等诊疗效果,社市委要求首康医院为每位专家配备一名随诊医生和一名护士,实行按科别分诊室就诊,实行预约挂号,每科限30名,对未能预约上的危重病患另行申请专家加号。

4. 做好义诊前期宣传。提前20天发布义诊信息,特别编制了专家介绍、义诊公告,通过微信、网络等平台进行发布,并向各乡村卫生院发去义诊公告，让偏远地区的疑难病患能及时获知义诊信息预约就诊。

5. 全力做好服务保障。因机关工作人员少，活动规模较大，环节较多，社市委抽调了部分有经验的社员加入工作组，明确了人员分工，各司其职，通力合作，确保活动保障到位。同时邀请市委统战部和市卫计委领导参加活动，联系主流媒体全程报道，扩大活动的影响力。

（三）活动开展卓有成效

1. 义诊收效显著。因前期准备较充分，义诊病患虽多，但现场秩序井然。早上 8:30 专家们准时来到各自的诊室，不顾旅途疲劳，立刻投入工作，对每位患者都耐心仔细地问诊，认真检查分析病情，确定治疗方案，使患者享受到大医院专家门诊的待遇。因医疗条件的限制，有些病情复杂的患者无法进行更深入的检查，专家们主动与患者互留联系方式，帮助患者预约赴沪检查、联系床位。为了在有限的时间内能为更多的病患看诊，专家们分秒必争，甚至压缩午饭时间、在原定每人 30 个号的基础上另外加号，当天共义诊病患 420 多例。专家们高超的医术和高尚的医德，使广大医患倍感温暖，不少市民来社市委机关询问专家何时再来。

2. 专家们还对首康医院的医护人员进行指导，利用门诊和病房检查，进行临床指导、现场会诊，有的科室还开办医疗技术讲座答疑解惑。专家们教学严谨、和蔼可亲，毫不保留地传授着自己的知识、经验和技能，使黄山的相关医护人员，得到一次很好的业务培训。

3. 签订长期合作协议。为了让这项活动长期开展下去，2015 年 10 月 31 日沪黄两地九三举行合作签约仪式，社市委与社上海市医委会签订了"2015-2017 年医疗合作交流框架协议"，沪黄两地九三学社长期医疗合作交流正式开启。

今后,九三学社上海市医疗卫生委员会将定期派出专家来黄山开展义诊、临床指导、业务培训;组织专家与黄山市医疗卫生机构开展医疗科研合作交流;并为黄山市组织优秀医生赴上海各大医院进修提供帮助。黄山社市委将认真执行协议内容,全力做好各项服务保障工作,努力把九三学社上海、黄山两地医疗合作交流工作打造成有实效、有特色、有创意的"同心"品牌。

以品牌建设为抓手　加强社会服务工作

九三学社温州市委员会

社会服务是民主党派的一项重要社会职能，也是展示自我形象的窗口。近年来，社温州市委紧紧围绕全市中心工作，关注民生切实需求，坚持量力而行与尽力而为、发挥优势与讲求实效的原则，拓展社会服务的空间和领域，打造社会服务品牌工程。

一、社会服务工作品牌建设情况

社温州市委现有社会服务品牌4个，其中市级层面1个，基层组织层面3个。

（一）"水晶宝宝"公益救助行动

"水晶宝宝"公益救助行动，致力于救治温州市贫困家庭早产儿和患有重大疾病的新生儿。2011年借助温州医科大学附二院育英儿童医院支社社员的技术力量，社市委联合温州商报发起了对早产儿"水晶宝宝"的公益救助。经过一年多的救助行动，"水晶宝宝"项目初显成果。2013年6月，社市委联合温州商报、温医大附二医、温州市慈善总会正式主办"水晶宝宝"早产儿公益救助行动，并成立该项目医疗专家队和志愿者队，确定定点医院，设立"水晶宝宝"专项基金。截至2015年，共救助了61名"水晶宝宝"，包括全国最低胎龄23周的早产儿两例，5年来，共募集善款60多万元，支出善款44.13万元，其中九三学社募集善款近20万元。

（二）"五大工程"服务品牌

社瑞安市委立足农村经济社会发展的实际，扎根农村基层，在马屿镇建立社会服务基地。根据中共马屿镇委、镇政府的中心工作与民生需求，成立4个专家小组及扶贫助学结对小组，实施"农业增效""生态旅游""医疗健康""科普宣传""扶贫助学"服务，定期与不定期开展菜单式服务。每年均组织社内农林、水利、城建、环保及金融等20多名专家与当地干部群众进行座谈。

（三）"关爱相伴　健康成长"助学圆梦公益品牌

社鹿城区委5年来致力于创新捐资助学模式，打造助学圆梦公益活动，旨在服务温州新居民子女，结合学校活动设施缺失、学生活动受限等实际，有针对性帮助学生解决实际困难，让身处城市边缘的新居民子女深切感受到同在蓝天下分享阳光的温暖。

（四）"浓浓九三情　健康伴我行"品牌

该品牌由社中医院支社于2014年3月在广化社区启动，内容包括专家定期在社区卫生中心坐诊、不定期下社区义诊、双向转诊、对社区病人实行优先住院等，医院与社区签订帮扶协议，由中医院支社具体实施。使社区居民在家门口便能享受大医院的医疗服务，减少了门诊提前预约、长时间排队等烦琐环节，重病患者能及时转诊治疗，极大地满足了社区居民的就医需求。

二、主要的做法

（一）精准定位，集中资源打造特色品牌

目前，政协、统战部及其他部门开展的社会服务活动较多，而且能够为基层带去大量的资金。相对而言民主党派的资源有限，且各有各的特色，所以更应发挥优势，用己所长，避己所短。初期，社市委从自身优势、群众迫切需求和社会效应入手，打造社会服务特色品牌。如"水晶宝宝"公益救助行动，医疗资源丰富、人才集中和成果众多是社组织的优势所在，社温州医科大学附属育英儿童医院支社具备项目所需的专科医疗资源，新生儿科规模及临床科研教学不仅在浙南地区首屈一指，在全国亦居先进行列。据2012年5月世界卫生组织发布的《早产儿全球报告》显示，每年世界上有1500万名早产儿出生。其中，中国早产儿人数位居第二，高达117万余人。中国的早产儿数量正以每年20万增长。据温医大附二院育英儿童医院新生儿科的统计数据显示，该科室年住院人数为3000余人次，早产儿占了30%，其中10%的患儿来自农村的贫困家庭。如能及时得到救治，大部分早产儿同样可以像正常孩子一样健康成长。救助"水晶宝宝"，不仅是在救助一个新生命，也是在救助一个家庭。这也是社市委创建"水晶宝宝"公益救助行动社会服务品牌的宗旨所在。

（二）引领示范，调动社员参与社会服务的积极性

社市委机关人员有限，如何延长工作"触手"，调动全体社员的积极性，集中智慧，群策群力，做好社会服务工作，极其重要。

1. 发挥专委会作用。社市委组织一批思想品质好、组织能力强、善于联系群众、热心公益事业的社员骨干成立科技经济、教育卫生和

妇女工作委员会等专委会，为他们奉献社会提供舞台，创造条件。同时，形成辐射效应，通过社员骨干带头示范带动全体社员为广大群众服务，充分发挥社员在社会服务中的重要作用。

2. 发挥基层班子作用。如在社龙湾委员会班子的带领下，共为"水晶宝宝"公益救助行动募集善款两万多元。在社温州大学委员会班子的带头示范下，10多名社员定期到苍南县桥墩小学开展教科研指导和助学活动，给该校的12名贫困留守儿童进行一对一结对帮扶，每年资助每位学生800元学杂费。

3. 表彰宣传典型事例。每一年度社市委对社会服务工作先进个人和典型事例进行表彰，并加强宣传引导，营造良好的氛围。如社市委多次表彰林锡芳、林振浪、项如莲等社会服务工作典型，褒扬他们在做好本职工作的同时，热心参加社市委组织的义诊、送医下乡等社会服务活动的无私奉献精神。

（三）加强联系，促进社会服务和参政议政相互推动

社会服务和参政议政工作是相辅相成的，社会服务工作遇到的情况和问题，能够通过参政议政工作进行信息反映，提出意见建议，使之解决。"没有调查研究就没有发言权"，参政议政工作所需要的调研素材和信息，能够通过社会服务工作获取。参政议政工作不仅提升了社会服务工作的成效，更扩大了社会服务工作的影响力。如在上海的踩踏事件、苍南矾山训练网倒塌等事件发生后，中医院支社及时到幼儿园、小学、初中等学校，进行题为"爱的拥抱"急救知识宣传活动，为师生举行了23场急救知识讲座。在讲座的过程中了解到现在青少年意外伤害的事件时有发生，而急救知识的缺乏往往使伤害后果严重化，中医院支社主委刘晓及时撰写了《建设安全实景模拟教育基地　提升青少年危机自救能力》的提案，建议建立"中小学生安全教

育实验基地"，把安全教育纳入中小学课程、调入红十字会急救培训师等专业人员充实师资等，被市政协采纳。社市委在科普活动中发现温州市老年女性生存质量存在一定的问题，便立刻组织课题组，在课题组负责人温州医科大学余清的带领下展开问卷调查，形成了《"以房养老"中折射出的城乡养老保障差距及建议——基于我市老年女性人群生存质量的调查分析》调研报告，被中共市委统战部收录于《诤友建言论文集》。

三、几点体会

（一）充分发挥民主党派的资源和特色

民主党派的社会服务经费有限、捉襟见肘，在一定程度上制约了社会服务工作的有效开展。只有充分发挥党派特色，围绕科技、教育和医疗等方面的优势开展工作，社会服务才能出实效、有特色。

（二）充分调动广大社员参与社会服务的热情

社员来自各行各业，都有其自身的本职工作。如何调动广大社员参与社会服务的积极性，发挥各行各业骨干社员力量，是社组织需要开动脑筋解决的问题。创造一个有特色的社会服务品牌，发挥其本身的吸引力和带动性；树立一批社会服务典型人物，发挥其引领示范作用；营造一种服务社会、无私奉献的良好氛围，感召更多的社员参与。

（三）注重参政议政与社会服务工作的有机结合

在社会服务工作中，发现和搜集参政议政素材，进而加工成参政议政成果，并通过社会服务工作，有效地将参政议政的成果转化，在实践中发挥应有的作用和效益，这是社会服务工作的又一重大意义。

精准服务　打造"九三科普讲堂"品牌

九三学社衡水市委员会

2010年以来，社衡水市委高举"民主与科学"的旗帜，充分利用和发挥科技界别特色、人才荟萃的优势，从立足精准服务入手，创新思维，开拓思路，在全省率先创办"九三科普讲堂"，积极打造成为具有衡水特色的社会服务品牌，拓展了社会服务新领域，收到了良好效果。5年来社市委先后组织社内专家近百人（次）深入到阜城县、饶阳县、武强县、枣强县等地开展"九三科普讲堂"活动，其中以作物高产栽培、节水技术、农业气象、畜病防治、3D打印、医疗基本知识等为主要内容开展"大讲堂"20多场（次），受益群众达上千余人次，成效显著。

一、溯源：创办"科普讲堂"，打好"服务牌"

社市委成立时间较晚，各方面工作相对薄弱，如何找到突破口，树立党派形象，扩大影响力，是新一届市委班子一直考虑的重大问题。2010年，社市委按照"发挥优势、突出特色、打造品牌、注重实效"的思路，充分利用社内农业科技、医疗卫生等人才汇集的优势，把社会服务工作作为重要抓手，创办"九三科普讲堂"，打好"服务牌"，推进各项工作开展。社市委班子经过多次走访调研和深入探讨，制定了"九三科普讲堂"短期和中长期实施计划，把农村、社区、企业、学校、养老院等作为科普的重点对象，把农业、科技文化、医疗卫生等知识作为科普的重点内容，并精选社内农业、医疗等方面的"精兵强将"作为主讲人，改变以往"老师台上念、大家台下听"的传统授课模式，采取播放幻灯片与现场互动相结合的方式，普及科普知识，传播科学思想，弘扬科学精神，倡导科学方法，推广科学技术应用，帮助群众答疑解难。

二、开端：扎实打响"科普讲堂"第一炮

万事开头难。第一堂课在哪里讲？讲什么？谁负责联系？为此，社市委主委姚会亭组织有关人员召开专题会议，商议如何打响"九三科普讲堂"的第一炮。九三学社在县里没有组织，成员也很少，于是大家想到了时任阜城县人大副主任、社市委委员葛城，决定委托他联系一个村，开启科普讲堂第一课。这个看似简单的工作却费尽周折，因为村干部不了解九三学社，心中顾虑重重，担心是行骗的或是卖药的。经葛城多次诚意沟通和交流，最终说服了王集乡小张村村支书，答应可以到他们村举办。社市委负责协调好医疗专家的时间，村干部提前发动村民，经过多方努力，2010年6月11日，"九三科普讲堂"第一课终于开课。早上9点，医疗专家蔡文波、刘云平等冒着炎热，驱车一个多小时来到王集乡小张村，就妇科、泌尿系统疾病的防治开展科普宣讲，并制作了形象生动的幻灯片，他们用平实朴素、通俗易懂的语言为老百姓现场解答了许多疑难问题，很快老百姓就被专家的

讲课所吸引，受到了热烈欢迎，打响了第一炮，拉开了"九三科普讲堂"系列活动的序幕。课后，专家们还就此次"科普讲堂"的开展情况进行了总结，认真梳理了前期准备、讲课方式、语言运用等方面的优缺点，并记录在册，为今后更好地开展好"九三科普讲堂"活动奠定了良好的基础。

三、发展：立足"精准"求实效

5年来，社市委坚持立足"精准"求实效，持之以恒，不断完善，"九三科普讲堂"的内容逐渐丰富和鲜活起来，可谓异彩纷呈。

（一）社内宣讲提素质

几年来，为有效提升社员的整体素质，社市委精心组织了多场次社内"科普讲堂"。组织骨干社员50余人到河北省旱作农业试验站现场授课，由社内农业支社3名研究员主讲科普小麦、棉花、谷子的种植技术，重点介绍研究工作概况及研究进展、科技成果等。组织社员到衡水圣伯莱涂料有限公司参观学习，公司总经理、社员刘震为大家普及了最先进的清洁和节能技术应用知识。通过开展一系列的社内"科普讲堂"，使广大社员开阔了眼界，加强了学习交流，为参政议政奠定了良好基础。

（二）"及时雨式讲堂"进农村

几年来，"九三科普讲堂"多次深入农村田间地头，有针对性地为老百姓送技术、解难题。针对枣强县种植户辣椒烂根濒临绝收的现状，社市委立即组织由社员、高级农艺师闫庚戌带队的专家组奔赴枣强开设讲堂，向农民现场解答辣椒烂根的原因及对策，解了老百姓的燃眉之急。应村民要求，社市委及时组织农业专家服务团，深入到枣强县马屯镇北仓口、单仓口村，分析麦苗发黄枯死的原因，在田间地头挖苗查根、诊断病情，提出了农艺补救措施。农业支社社员、高级畜牧师张立民带队到武强县开展高效养猪技术"科普讲堂"，为100多个养猪大户讲述了猪病防疫、饲养管理、饲料高效利用、疫苗的合理应用等养殖技术。

（三）拓展覆盖面促发展

近两年来，社市委逐步拓宽"九三科普讲堂"的服务范围，将触角延伸到校园、养老院等地，取得了良好成效。在校园里开展了涵盖3D打印、机器人、无人机等科普宣传；邀请企业家社员谈创业经历，专业讲师围绕梦想、励志和感恩教育及创业路上的法规安全等注意事项进行创业宣讲。到养老院为老人们讲授前列腺增生、尿失禁等老年常见病，老年白内障和眼底病等疾病的防治，让老人们足不出户，在家门口就能了解到许多医学常识，引导很多老人走出了疾病误区。在桃城区赵圈镇，医疗专家就糖尿病的治疗为基层村医做了专题讲座，同时，为群众带去了听诊器、血压表、血糖仪和心电图仪器等医疗器械，边检测边会诊，并赠送价值近万元的药品。

四、成效："九三科普讲堂"取得累累硕果

经过5年深入基层精准服务，"九三科普讲堂"不仅传播了科学种田、养殖及科普医疗知识，而且还为农民提供种子、节水技术补贴，促进了抗旱节水小麦新品种的示范推广；不仅为老百姓免费进行土壤养分测定，制定测土施肥配方，而且还建立了小麦、玉米、棉花新品种的"九三科技示范基地"1300多亩；不仅为老百姓发放科技资料，宣传科技知识，而且还捐献农资4000元，处理40多个养殖场

病例万余例。据不完全统计，几年来我社"九三科普讲堂"共推广种植衡0628、衡观35、衡136等抗旱节水新品种示范田两万余亩，为农民增加收入400多万元。同时，社市委还为媒体记者提供稿件20多次，接受市电视台、报社等有关天气和农业气象的专题采访6次，在衡水晚报刊登气象宣传稿件13次，上报各类信息36条，收到了良好的社会效果。2015年因科普讲堂等工作成绩突出，被社中央评为社会服务先进集体。

五、经验：以"科普讲堂"带动各项工作有效提升

几年来，社市委以开展"九三科普讲堂"为契机，多管齐下，有效带动了各项工作的开展。"亮点"经验有以下三个方面。

（一）技术对接，精准扶贫

将社会服务与扶贫开发有机结合起来，帮助贫困地区加快脱贫致富步伐。社市委积极组织社员参与统战部组织的"党外专家服务三农科技活动"。有3项技术实现专家与农户需求的有效对接。其中，小麦抗旱高产节水技术示范推广项目与景县龙华镇高庄对接，抗旱节水、丰产稳产冬小麦新品种衡0628示范推广项目与枣强县马屯乡北仓口村对接，棉草连作高效栽培技术示范推广项目与冀州市小寨乡皮村对接，被衡水市统战部选定为重点项目，同时得到河北省农开办的项目资助。

（二）结合本职，建功立业

"想给学生一杯水，教师要有一桶水"，为了讲出更符合农民需求的内容，参加科普讲堂的农业科技社员，刻苦钻研，在本职岗位取得骄人的成绩。他们共主持、参加了国家、省、市级等各类项目33项。其中国家级6项、省级15项，市级12项。先后获河北省科技进步一、

二、三等奖各1次，市级奖2次，其他荣誉奖10余次；育成农作物新品种6个，发表国家级刊物学术论文22篇，编写专著2部，编制标准9个，修订管理规章制度5项，国际、国家发明专利2项，实用专利16项。九三医疗界的社员分布在衡水市的各大医院，精通各科业务，有博士生2名，硕士生30多名。为了参加"九三科普讲堂"，他们倒班换休，抽出时间，有的甚至利用晚上的时间，带着精湛的医术，奔赴各地诚意为广大群众服务。

（三）基层调研，建言献策

深入基层取得第一手的调研材料，汇总成调研报告。社市委在开展科普讲堂活动的同时，认真开展调查研究，发现问题，寻求解决问题的方法，积极撰写提案、建议。有的提案成为社市委、省委的集体提案，得到了各级领导的批示。其中，提案《关于加强耕地保护经济补偿 建立耕地多元保护机制的建议》被省政协上报全国政协，《我市乡村级公路养护问题亟待解决》的建议被列为全市8件市级重点代表建议之一；调研报告《推广抗旱节水小麦品种实现农业强市》《关于改进粮食补贴政策及其方式的建议》《关于促进河北省农业科技成果转化的几点建议》被社河北省委列为重点课题。

5年来，"九三科普讲堂"一次次走进乡村、企业、养老院、学校，从科普讲堂的第一课到今天，前进路上也遇到了不少困难，如参加科普讲堂的社员时间协调的问题、联系协调场所的问题、调研成果转化的问题等。但经过社市委和广大社员的不懈努力，逐一克服，"九三科普讲堂"不仅拓展了开展社会服务的领域，提高了社会服务的层次，而且得到了群众的广泛认可和赞誉，扩大了九三学社在社会上的影响力。今后，社市委将夯实"九三科普讲堂"的品牌效应，适应新常态，把握新趋势，持续有效地办下去，争取取得更大的成效。

做好"三个结合"文章
开创社会服务新局面

九三学社泰安市委员会

社泰安市委共有518名社员,下辖2个委员会,23个支社,1个直属小组,中高级职称比例72%以上。近年来,社市委立足自身优势,整合社内资源,做好"三个结合",不断开创社会服务工作新局面。

一、做好社会服务与参政议政的结合文章

(一)深入基层,认真调研

通过社会服务实践发现问题,加强调查研究,有针对性地向党和政府提出合理建议和解决方案。2012年12月,社市委成立了"九三学社专家服务站"。组织山东农业大学有关专家与山东大宝养殖加工有限责任公司对接科技项目,经过反复调研和沟通交流,共梳理出卤汤保鲜储存、营养成分配置提高等十个方面迫切需要解决的技术难题,并有针对性地提供技术支持,加快了企业健康发展。在社会服务工作中,社市委发现现代农业服务体系和家庭农场还存在诸多问题,急需改进。于是组织有关专家成立了两个课题组,形成了《关于大力

推进泰安市家庭农场健康发展建议的调研报告》《关于建立我省现代农业服务体系的调研报告》，分别呈送中共泰安市委和社山东省委，为领导决策提供具体可行的参考。

（二）努力践行，重在落实

对社市委提出的重要意见与建议，注意在实践中跟踪了解，促进这些意见与建议的落实与实施，通过社会服务发挥参政议政实效。2009年1月，在泰安市政协全委会上社市委提交了《关于在我市建立若干小型特色博物馆的建议》，得到了中共泰安市委的肯定，并作为一项任务交给了社组织。为做好这项工作，社市委整合社内资源，联合社泰山区支社于2013年底建成"泰山民俗博物馆"，为保护传承泰山民俗文化、丰富泰山旅游文化、提升城市品位做出了贡献。"泰山民俗博物馆"建成后，社市委又积极筹建"泰山石刻博物馆"，占地100余亩。目前，书画名家作品展示区主厅、民俗展厅的布展已基本完成，石刻艺术展示区征集历朝历代画像石等艺术品200余件，石刻艺术展示区仿古装修工程正在进行，农业观光采摘区已种植猕猴桃等部分树种。著名书法家欧阳中石先生为"泰山石刻博物馆"题写了馆名。

二、做好社会服务工作上下衔接文章

社省委组织开展的社会服务活动具有层次高，规模大，影响面广的优势。2015年以来，社市委积极争取社省委的社会服务活动落户泰安。

（一）成功承办社省委"百名专家企业行"活动

2015年9月，由社省委、省科协、市政府主办，社市委、市科协承办的2015年山东省"百名专家企业行"活动在泰安启动。启动仪式上，院士专家与4家企业签署了合作协议，为4个推广专利信息的创新服务站进行了授牌。天津大学教授、博士生导师沈江做了《"互联网+"企业转型升级之路》的专题报告，此次活动为提升泰安市科技创新水平、增添科学发展后劲带来难得的机遇，对经济社会发展起到了重要的推动作用。

（二）成功举办"校园天使"校医培训公益行动

2015年9月，由社省委主办、社市委承办的"校园天使"校医培训公益行动在泰安市岱岳区范镇启动。本次活动邀请齐鲁医院10位专家，通过专题讲座、互动交流等方式，对岱岳区百余名区直、乡镇中小学校的校医、心理保健教师进行了青少年视力等方面的专业知识培训。此次培训对基层青少年视力健康、口腔卫生事业发展有良好的指导和帮助作用。

三、做好社会服务与地方经济社会发展实际相结合

紧紧围绕中共泰安市委、市人民政府中心工作，把服务好区域经济发展作为出发点，集聚社内外力量，成立专家咨询机构，为区域经济发展"号脉、会诊、开方"。

（一）精心打造医疗帮扶基地

社市委联合新泰支社和市中心医院支社，成立了"九三学社泰安市委医疗帮扶基地"。医疗帮扶基地主要依托社内医疗专家资源，与新泰市孟氏医院建立长期医疗科技帮扶关系，同时设立医疗救助基金100万元，全部用于"基地"健康义诊、扶贫助残、为贫困户减免医疗诊治费用等公益慈善事业。"基地"建成后，可以充分发挥九三

学社人才荟萃、学科众多、联系广泛的优势,通过技术支持、成果转化、联合攻关、人才培养等形式,创建社内医疗专家服务三农的工作平台,让城市优质医疗资源更多地向农村倾斜,对于加强基层医疗卫生人才队伍建设,大力提高基层医疗卫生服务能力,有效解决群众看病难、看病贵等问题具有重要意义。

（二）为绿色生态农业发展出谋划策

社市委联合山东农业大学委员会,组织社员专家一行20人赴新泰市进行实地考察,为现代绿色生态农业发展出谋划策。专家们现场考察了惠美农牧发展有限公司和山东梁父山农业科技开发有限公司,了解了现代绿色生态农业的发展模式以及企业发展所面临的技术难题,并召开了九三学社现代农业技术支撑体系建设研讨会。专家发挥各自的专业优势和技术特长,积极与企业对接,加强产学研结合,为促进当地生态农业的可持续健康发展做好技术服务工作,并订立了长期合作意向。

九三学社泰安市委注重在学习中实践,在实践中学习,不断提高参政党意识。社会服务工作是参政党的重要职能之一,是社市委要求做好而且必须做好的一项重要工作。以后,社市委将紧紧围绕全市经济社会发展和民生需求,侧重面向条件较差的乡镇和村庄开展送科技、送医疗活动,和全市扶贫工作相结合,真正做到为群众解难题、办实事、办好事,逐步打造"泰安九三"服务品牌。

创新社会服务方式的实践和探索

九三学社包头市委员会

社包头市委员会现有基层组织 23 个，其中基层委员会 5 个，支社 18 个。社员 437 人，其中，高级职称 293 人，博士 8 人，研究生 58 人，大学以上学历 365 人，科技界 226 人，医卫界 85 人，新社会阶层人士 31 人。社市委现有各级人大代表、政协委员 36 人。社员中有 5 位享受国务院特殊津贴，2 位入选新世纪 321 工程，1 位被聘为自治区文史馆员。近年来，社市委把社会服务作为履职的重要内容，结合实际，发挥优势，不断探寻社会服务新形式、新方法、新途径，为地方经济建设和文化发展做出了积极贡献。先后获社中央 2013 年组织建设先进集体、2014-2015 年度参政议政工作先进集体、九三学社全国优秀市级组织等荣誉称号。

一、关心民生福祉，广泛组织动员，服务北梁棚改

位于包头市东河区的"北梁"棚户区，是内蒙古面积最大的集中连片城市棚户区。李克强总理曾先后两次来此调研视察，并于 2013 年 2 月 3 日，将北梁棚改确定为国家和内蒙古自治区重大工程，被称

作"总理工程"。同年,中共包头市委、市人民政府举全市之力推进北梁棚改。北梁是包头市最早的居民区,居住密集、民族结构复杂。为支持和服务北梁棚改这项民生工程,社市委积极组织动员,通过各类渠道向中共包头市委、市人民政府推荐了4位社员深入一线,为棚改工作提供了智力、人力支持。市委会主委梁瑞曾先后多次带队慰问,勉励社员为群众多做贡献,为九三学社增光添彩。截至棚改工作结束,九三学社包头市委员会推荐的4位社员全部被评为北梁棚户区搬迁改造先进个人。其中,1位社员担任组长的小组,因在棚改工作中成绩突出,两次被评为市级"先进小组"。

二、心系牧区建设,多方争取资源,做好精准扶贫

2015年,中央统战部孙春兰部长在传达中央扶贫开发工作会议精神时,明确要求精准扶贫要"突出精准施策、精准推进、精准落地,切实把人才智力、资源资金、管理信息等要素组织好配置好,增强工作实效"。为响应要求,2015年,社市委主委梁瑞带队帮扶牧区达茂旗达尔罕苏木。通过多次深入了解和细致归纳分类,梁瑞主委又积极与相关单位联系,力求将资金政策切实用在项目最关键部分,做到精准。这些精准扶贫内容包括:向包头市扶贫办为达尔罕苏木争取圈养羊项目,向包头市教育局争取相关资金5万元,向包头市旅游局联系沟通旅游点项目20万元、专项资金5万元、农牧口资金10万元。

三、关心牧民疾苦,发挥医疗优势,开展草原义诊

2013年,社市委在职能部门中下设医药卫生工作委员会,并积极

发挥其职能作用。2014年8月,社市委组织医疗专家赴牧区达茂旗石宝镇,为当地农牧民进行义诊,受到当地群众和政府的欢迎。2015年,经市委会协调联系争取到社中央"亮康行动"项目,为达茂旗草原20多位农牧民白内障患者实施免费复明手术,并向达茂旗医院捐赠了一套价值25万元的远程医疗会诊系统。草原义诊作为一项社会服务工作,不仅体现了社市委发挥优势、量力而行的智慧,同时对服务地方经济发展、促进民族团结也有积极意义。

四、倡导读书风尚,援建九三书屋,开展文化帮扶

利用九三学社优良传统在全社积极倡导读书风尚,对文化帮扶产生了良好的效果。自2013年起,社市委率先在机关中建立每周学习制度,随后在基层活动中推广学习、读书活动。目前,社市委及社员共编纂书籍50余部。2014-2015年,社市委先后在青山区民一社区和第三十五中学建立两所"九三书屋",捐赠图书4000余册,价值20余万元,为社区居民和三十五中全体师生送去精神食粮。2015年底,社市委组织社员在社区举办"读书会",由社员作为嘉宾与社区居民分享读书心得。通过这类接地气、体验式的交流推动社区文化建设。同年,社市委精心策划并利用自治区知名媒体在包头市图书馆举办"雷蒙读书会·九三人的读书情怀"活动。"读书会"以灵活的形式、生动的内容吸引了大批观众和媒体慕名而来,利用他们的力量,读书会的引导效应迅速扩散,为地区精神文明增光添彩。这次读书会共有60多名社员参加,5位社员作为读书分享嘉宾分享读书心得。市委会和社员还捐赠了九三人自己编纂的图书30册,字画2幅。社市委是迄今为止唯一一家举办"读书会"的民主党派。

五、发挥科技优势，助力文化企业，加快产业繁荣

文化产业发展对于地区产业结构调整具有重大作用。2012年起，社市委帮助本土文化企业内蒙古殴风文化传媒有限公司创意策划《草精灵》文化项目，并连续四年作为"两会"提案推动项目落地，并从争取资金、政策等方面帮助《草精灵》打造品牌，拓展线下产业。草精灵文化产业项目不但对地区文化建设有积极意义，其线下板块对推动地区现代农牧业和旅游业发展意义重大。目前，构成草精灵品牌的重要板块——《草精灵》动画片（第一季52集）送审到央视，近期将在全国发行播映，《草精灵》绘本故事也成功打入蒙古国市场。欧风传媒也于2015年底在上海股权托管交易中心Q板挂牌上市，该企业被中国服务贸易协会评为"2015最具成长型服务企业"。

六、创新社会服务方式的几点经验体会：

（一）在服务内容上，可以是送医助教、扶贫济困、捐资助学，也可以是舆论宣传等涉及精神文明建设的事。

（二）在服务对象上，要内外结合，可以是社会群体，也可以是党派内成员，例如文化企业创始人即九三社员。

（三）在服务方法上，可以是组织公益事业方面的活动，也可以是参政议政、建言献策以及帮助引导社员企业健康发展。

（四）在社会服务工作中，不仅要务实，也要务虚，如开办"读书会"等引导某种社会风尚形成的活动。不仅要服务，还要学习。做到服务前有调研、有计划；服务中有内容、有措施；服务后有反馈、有提高。通过多层次、多形式的社会服务活动，塑造参政党形象。

紧紧围绕边疆团结稳定创新社会服务模式

九三学社石河子市委员会

社会服务是民主党派的一项重要职责，是参政议政、民主监督两项基本职能的延伸和细化，是民主党派参政议政的基础和载体，是民主党派发挥作用的渠道和延伸。近年来，社石河子市委围绕维护边疆社会稳定，深入研究新时期新阶段社会服务工作的新形势、新任务，结合实际，积极探索社会服务工作的新思路、新方法，取得了一定成效。

一、为偏远地区少数民族群众开展义诊和免费送药活动

民族团结是新疆各族群众的生命线，是做好新疆一切工作的重要保证。新疆共有47个民族，石河子市就有41个民族，每年5月是新疆民族团结教育月，社市委利用每年民族团结教育月的有利契机，组织中医科、消化内科、神经内科、康复科、针灸科等社内医疗专家，由副主委杨百京亲自带队，赴偏远少数民族乡村为群众免费送医送药和开展义诊活动，5年来，共为少数民族患者义务诊治700多人次，解决了偏远地区少数民族群众看病难、看病贵的难题，促进了民族群众的团结。

二、到养老院慰问和开展义务巡诊活动

我国已经步入老年社会,养老院老人体弱多病,对诊疗有特殊需求却就医不便。针对这种状况,社市委组织社内医疗专家多次到街道、社区开展"我与专家面对面,健康服务在身边"健康知识讲座活动,专家针对中老年群众关心的高血脂、高血压等常见病症,从如何预防、食疗方法及日常保健等方面做了重点讲解,回答了现场提问,为大家答疑解惑。通过讲座,各族群众增强了日常保健意识。每年社市委组织医疗专家到养老院开展义诊活动,为了给老人们提供更贴心的服务,义诊前,多次赴养老院了解老人们的身体状况和医疗需求,与院方共商义诊方式。一是考虑到老人们年老体弱的特点,专家们改变了以往坐诊等候病人来看病的传统方式,而是按科别分成了几个小组,逐个来到老人居住的房间进行巡诊,老人们不出房间、不下床就能得到专家的诊疗,受到老人们的欢迎。二是通过义诊,提高养老院医护人员的水平。专家们一边给老人们诊治,一边给医护人员讲解给老年人诊治的特点和方法,帮助他们提高医护水平。三是组织医疗专家,利用周末深入到农牧团场、街道、社区义诊,使居民就近享受专家的诊疗。5年来义务诊治患者1000多人次,深受群众的欢迎。

三、开展文化艺术服务,丰富各族群众文化生活

石河子市老街街道辖区内多民族聚居,常住人口9万余人,流动人口两万余人,有24个民族,增进各民族团结,维护社会的稳定和谐尤其重要。近年来,社市委充分发挥社内文艺人才优势,组织以社

员匡康为代表的石河子大学文学艺术学院教师,以妇联、老年协会、工会、街道、社区为依托,深入多民族地区,为各族群众开展老年舞、民族舞蹈教学辅导以及服饰展示辅导、模特展示辅导等各项文艺培训活动,组织开展群众舞蹈比赛和文艺汇演活动,各族群众在一起参加各种文艺活动相互学习,民族团结气氛浓厚,增进了各民族的团结和感情,增强了各族群众的凝聚力,产生了良好的社会效应。

组织建设篇
工作案例

灵活运用新媒体
加强民主党派自身建设

九三学社北京市西城区委员会

社西城区委成立于2011年，截至2015年底，共有支社30个，社员1271人，平均年龄59岁。其中单位支社23个、专业支社4个、综合支社3个，高级职称占70%，退休人员占41%。下设组织部、宣传部、参政议政委员会、社会工作委员会、青年工作委员会、老龄和妇女工作委员会、咨询委员会。

一、创建博客和微博，扩大社会影响力

新媒体改变了人的生活方式和工作方式，为整个社会带来深刻变革。新媒体的发展对民主党派来说，既是考验，也是机遇。如何灵活运用新媒体加强民主党派自身建设，成为新时期的重要课题。

（一）与时俱进把握新媒体宣传机会

2014年初，社区委在新浪网创建了博客和微博，并成功通过官方实名认证。在内容设置上，博客文章分为组织建设、区委动态、支社活动、专题文章、社员随笔、社员风采、金融理财、律师讲法等几大

板块，还创建了会议、活动相册。在实现博客、微博绑定后，社区委微博可自动转载每一篇博文链接，大大增加了博客的访问量。同时，社区委还经常转发社会热点微博，原创和转载双轮驱动，加大了党派宣传力度，扩大了自身影响力。博客和微博的开通打破了原有媒介在传播渠道和时间上的限制，使报道内容更加翔实、生动。通过文章和相册内容展示，区委及支社各项主要工作的开展情况一目了然。博客和微博的运行为推进党派工作的全面建设和发展起到良好作用，受到广大社员的热烈欢迎。

（二）存史资政接受社会多方监督

在助力宣传工作的同时，社区委博客和微博还有一个重要功能就是存史资政、传承后人。民主党派工作是统战工作的重要组成部分，在做好编纂地方志、年鉴、大事记和档案记录工作的同时，社区委博客和微博作为电子资料，成为留存历史的另一种载体。由于社区委博客、微博不设访问限制，任何来访者都可访问、留言，一定程度上加大了社会各界对社区委工作的监督。社区委欢迎各界人士关注区委工作，同时也勇于接受全社会的民主监督，认真听取意见和建议。

二、开通多个微信群，增强社内凝聚力

2014年下半年，社区委在做好博客和微博的同时，重点关注当下传播最快的新媒体形式——微信。社区委从创建支社负责人微信群开始尝试，主要用于发布通知，然后又创建了主委会群，便于主委会成员随时交流讨论。在这两个群的成功实践下，经主委会研究讨论通过，社区委开通了"西城九三直播频道"微信群，面向全区社员开放，目前群内已有百余名社员。此后，根据实际需要，区委又相继开

通了"西城九三羽毛球小组""西城九三北京信息大赛"等多个微信群,以满足社员的个性化交流需求。

(一)走群众路线,推动平等交流

"西城九三直播频道"微信群实行实名制,群内有主委会成员,有支社负责人,更有广大的普通社员,大家平等交流。从开通到现在,参与发言的人越来越多,主委会成员也经常参与其中,不仅拉近了社区委领导与社员之间的距离,而且及时便捷的沟通增进了理解、减少了误解,使广大成员更加热爱西城九三这个大家庭,也是党派走群众路线的体现。

(二)凝聚和谐,聚力组织发展

民主党派成员分布面广而分散,过去只能通过组织活动来增加与成员的接触,在深入了解广大成员各项现状方面受局限。"西城九三直播频道"等微信群开通后,社员经常针对两会学习、雾霾治理、突发事件报道、膳食养生、医疗等热点问题展开探讨交流。每逢双月座谈会等参政议政活动,社区委将会议信息及时发布在微信群中,邀请骨干社员自行挑选对口主题并报名,相比以往由社区委指定人员参会的方式更具针对性和成效性,为党派开展参政议政工作助力。借助微信平台,区委对活跃社员重点关注,为发现人才、培养人才奠定基础。

(三)突破难点,实现工作双向促进

以往社区委的相关活动通知主要依靠层层传达,存在信息传递不及时,甚至个别支社通知信息传达不到位,长此以往整个支社就会失去活力,导致支社瘫痪甚至成为"僵尸支社"。开通微信群后,社区委改变工作方式,将通知发布到微信群,一方面可以让广大成员都收到区委的活动通知;另一方面,也可以反促支社主委积极组织、参与社务活动。2015年社区委组织"徒步走"活动时,通过微信群发布通知，各支社反应迅速，以往需要近一周时间才能将参加人员名单统计完毕，此次仅在两天内就达到了满额报名。由于沟通及时，没有报上名的支社也纷纷表达理解，并表示会随时关注区委动态，争取下次参与。微信群的发展使"僵尸支社"的问题得到了一定的解决。

三、实现了博客、微博、微信之间的有效互动

组织活动结束以后，社区委及时将简报上传博客，同时通过微信，以点对点、点对面或朋友圈的形式发送报道链接，社员立刻就能在区委博客上看到自己参与的活动报道，增强了荣誉感和使命感，调动了主动性和积极性，实现了博客、微博、微信之间的有效互动。

社区委灵活运用新媒体，将新媒体发展成为工作的新途径，一方面扩大了党派的影响力和知名度，同时也宣传了中国共产党领导的多党合作和政治协商制度，宣传了统一战线工作及所取得的成绩。另一方面，新媒体互动作为民主监督的一种方式，可以收集更多的意见和建议，推动社区委各项工作不断向前发展。第三，微信平台的使用确保了社内话语权的平等，让广大社员能切实感受到组织的关心与温暖，组织的凝聚力和战斗力不断增强，真正做到了党派自身建设的与时俱进。

创新青年工作机制　打造活力后备军

九三学社厦门市委员会

2014年5月，社厦门市委青年工作委员会（以下简称青工委）正式成立，现有委员63名，平均年龄36岁。青工委成立以来，在全市345位青年社员的共同努力下，不断加强自身建设，提升参政议政水平，努力践行所承载的使命，其积极有为的责任担当、团结友爱的协作精神、不断开拓的创新思维、丰富多彩的活动形式，得到社内外的高度赞赏。

一、着力塑造组织文化

社厦门市委青工委成立伊始，内部成员就一直着力探索和塑造组织文化，探寻其存在价值和发展路径。经过一年左右的探讨实践，凝练出共同的愿景、使命和价值观——以"团结、分享、创新、奉献"为价值观，以"构建青年社员交流平台、成长基地和温馨家园"为使命，以"打造一支充满激情与活力的参政党生力军"为奋斗愿景。正因有了发展之魂，青工委成员相互补台，乐于奉献，成为一支具有激情活力的团队。

二、着力创新运行模式

为使组织更具活力，更加适应社会发展需要，青工委着力创新组织运行模式，主要表现在：

（一）最大限度地实现"自组织、自发展、自管理"

社市委对青工委日常管理实行"负面清单"原则，即在不违背法律法规和社市委章程条例的前提下，青工委可以组织开展任何形式的活动，让更多的青年社员在不同平台上得到锻炼并展示才华。这些趣味性活动展示出其与其他社组织不同的精神面貌，让青年社员更有归属感，使青工委成为一个强大的磁场，越来越多的青年社员渴望加入青工委大家庭，进一步提高了组织凝聚力，也激发了社员的责任感、使命感和荣誉感。

（二）决策简洁化、快速化、网络化

青工委日常决策主要通过微信群实现，意见充分交流碰撞后，无异议即交由相关社员筹备。由于决策过程快速化和网络化，社员倡议能很快得到回应并付诸实施，创新型做法不断涌现，有效解决了组织生活中"沉默的大多数"这一普遍问题。

（三）内部责任分工明确

每年梳理出主要工作，并由4个小组：提案组、信息组、对外服务组和对内活动组分别制定出可行的活动方案并负责具体落实，每个小组由1名副主任牵头负责。班子成员分工不分家，在明确分工的基础上，积极发挥团结协作精神，各小组之间互相补台。提案和信息互为AB角，对外服务和对内活动互为AB角。

三、着力体现党派作为

青工委通过积极开展参政议政和社会服务活动，彰显党派活力、体现党派作为、提升党派形象。仅2015年，社市委青工委共组织或参加活动23场次，其中横向联合交流5场次，举办和参加学习培训活动5场次，开展志愿者公益服务活动5场次，组织社厦门市委青工委内部厨艺比赛、帆船体验、跨年夜圣诞晚会等特色趣味活动4场次，参加上级部门组织的会议、论坛活动3场次，举办公益科普讲座1场次。全年社市委青工委共撰写信息28条，《"社群媒体"模式影响台湾政治意向建议相应调整对台工作方式》等两篇被省领导批示，《关于我省构建"1831"生态环境监管系统的建议》等6篇被省政协采用，《关于促进厦门石墨烯产业化发展的几点建议》被市委办采用。完成"一带一路背景下厦门国际旅游岛建设""厦门市推进低碳社区建设"两个调研课题。2016年社厦门市委青工委成员主动承担或参与"加强海产品食用安全监管的相关建议"等16个调研课题。

四、着力传承党派传统

青工委重视九三学社优良传统的传承，积极传递"九三人"的新时代精神：

（一）用心"学"，重视向老社员们的学习

2014年青工委刚成立时，缺乏大型活动的举办经验。9月3日，在老社员们的热情指导下，青年社员们与老社员们一道，在厦门抗日死难者纪念雕塑前，举办纪念"中国人民抗日战争胜利纪念日暨九三学社建社纪念日"活动，追忆抗战历史，传承爱国传统。参加活动的还有从泉州市远道赶来的九三学社德化县小组的社员。厦门市各大新闻媒体对社市委举行抗战纪念活动进行了广泛报道，扩大了九三学社的社会影响。青年社员们表示将铭记历史，传承九三精神与使命，做好政治上的传接。次年9月3日，青工委牵头组织厦门、漳州、泉州、三明四地青年社员参加纪念活动。

（二）积极"做"，将所感所学付诸实践

通过开展"九三关爱"活动，青工委志愿者服务队关心老社员，扎牢青老社员沟通的纽带。联合其他基层组织赴金门考察，为今后开展海峡两岸青年交流活动做好铺垫，建立社市委内部组织间的沟通纽带。组织高校青年学生参加中华电子族谱录入志愿服务活动，开展华侨博物院青少年主题教育活动——"勇者的征途"公益服务活动，举办社区医学知识讲座，建立青工委与社会多方面的沟通纽带。

（三）热心"帮"，跨越地域星火燎原

2015年10月，青工委主动利用自身资源，走出厦门，组织到社福建省委对接联系的政和县开展调研帮扶活动。通过对接政和县的需求，初步确定多个意向合作项目。11月，政和县教育局、财政局和多所学校领导来厦实地考察，与社市委教育文化委和青工委座谈交流，初步达成在中学教学研讨、教师队伍交流培养等方面的合作意向。

五、着力加强自身建设

2015年4月起，为满足参政议政广度和深度日益拓展的需要，社市委青工委深入挖掘社会资源，与厦门经济管理学院联合举办青年骨干社员学习班。作为一种新的学习机制，它具有学制长期化、课时短暂化、授课专题化、教学互动化、理论实践化、场所固定化等特点，具有知识更新及时、成员覆盖面广等优势。邀请厦门大学教授及百度公司高管举办"互联网+"专题讲座。2015年12月，在北师大海沧附属学校励耘讲堂举办"未来之路"讲坛启动仪式暨2016年九三学社厦门市委青工委学习班开班仪式。"未来之路"讲坛包括每月一次以上的科技知识进校园讲座及其他社校交流共建活动，是社厦门市委青工委"同心双向服务基地示范点"创建的重要内容之一。

活动经费是组织活动的重要保障，虽然两年来社市委对青工委的活动经费有所倾斜，但是还是无法满足各种活动的需求，青工委不等不靠，构建温情筹款机制，采取匿名捐款与兜底补足相结合的筹款方式，委员向指定账户匿名捐款，短时间内筹集了一定数额的捐款，捐款活动不限时不封顶，足以支撑较为密集的活动需求。

2015年7月，在吉林长春举办的九三学社首届全国青年论坛上，有一位社员受聘为论坛副秘书长，一位社员做论坛主旨发言，表现受到好评。随后有一位社员借调社中央组织部，参与筹建社中央青工委。今年5月，社市委成功承办了"第二届全国青年论坛暨培训"，活动内容丰富多彩、组织流程有序顺畅、保障工作细致周全，凝聚了青工委志愿者的心血，他们的无私奉献和热忱服务，得到了与会代表的一致认可。

创新工作模式　探索监督履职

九三学社焦作市委员会

　　加强社内监督是参政党自身建设的重要内容，也是提升履职尽责能力、提高参政议政水平的必然要求。2009年以来，社河南省委不断探索社务工作量化评价机制，围绕规范社组织履行职责能力、自身建设能力、协调关系能力等方面，设置客观评价指标，初步形成社务工作量化考核体系。社焦作市委围绕"主委抓、抓主委"的工作方式，以严格的标准来推进日常工作，以监督工作促社务工作，工作成绩不断突破。在社省委每年的量化考核工作中，社市委综合成绩从以往多年的倒数第一名先跃升为第八名，再进步到第三名，最后连续两年力拔头筹取得了第一名。由倒数第一到正数第一的过程，正是得益于扎实开展了社内监督工作，得益于监督工作提升了社务工作。实践证明社市委的做法是见诸实效的，社中央、社省委开展监督工作的部署是完全符合参政党自身建设，完全符合社务工作发展需要的。

一、增强监督意识，奠定"三坚"目标基础

　　社市委始终紧紧围绕"思想上坚定、履职上坚实、组织上坚强"

的参政党建设目标，大胆探索，勇于实践，进一步强化政治意识、担当意识、纪律意识。中共党委统战部对民主党派是实现中国共产党的领导与工作指导的关系，在工作中，要加强与各级统战部门的联系，培养诚挚的感情，保持真诚的合作，遇事主动与统战部沟通，征求统战部的意见，争取得到统战部的指导、支持和帮助，创造一种相互尊重、相互支持的工作环境。社市委始终注重与统战部门的沟通联系，积极主动与中共党组织领导同志谈心交友，增进共识，增强互信，实现"同心、同向、同行"。经常到社员所在单位的中共党组织和统战部门走访、调研，通过沟通交流，联络感情，征求意见，密切关系，为基层开展工作营造更加良好的氛围，争取更大的支持，有力推动基层工作主动性，提高合作共事能力、政治把握能力，为建设强有力的参政党打下坚实基础。

二、探索监督模式，深度融合量化评价

坚持不做则已、做则必成、成则必优的工作标准。把"监督工作"贯穿"量化评价"全过程，把"量化评价"融入"监督工作"全领域，有力促进社员遵章、履职水平的提升。通过量化评价这个标尺，找到社员履职存在的薄弱环节和主要症结，基层组织在制定全年工作框架时就会重点寻找解决问题的主要方法和有效途径。每年年初，社市委按照社省委评价细则要求，结合社内监督工作制定全年工作框架，按框架定思路、建目标、分任务、勤验收、入台账、逐个销号，实现了由人来安排工作到由工作来安排人的转变，坚持做好"四个要"，即周周要回头，月月要改进，季季要提升，半年要总结。这样既确保了通过监督来促进工作落实，避免了工作的随意性，又实现

了各个支社有任务、人人头上有目标，在确保本职工作、社务工作两不误的前提下，提高基层组织开展活动的数量和质量，通过监督评比，工作实现了"量"和"亮"的转化。

三、树立监督标准，推动样板引路工程

"样板引路"，把握好"点、线、面"的关系，是社市委推动社内监督工作的强有力抓手。2015年6月，社市委通过与焦作市农林科学研究院支社所在单位党委沟通，为支社协调到了一间办公房，建立了"社员之家"，既方便支社开展活动，又让社员找到"归属感"，支社自主开展的各项工作有声有色，社员活动积极性非常高。同时社市委协助支社建立完善了一整套履职档案，与社员座谈，不断提高社员理论水平。通过不断"包装"，建成"看得见、听得到、摸得着"的"示范支社"，并着力打造成为社务工作的标杆样板。各基层支社通过结对子相互比学赶超，哪里存在不足、哪里该如何看齐有了很直观的标准，条件和情况相近的支社可以效仿建立标准支社，而差距较大的支社则会认识到问题和不足，从而激发出迎头赶上的动力。通过"样板"带动，形成"引前、带中、帮后"的局面，掀起"比一比、看一看、你追我赶、积极参与、主动作为"的高潮，全面提升了基层组织履职水平。

四、创新监督形式，实现差异化管理

监督不要走形式，更不要摆架势，既然监督了就要起到效果。由于各个基层组织和社员的工作特点和实际情况都有所差异，所以不能

一概而论，应区别对待。监督过程中，根据各个基层组织的不同特点，为其量身定制《监督手册》，使监督工作与社务工作相结合、与支社活动日相结合、与量化考核相结合、与社员建功立业相结合、与提升九三形象相结合，每季度对所有支社进行督导并记录存档，做到"监督没有盲点、工作没有盲区"，这样不仅明确了任务目标，更重要的是留下了监督痕迹，工作完成了多少一目了然。此外还要建立健全基层相互评价机制，社市委监督基层、基层监督社市委、基层监督基层，从而实现"平面监督""相互监督""立体监督""全方位监督"，提升监督实效。对社务工作突出的社员给予表扬，并报社员所在单位党组织。对工作主动性差、党派意识淡薄、长期不参加社务活动的社员进行约谈。一年以来，共约谈5人、调整支社领导班子11人，彻底解决干与不干一样，干好干坏一样的问题。先后对工作较为被动的山阳支社和热心社务工作的非公经济人员进行重组调整，新成立了农林科学研究院支社、综合经济支社和科技支社，调整充实6名骨干到基层组织中担任领导职务。

五、运用监督成果，激发社员工作热情

社市委将社务工作量化评价作为强化社内监督的重要抓手，积极营造社内监督与自身建设、履行职责相互融合、相互促进的良性互动局面，社组织凝聚力不断加强，积极工作、大有作为的社员脱颖而出。在看到他们热心投入工作的同时，社市委还注重加强激励机制，通过"三个利用"的办法来激励社员，使他们继续保持积极工作的干劲。一是加大社市委的表彰力度，通过年终的评先评优，将表彰结果以社市委红头文件的形式寄送社员所在单位党组织，肯定社员在社务

工作上的成绩，让社员在单位中有影响、有地位。二是通过社市委主委与社员所在单位的党组联系沟通，为社员积极争取职称晋升、职务调整等机会，为社员解决实际问题。三是利用社市委的组织优势，在人大代表、政协委员的推荐过程上予以支持，提高社员在社会的地位，真正形成"有为才能有位"的格局。归根结底就是尽最大努力，用社市委一切可以利用的资源来关心帮助社员的成长进步。

总之，社内监督工作是新形势下参政党加强自身建设的重要举措，社内监督作为一个崭新的课题，社市委应努力在发现问题中提高认识、在分析问题中提升能力、在解决问题中彰显水平，进一步加大工作力度，完善制度体系，狠抓工作落实，逐渐探索出一条符合党派实际、具有九三特色的社内监督之路。

广揽人才 深度培养 特色利用
精心打造实职干部队伍

九三学社南京市委员会

社南京市委现有社员 817 人，市委委员 19 人，领导班子成员 5 人，基层组织 38 个，社员在政府和事业单位担任副处级以上领导职务的有 61 人，其中市管干部 14 人。社南京市委充分利用省会城市实职干部多的优势，在吸收、培养和使用实职社员方面，进行了积极探索。近年来，相继走出了包括社中央副主席、农业部副部长张桃林，国家天文台台长严俊，中国气象局气象影视中心副主任朱定真，省人大常委会副主任许仲梓，社省委专职副主委叶勇等在内的众多人才典型。这些实职干部社员既在自己工作岗位上取得不俗业绩，又为社市委的发展提供了智力支撑。

一、精心物色，广泛联系，多途径求贤纳才显实效

九三学社作为科学技术界高、中级知识分子为主的参政党，在保持社员"精优"的前提下，面对各民主党派吸纳社会优秀党外人才的客观竞争环境下，社市委根据工作需要，通过多途径、多渠道广泛吸

纳优秀的实职干部加入九三学社，效果显现。

（一）广泛发动，找准目标发掘人才

全社上下对吸收实职干部入社高度重视，广泛发动在职及退休的社员，通过亲友、同学等渠道发现并推荐优秀实职干部入社。对有影响力的杰出人物，组织部门更是抱着求贤若渴的态度主动纳才。比如一位现任兼职副主委，当时为市科技局干部，各方面反映非常优秀，组织部门了解情况后主动上门向她介绍九三学社的历史、现状及特色，通过一次次的诚挚服务，使她深受感动，也被九三学社的光荣历史和使命所感召，在众多民主党派中选择加入了九三学社。利用实职干部的人际网络，也是社市委发展实职干部的重要渠道。一位实职干部入社后，举贤荐能，相继推荐了一位副区长，一位区政协专职副主席，两位区局副局长。通过这样一种"发展一人，带动一片"的模式，社市委实职干部队伍不断成长壮大。

（二）积极沟通，联系统战争取人才

统战部门是党外实职干部的主管部门，加强与统战部门的联系沟通，对于吸纳党外实职干部入社无疑事半功倍。社市委与市区统战部门建立了常态化的沟通渠道，最大限度地利用部门资源对组织发展工作形成有力支持。比如通过和市委统战部门的沟通，从党外后备人才中发展了市气象局副局长入社；和中共鼓楼区委分管统战的书记交流后，获取区委推荐的5个区局副局长名单，社市委从中优选出其中的区财政局副局长，吸收入社。

（三）挖掘潜力，注重基层储备人才

在发展实职社员的过程中，不仅吸收处级以上实职干部，也注重发展当前业务水平高、具有发展潜力的基层干部。如2001年发展了一位27岁的秦淮区旅游局科长，虽然级别不算高，但非常有潜质，两年后即兼任区人大常委，2006年又通过竞争上岗走上玄武区旅游局副局长的岗位。目前社市委已储备了一批具有相同发展潜力的后备人才。

二、精心培养，帮助成长，多举措队伍建设见真招

（一）坚持召开交流会议，帮助干部横向交流

社市委每年都要召开实职干部座谈会，为实职社员搭建横向交流的平台，帮助他们在双岗建功中取得更好的成绩。实职社员在会上交流担任实职干部的心得体会，研讨工作中难题的解决之道。这一形式，深受实职社员欢迎，通过认真的交流，社员之间互相学习、博采众长，取得了非常好的效果。

（二）抓住公推公选机遇，协助干部上新台阶

每次有公推公选机会，社市委都第一时间通知所有符合条件的社员，鼓励大家踊跃报名参选。社市委努力为社员脱颖而出创造条件，指定专人采购考试复习资料，为每名报考者配发参考教材，举办了多次笔试和面试集中辅导班，邀请南京大学行政管理学院和南京市人事局的专家进行授课。有一位社员在南京地区联动公选党外领导干部的考试中取得了笔试和面试双第一的成绩，被提拔担任市质量技术监督局副局长。

（三）推荐参加挂职锻炼，提升干部业务水平

挂职锻炼是拓宽社员视野、增长社员才干、帮助其职场成长的重要途径。社市委积极为社员争取尽可能多的名额。近年来，安排社员参加挂职锻炼担任了区住建局副局长、区体育局副局长等一大批职务。参加挂职的社员普遍反映得到了较好锻炼，工作能力及业务水平

明显提高，受益良多。

（四）积极走访单位党委，增进干部组织关怀

社市委主委和副主委每年都要到各区委统战部门和部分社员所在单位登门走访，为社员的成长鼓与呼。社市委认为，把包括实职人员在内的优秀社员推荐到人大、政协、特约员等各个岗位，不仅让他们本人发挥才干，实现更大的人生价值，同时也为社市委在市、区两级层面上履行职能、发挥作用争取更大的平台。社市委早做准备，不断完善流动人才库，做到"手中有将，心中不慌"。人大、政协换届期间，社市委领导和组织处负责人都要拜访所有的市、区统战部门，有时上门达七八次之多，目的就是为社员争取更多的名额。近年换届均形成了代表、委员人数比上届大幅增长的态势，亦促成了更多的实职人员走上各级人大代表、政协委员的岗位。

三、发挥特色，各尽其才，多方面推动履职现真功

（一）发挥主观能动，按比率安排社内岗位

实职干部拥有普通社员所没有的行政资源，他们在社务工作中，能起到独特的作用。因此，社市委注重在各级领导班子中配备一定比例的实职干部，实现了"三有"目标：社市委领导班子中有实职干部代表、市委委员中有实职社员、各基层委员会和支社中有一定比例的实职干部担任基层组织负责人。例如，社市委启用一位现任区财政局副局长的同志担任社内第一个区级组织——鼓楼区基层委员会的负责人。该同志走上岗位后发挥了重要作用，促成基层委员会和街道工委结为共建对子、与区卫生局建立对口联系关系，有效拓宽了基层组织履行职能、服务社会的平台，且每年都开展国际科学和平周义诊、调

研、考察等活动，工作做得有声有色。之后，该基层组织被社中央表彰为"全国优秀基层组织"。

（二）发挥自身特色，更好地履行参政议政职能

实职社员因为多在政府部门工作，有着知情明政的天然优势。社市委在参政议政工作中，高度重视发挥实职社员的作用。例如，一位在市科技局任处长的社员，社市委政治上信任、工作上支持，让其担任九三学社南京市经济科技工作会主任委员的重任。该同志每年都领衔开展软课题调研，转化为集体提案后，成为中共江苏省委常委、南京市委书记的督办案。同时，社市委以提高参政议政能力为目标引导实职干部不断加强团队建设，陆续发展了市农林局处长、市农业技术推广站站长等一大批涉农专家入社，在"三农"领域方面的参政议政工作特色显著。正是在全市社员和实职干部的共同努力下，近年社市委的参政议政优势不断巩固、特色越发鲜明。

（三）结合自身工作，推动社会服务发挥实效

社市委鼓励实职社员发挥自身特长投身社会服务，将实职社员的优势和社会需求准确对接。如农业系统的实职社员，在"百名专家进乡村行动"中挑起大梁，进入九三学社专家工作站，将支农服务送到了广大农民的田间地头，并且实现了常态化的服务，深受群众欢迎。"九三学社专家工作站"的工作模式，引领了全省"百名专家进乡村行动"，现已成为全省兄弟市委会开展此项活动的标准模式。

社市委按照社中央人才强社的组织建设思路，大力优化人才队伍，不断强化实职社员的发展力度，有效调动了实职社员的积极性、能动性和创造性，打造出了一支精干的双岗建功实职干部队伍，为推动南京经济社会发展做出了积极的贡献。

创新思路形成特色　结合实际动态调整

九三学社蚌埠市委员会

社蚌埠市委自成立以来，始终把组织建设作为一项重要的基础工作，不断创新工作机制和方法，充分调动各基层组织和骨干社员的积极性，目前已形成多方位、有特色的组织工作机制。

一、在组织发展与考察期创新思路，形成自己的特色

（一）考察期新社员练笔制

为提高新社员参与社务活动的积极性和写作水平，为参政议政、各类征文和投稿培养人才。近年来，社市委在发展新社员的过程中实施了考察期练笔制度。对有意入社的人员，在考察期增加一项写作水平考察。被考察人定期向社市委提交写作成果，社市委择优采用，以此来培养新入社成员的写作习惯。经过多年的实践，目前已有10多人在工作之余坚持写作，《安徽九三》《蚌埠九三》提供了丰富的稿源，他们提交的提案议案也都曾在省市区各级"两会"上获奖。

（二）有针对性发展新社员

根据需要重点发展相关领域人才。2014年中共十八届四中全会

以来，对法律专业人才队伍的需求越来越紧迫，经过综合考虑，社市委决定重点发展法律方面的人才。经过一段时间的筛选和考察，安徽财经大学基层委推荐了一名法学院的年轻教师王姝文，该教师有着日本读研读博的留学经历，专业素质较高。为重点培养这一人才，社市委先后邀请王姝文参加了社市委第十一期新社员培训班、社省委新社员培训班以及社省委"议政日"活动等，推荐其为社省委信息员。经过多种渠道的培训，王姝文渐渐在参政议政工作上崭露头角。在社省委依法治国专题座谈会上，王姝文的发言新颖独特，被社省委采用。同时，为配合当年依法治国的主题，社市委与王姝文沟通后希望她在自己本专业方面发挥特长撰写提案。2014年王姝文上报的《关于完善我国人民陪审员制度的建议》被社中央采用呈报全国政协，并荣获社省委2014年度参政议政课题优秀成果表彰特等奖。其《关于我省"调转促"战略下完善小微企业知识产权政策的建议》被2016年省政协社情民意第10期采用，呈报省委常委、副省长陈树隆审阅；《对"两高"工作报告的反映》被中共中央统战部《零讯》采用；《建议完善小微企业知识产权质押融资制度》被全国政协采用；《新常态下完善我国小微企业知识产权质押融资制度的立法建议》被社中央采用。入社还不到两年的王姝文，在参政议政方面不断开花结果，并获评社中央2014-2015年度参政议政工作先进个人。在组织发展过程中，有针对性地发展社员，并进行重点培养，这样便于发展一个成熟一个，为工作开展储备人才和智力资源。

（三）侧重发展年轻社员

近些年社市委在发展新社员时，侧重发展优秀的年轻人。2011年至2015年发展的新社员平均年龄由41岁降至39岁，社市委全体社员平均年龄在逐年减小。社员高飞加入九三学社的时候还不到30岁，就是这样一位年轻的社员,积极参加各项社务活动,不仅带领着市直四支社逐步走入正轨,而且还身体力行,在参政议政尤其是社会服务方面起到了模范作用。作为安徽继忠投资(集团)有限公司董事长,高飞凭借自身优势,积极参与捐建"九三学社爱心书屋",资助贫困学生。几年里,他资助的贫困学生遍布蚌埠市市区和三县,有的已经开始工作,有的还在读高中、初中,都成绩优异。由于热心社会服务工作,他获评社中央2011-2015年度社会服务工作先进个人。由此可见,年轻社员的加入,正在逐步改变市内社员年龄偏大的现状,为组织注入更多的活力,为活动正常开展提供便利。

(四)在县里发展极少数特别优秀的人才

在实际的调研中社市委发现,由于对县域和基层情况不甚了解,同时在县里缺少相关人员的支持,在调研中容易出现摸不着头脑的情况。为此,经过慎重考虑和权衡,社市委近些年在县里共发展4名医卫、农业技术和经济界别有代表性的人士入社。他们在"淮河河道非法采砂"问题专题调研、五河螃蟹产业发展调研、蚌埠市沫河口化工园区循环经济发展调研及捐资助学、"百名专家乡村学堂讲科普"活动中给予大量的人力物力支持。同时,他们积极发挥身在基层、贴近百姓的优势,提出了不少有代表性和可操作性的意见建议。如《关于促进民营医院健康发展的几点建议》《关于推进我市精准扶贫工作的几点建议》《将"小螃蟹"做成大产业》等提案受到多方重视,取得了较好反响。

二、基层组织发展过程中根据实际情况调整支社

基层组织不是一成不变的，它就像一个个细胞，也应有各种结构和形态的变化。蚌埠市委会从 1958 年的安徽财经大学小组和蚌埠医学院小组到现在发展为具有 3 个基层委员会和 17 个支社的地方组织，它的组织架构也在随着时代的发展而进行着重组和调整。

（一）组织的分化与调整

市直一支社是社市委成立较早的一个综合性支社，随着新社员的不断发展，到 2012 年，市直一支社社员已经达到 50 人，成员所在单位不一，最多时跨 36 个单位，所属行当 25 种，从而造成支社活动开展不畅。社市委领导班子在与支社主委和骨干社员充分沟通后决定，将现有的市直一支社中的建筑、经济和铁路系统社员分流出去，单独成立两个支社。综合支社一支社"瘦身"后达到了活动开展方便的目的。市直六支社和七支社由于具有共同的专业倾向使得在本领域内的建言献策成绩显著，如六支社开展建筑扬尘污染防治调研、LED 红外感应照明系列调研等。七支社开展合肥南站参观考察活动，并在社内率先成立了自己的活动阵地——市直七支社文化活动室。

（二）基层组织负责人的调整

2015 年以前，市直四支社和五支社成员基本上都是退休老同志，赴子女处居住者较多导致活动开展较为困难。为调动支社活力，彻底解决这一问题，社市委多次召开会议，最终做出届中调整的决定。调整首先是从其他支社中调进一位社务活动积极、有精力有能力的年轻社员暂代主委，从而保证了两个支社与社市委之间互动的正常进行。其次，这两年来，社市委不断将新发展的社员酌情放入这两个支社，

向其补充"新鲜血液"。调整后的两个支社,在参政议政、重阳节活动、春节慰问、捐资助学以及其他社务活动上都表现出良好的状态。

经过不懈努力,社市委在多年组织建设中总结出了一整套经验机制,并经过了实际工作的检验,取得了良好效果。社市委已连续多年获得社省委"先进市级组织"荣誉称号;市直三支社还获评"全国优秀基层组织",有1名工作人员连续两次获评社中央"优秀组工干部",有1名社员获评"全国优秀社员"。

完善考核评价机制　建设高素质参政党

九三学社吉林市委员会

考核评价机制作为组织管理的重要手段，已经越来越受到重视和广泛应用。近年来随着自身建设的不断深入，社吉林市委在领导班子建设、干部考核选用、评选先进基层组织、制定相关措施等方面，引入考核评价机制并取得了很好的效果。

一、在加强领导班子建设中引入考核评价机制

社市委将领导班子建设作为工作的重中之重，从完善领导班子制度入手引入考评机制，除细化、量化领导班子学习制度、联系制度外，还增加了领导班子年度述职考评制度，并将述职考评范围扩大到市委委员、基层组织负责人及有政治安排的社员。在落实年度述职考评制度过程中，社市委采用"PDCA"循环模式，即有计划、有措施、有检查、有改进。每年年初，结合社市委工作要点和上级组织关于加强领导班子建设新精神、新要求制定年度述职考评计划，确定年度述职考评工作时间节点、考评内容、人员范围和具体要求，年末按计划进行述职评议。述职考评分两个层面，一是领导班子成员述职评议，

班子成员要在全委会议上向全体委员述职，总结一年来各项工作完成情况、取得的成效、存在的不足以及下步努力方向，由全体委员进行民主评议；二是其他人员形成书面述职材料上报社市委，由社市委根据平时工作考核记录进行评议。最后，由社机关对民主评议结果梳理汇总并及时反馈给受评人。针对大家提出的有共性的意见和建议，认真开展批评与自我批评，必要时召开班子民主生活会或全委扩大会议，针对存在的问题专题研究，提出改进措施。

自开展年度述职考评工作以来，有效地提高了社市委各级领导班子的领导力和执行力。通过年度述职考评，使参评人员在总结全年工作的同时，发现自身存在的差距和不足，及时查缺补漏，既提升了参评个体的工作水平，又有效地促进了社市委整体工作的提高。尤其是班子成员通过向全体委员述职，不仅使市委委员全面了解社市委工作和领导班子成员工作情况，也增进了委员与社市委领导之间的感情，增强了社市委领导集体的向心力和凝聚力。通过述职考评，也使班子成员更加明确了自身担负的职责和使命，增强了班子的凝聚力、战斗力。

二、在促进基层组织建设中引入考核评价机制

如何加强基层组织建设、焕发基层组织活力，一直是社市委关注的重点。社市委从加强基层班子建设、细化量化工作任务、开展标准化建设等方面着手，引入考核评价机制，推动基层组织各项工作的开展。首先，加强基层组织领导班子建设。从健全基层组织架构入手，配齐班子成员，明确职责分工，使班子成员各司其职，改变了过去主委一肩挑状态，发挥班子集体力量。同时，要求基层班子成员年末在社员大会上述职评议，将评议结果上报社市委。再由社机关深入基层

党委了解班子成员在本职工作、党派履职中的表现，征求党委意见。将综合考察和民主评议结果作为基层班子届中调整、换届改选的依据。

其次，细化量化全年工作目标任务，采取年初部署、年中督查、年末检查方式，促进基层工作有的放矢。年初根据社市委《工作要点》制定年度重点工作任务分解表，将全年工作任务中的调研、有价值的意见建议、反映社情民意、宣传报道、信息稿件、科技医疗下乡等重点工作量化，以表格形式将具体要求数字化，使基层组织要做什么一目了然。同时下发社务工作年度考核评比标准表，从组织建设、参政议政、思想宣传和社会服务与特殊贡献等方面将考核项目、考核内容、得分标准分解细化，使各基层组织平时根据各个项目完成情况自行核分，体现公平公正。年中由社市委领导带队，按照联系分工深入基层督促检查，促进基层组织落实完成工作目标。年末根据考评核分结果，结合基层组织参加社市委会议、培训、大型活动、考察调研等方面出席情况及成效成果排序，对在各项工作中表现突出的基层组织，除在"双优"评比中给予表彰外，也适当给予物质奖励。

第三，为实现基层组织建设制度化、规范化，2015年社市委开展了创建标准化基层组织活动，制定了标准化建设实施方案，提出"一固定三健全"建设标准，即拥有相对固定的活动场所，有健全的组织架构和职责分工、健全的工作制度和活动机制、健全的社员档案和社务工作档案。社市委选取了5个基层委员会作为试点，率先进行标准化建设并作为示范单位组织其他基层组织参观学习，以点带面，全面推进。通过标准化建设活动，使各基层组织互相学习、相互借鉴，既形象地展示了社务工作成果，又发现了自身存在的不足，互评互促，焕发了组织活力，使基层组织建设迈上了新台阶。

三、在加强后备干部队伍建设中引入考核评价机制

后备干部队伍建设关系到社组织未来发展。社市委对此高度重视，建立了后备干部动态管理体系，制定了后备干部管理制度。引入考评机制后，社市委建立了后备干部综合评价机制，成立了由社市委领导班子成员、机关中层干部为成员的综合评价工作领导小组，综合评价内容主要包括德、能、勤、绩、廉五个方面。"德"，指政治性，主要包括后备干部的政治立场、政治品格、在关键和重大问题上的政治态度、政治表现等方面；"能"，指后备干部应具备的政治把握能力、参政议政能力、组织领导能力、合作共事能力和解决自身问题的能力；"勤"，指后备干部的工作态度，即爱岗敬业，履职尽责，积极参加社组织活动，积极撰写提案议案和社情民意等；"绩"，是后备干部取得的工作成绩、专业成就、社会贡献和参加社会公益活动取得的社会效益等；"廉"，指后备干部应遵纪守法，廉洁自律。综合评价方式分为平时评价、年度评价和届中调整考察、换届考察。其中，平时评价和年度评价是基础，届中调整考察和换届考察是重点，四者相互补充、相互印证。综合评价采用民主评议和了解情况、查阅资料和核实数据、实地考察和专项调查、征询意见和综合分析相结合的方法，综合评价结果由综合评价工作领导小组依据评价内容、标准，结合民主评议、查实考察、征询意见等情况综合分析后评出，作为各级班子人选、政治安排和社会安排的重要依据。

结合社市委后备干部动态管理要求，对后备干部队伍重新梳理，根据个人能力、社会影响、代表性、发展潜力等因素排序，分层次、分步骤考察培养，针对不同层次、不同培养方向的培养对象，按照

综合评价考核标准和要求，通过组织学习、开展培训、研讨调研等形式，为他们创造学习和发展机会，不仅提高了后备干部队伍整体素质，也为社市委各级领导班子顺利完成政治交接以及各级人大、政府、政协等部门党外干部选拔做好了人才储备。

考核评价机制建设的重点是彰显客观性，实质是具有可操作性。社市委在领导班子建设、基层组织建设、后备干部队伍建设方面应用的工作评价机制，客观反映了工作任务完成的质量和工作目标的实现程度，也包含对评价本身的评价，既为科学的工作评价提供了量化依据，又为工作的规范化、制度化、程序化建设提供了可靠的制度保证。

组织建设篇

经验总结

搭平台 促活力
助推青年工作经验浅谈

九三学社上海市黄浦区委员会

社黄浦区委自 2011 年 8 月成立之初，即开始考虑如何更好地发挥青年社员作用，做好青年工作。首先社区委进行了一系列的摸底调研，对社员年龄结构进行统计。2011 年年末，社区委有社员 588 人，青年社员（44 岁以下）仅有 78 人，占社员总数 13.27%，而 60 岁以上社员占比高达 45%。其中老年社员的人数本来基数就大，再加上每年都有 12-20 人退休，社内老年社员比例也越来越高。其次，青年社员由于工作繁忙、对组织生活内容不感兴趣等导致他们参加组织生活意愿不够强烈。社区委组织的联合讲坛、座谈会、报告会等各项活动，参加者也多以老年社员为主，从台上往台下望去，满眼都是"缕缕银丝"。认识到这些难点问题后，社区委开始大刀阔斧地分步行动了。

一、拓宽视野，主动出击，积极发展优秀青年

黄浦区地处上海中心城区，辖区内没有大学院校，缺少发展科技人才的重点来源。加上老年社员比例高、青年社员人数少，不利于社

区委各项工作的开展。对此,社区委主动出击,积极发展在一定领域有专业特长、在职业发展上有潜力、素质优秀的人才。首先,通过各种渠道宣传九三学社,鼓励社员推荐优秀青年入社。其次,对辖区内的机构组织进行了摸排,开拓新的高科技人才领地,从长征医院、708研究所等单位吸纳了两位非军队编制的青年人才加入。成功吸纳长征医院博士生担任住院总医师的青年人才,优秀人才得之不易,因此,社区委主动与其保持经常联系,待职称升为主治医师后,社区委随时将其发展入社。严格把握入社关,实行"面谈—考察—外调—集体表决"四步走模式,对申请者进行全方位考察,把政治素质放在首位,正确处理质量与数量、发展与巩固、重点与非重点、发展骨干成员与发展一般成员的关系,吸收各领域有代表性、有所成就的新鲜血液入社。2012年至2015年,社区委发展的社员数分别为16、20、21、18人。其中,44岁以下青年社员72人,占总发展人数的96%。

二、搭建平台,创新形式,以点带面辐射各项工作

如何使优秀青年社员保持入社的热情、激情,是社区委一直在关注和探索的问题。2013年,社区委组建了"新社员支社",以此为载体,使新加入的青年成员持续保持着激情,提高自身建设、参政议政、社会服务的能力和水平。

(一)新社员支社运作机制

新加入的社员都先加入新社员支社,在支社中大家都是不同行业、不同领域的专业人士,让他们在这个支社中充分接触、相互了解、共同学习,社区委发现支社凝聚力强、参与热情异常高涨。新社员支社是"流动支社",每隔两年左右,新社员可以"毕业"进入常

规支社。此时他们已经有了较强的政治意识，参政议政能力也有了很大提高，有一部分社员已经作为执笔人参与课题撰写。

（二）"培训＋实践"同步开展

借助中共区委统战部及区社院"民主党派新成员学习班"以及社市委"新成员培训班"，加强党派新社员对统战理论的认识和理解。通过组织新社员座谈会、学习考察等活动，加强新社员对九三学社发展渊源、党派先贤的认识，引导新社员进一步加强政治意识、党派意识及参政议政意识，鼓励其立足本职工作、发挥专业特长，参与到课题调研及社情民意信息工作中来，营造党派工作活力蓬勃氛围。

（三）"迷你分享会"增加凝聚力

这些工作大多是通过组织生活来传递，组织生活无论形式还是内容都尤为重要。要吸引新一代社员，尤其是70后、80后新社员保有热情、发挥所长、贡献才智，光靠单一的培训班、念文件是不行的。而通过将新社员聚集到同一个支社，共同交流和学习，让社员分享自己擅长、喜欢的知识内容，实践后他们会发现有多方面的好处：对于分享者，这是一次公开演讲的锻炼、展示的机会；对于聆听者，是拓宽视野、了解新知识的机会；对于双方更是发现共同爱好者、专长者，甚至找到合作伙伴的机会。因此，这一活动非常受社员们认可，以前在职社员常常会以上班忙而请假不参加，"迷你分享会"推出后，大多数社员会为了参加组织生活，提前安排好时间。这就是社员主动想参加的结果。

三、鼓励参与执笔课题调研，增加参政议政热情

社区委为青年社员提供参政议政学习培训机会，使其了解参政议政方式、方法，并提供舞台，鼓励他们积极参加课题调研，然后使之

逐渐发展为能主动挑起大梁，组建自己的课题组，主持或执笔课题。在整个过程中，社区委都给予全力支持、帮助和指导。因此，近两年社区委课题申报工作都异常踊跃，2014年，社区委共7篇课题报告，其中有3篇是青年社员执笔撰写；2015年，社区委申报课题达到了9个，其中8个都是青年社员申报，最后经过激烈的PK，社区委最后经扩大会议讨论，筛选了7个课题组，内容涉及互联网+、工业4.0、时尚产业、社区在线医疗、养老人才等领域。此外，青年社员还承担了1篇社市委课题，经过几年的不断努力，社区委青年工作成效显著。

四、重视青年骨干培养，给予更高平台培训机会

（一）横向交流、纵向培训

利用社市委、中共区委统战部和区社院，加强对后备干部、优秀人才、中青年骨干的培养。组织青年社员与社市委青委会成员在上海金融学院座谈交流；联合社静安区委举办参政议政培训班；联合区社会主义学院举办"领导班子及青年骨干培训班"；推荐青年骨干社员参加社市委中青年社员骨干培训班、市委信息骨干培训班、区级中青班。

（二）让青年社员策划主导各项活动

通过组织参观画展陶冶性情，瞻仰新场古镇新四军纪念画廊增强使命感；参观启秀中学89岁老洋房平移；参观龙美术馆、金融博物馆、嘉定农业园等；为退休社员免费清洗眼镜等。这些都是青年社员自己策划的活动。只有让青年社员们感到组织生活的丰富形式、九三学社的强大凝聚力与活力，自然会激发更多人加入九三学社的热情与积极性。

五、立足本职，彰显青年社员风采

青年社员通过参与社区共建、帮困助学、扶贫济困等活动，积极投身社会服务，回馈社会，展示九三学社良好形象。其中，社内青年医卫工作者、法律工作者，还积极参与统战系统志愿者队伍中。青年社员们在上海科技京城大型义务医疗咨询服务活动现场为社区居民提供医疗咨询、义诊和常见病防治的科普讲座；参与捐资帮助多位贫困学生完成学业；参与科协等有关部门举办的"2014年'全国科普日'活动——黄浦区商业科普节"活动；参加黄浦区科协、区政协科普服务队在半淞园路社区开展的主题为"心脏病及常见急症的社区处理"科普讲座。此外，为响应青年社员的呼声，社区委发动社员及社员朋友圈推荐高层次单身青年，举办"改变自己——九三学社黄浦区委单身派对"活动，得到了社内外的热烈响应和充分肯定，同时向高层次白领阶层宣传了九三学社组织，树立了良好的形象。

莫道桑榆晚　为霞尚满天
——发挥老年社员群体作用的思考与探索

九三学社沙坪坝区委员会

社中央主席韩启德曾说，老社员是九三学社的宝贵财富。如何保护、发掘、利用好这笔财富，充分发挥老年社员群体的作用，是值得社的各级组织思考和探索的问题。截至2015年底，社沙坪坝区委共有成员484人，平均年龄56.5岁，其中51至60岁社员44人，61岁以上社员127人，老年社员群体所占比例较大。如何充分发挥老年社员群体的作用，使其身心更为健康，对社组织的归属感更强，对社务工作积极性更高，对年轻社员的传承带动作用更大，是社区委高度重视并积极采取有效措施解决的问题。

一、成立老年工作委员会

2002年，由于历史原因，在"年龄一刀切"的政策下，社区委离退休人员迅速增加。这些从科教文卫等各领域退下来的知识分子，依然有一腔为社会、为党派贡献力量的热情，但苦于有劲无处使，有力无处用。昔日在党派工作及社会活动中结下的真挚友谊，也让他们难以割舍，只能在回忆中寻找鼓励和安慰。老社员们迫切需要一个属于他们的组织，给他们提供更多展示才华的机会、服务社会的平台、增进友谊的桥梁。在此背景下，社区委于 2002 年 8 月成立了老年工作委员会（以下简称老委会），工作宗旨为：充实和丰富社区委老年同志的精神生活，让老年同志焕发第二春，发展老年科研事业和增强社区委的活力。主要任务是：从事老年学术研究和组织有益于老年同志身心健康的活动。第一届老委会主任余衍漪同时兼任重庆市老年学会理事，所以早期的老委会活动除了组织全区老社员开展丰富多彩的组织生活以外，主要是以中国老年学会和市老年学会的理论研究为指导，结合社区委实际开展系列学术研讨活动，如先后围绕"提高老年人生活和生命质量的研究""中华孝道文化研究""应对老龄化、高龄化、空巢化的挑战"等主题举办论坛或鼓励社员撰文交流。

二、积极支持，推动老委会开展工作

（一）为老委会提供必要的工作经费

为保证老委会工作的相对独立性，社区委在全年工作经费仅几万元的情况下，依然拨出 3000 元 / 年（2016 年起随着社区委工作经费上涨上调为 5000 元 / 年）作为老委会的日常工作经费，主要用于老委会召开全体委员会议及小型调研开支等。老委会组织发起的全区老社员大型活动费用（主要是每年庆祝重阳节活动），由社区委和各基层组织共同分担。经费的保障，使老委会工作更加规范化，确保一季度召开一次全委会议，年初有计划，年终有总结，工作目标明确，措施具体。

（二）社区委专职副主委直接联系老委会，列席老委会全委会议

经社区委主委会议研究，由专职副主委联系老委会工作，这确保了老委会与社区委能保持密切的联系。专职副主委列席老委会全委会议，联络指导老委会工作，及时向老委会委员通报社区委工作动态，传达社中央、社市委相关文件及会议精神，通报市情、区情等，同时听取老委会委员的意见、建议，第一时间了解老年社员群体的诉求。

（三）充分发挥老年社员群体的特长和优势，重理论研究、促建言献策

社区委老社员多为高校及科研院所高级知识分子，统战理论及政党知识丰富，文字功底深厚，参政议政水平及热情极高。社区委通过老委会平台，积极引导和发动老社员参加社中央、社市委、中共市（区）委统战部、市（区）政协等开展的理论研讨活动，撰写论文；同时支持鼓励老委会开展调研活动，将理论与实践相结合，多出参政议政成果。

近年来，老委会聚焦养老产业和老年事业发展，撰写或参与形成了调研报告、论文9篇，其中《老年人才资源开发利用相关问题研究》获全国老龄委调研课题成果一等奖，《重庆市老龄产业现状、问题及发展对策研究》获重庆市老年学会调研课题成果一等奖；《重庆城镇养老事业的现状及对策》《关于推动重庆市养老产业发展的几点建议》被市政协评为优秀提案，《进一步加强重庆抗战文化资源保护及开发的建议》被市政协列为重点督办提案；《重庆市养老产业现状及对策研究》《城乡二元结构下农村老年健康保障体系构建刍议》《社区老年心理健康服务体系建设初探》等入选中国老年学学会高峰论坛优秀论文。

老委会委员及老社员撰写的理论文章有两篇分别荣获社中央优秀新闻作品一、二等奖，两篇获社中央参政党理论研究征文二等奖，1篇入选社中央"九三论坛"，3篇入选社市委理论研讨会优秀论文，3篇荣获重庆市政协理论研究优秀论文，显现出老社员们扎实的理论素养。论文的获奖既给老社员们带来了强烈的荣誉感，同时也扩大了社区委的影响。

（四）以老委会为纽带，增强社组织的凝聚力

自老委会成立以来，一年一度的全区老社员共庆重阳节活动就成为惯例延续下来，这一活动也为老社员们搭建了交流、沟通、联谊、交友的平台。每年社区委都要和老委会共同商议活动内容和形式，力求主题鲜明、有益老年人身心健康，同时兼顾方便和安全。活动形式主要有：举办主题讲座，邀请有关专家学者围绕老年群体关心的问题开展专题讲座；参观郊游，先后参观了重庆名人馆、重庆科技馆、重庆抗战遗址博物馆、重庆中国三峡博物馆以及游览重庆新建城区等，让老社员们了解重庆的历史和日新月异的变化；走访慰问，社区委联合老委会看望年事较高的老社员、慰问生病老社员，给他们送去社组织的关怀与温暖。2016年，老委会第一次全委会已拟定计划，将深入各基层组织老社员小组，以老委会带动各基层组织老社员小组开展活动，通过座谈交流，倾听基层老社员的心声，进一步增强老委会的桥梁和纽带作用。

三、以老带新，弘扬传统，传承精神

社区委在着重抓好老委会工作的基础上，以老委会为龙头，带动其他专委会（妇女工作委员会、青年工作委员会）开展好工作，让

老委会发挥好"传、帮、带"的作用。2014年,社区委组织老委会、妇委会、青委会开展联谊活动,赴成都参观金沙遗址、建川博物馆。通过此次活动,3个专委会交流了工作经验,特别是老委会的工作方法和取得的成绩对妇委会、青委会激励不小、启发极大。2014年青委会成立之初,社区委就组织青委会和老委会召开了一次交流座谈会,邀请老委会委员向青委会委员们讲授了九三学社历史、作为民主党派成员应该具备的能力和素养,以及有效开展专委会工作的措施方法。2015年,社区委联合老委会、青委会召开了"纪念九三学社创建70周年暨抗日战争胜利70周年座谈会",与会人员首先观看了由九三学社中央拍摄的纪录片《为了民主与科学》,回顾了九三学社创建历史以及九三学社前辈们的奋斗历程。随后,老、中、青三代社员代表做了交流发言。老社员谈抗战历史讲九三传统,中年社员谈责任与担当,青年社员谈传承与梦想。最后与会人员共同演唱了由老委会主任赵艾叶作词、老社员张烈谱曲的歌曲——《九三在心中》。"新老社员共携手,漫漫长路笑相逢;情切切,意融融,同在母亲怀抱中"——这首由老社员自己作词、作曲,饱含深情的歌曲唱出了几代九三学社社员的情感与心声,引起了与会人员的强烈共鸣。

"莫道桑榆晚,为霞尚满天",充分发挥老年社员群体的作用,是真正的尊老、敬老,更是对社区委这一笔宝贵财富的最好的珍惜。

推行属地管理　增强组织活力

九三学社镇江市委员会

社镇江市委针对基层组织开展组织活动没场地、缺经费、成员界别结构不合理、区域分布不均衡、组织活力不够、履职能力不强等问题，组织了多次专题调研和论证，确定了优化结构、属地管理、支社小型化等基层组织建设原则，并在多年的工作实践中推进落实、不断完善，取得了明显成效。

一、统筹规划、合理布局，推行基层组织属地化

（一）统筹规划基层组织布局

2006年底，镇江市除3所高校基层组织外，其余11个支社均是社市委直属组织，基层组织活动没有场地、缺少经费；多数专业支社，社员人数多、分布区域广，活动开展难；以单位为主的支社，开展活动往往影响本单位正常工作，受单位制约较多，造成基层组织活动少，党派职能履行难。针对当时基层组织现状，社市委在认真调研的基础上，确定了以学校、行政区域为主，重新调整组建基层组织，并根据学校和辖市区社员人数，逐步创造条件成立基层委员会。

（二）调整、合并、改组基层组织

社市委为逐步实现基层组织属地化，先后召开了新老主委座谈会、基层组织负责人研讨会、离退休社员座谈会等，广泛听取大家意见和建议，统一基层组织发展思路，确定基层组建原则和调整方案。2007年初，社市委主动与中共镇江市委统战部和丹阳市委统战部进行沟通、协商，经过近一年的努力，于2007年12月成功召开了丹阳基层委员会成立大会。在丹阳委员会的筹备过程中，无论是基层组织的设立，还是领导班子的配备，都得到了中共丹阳市委、市委统战部的关心、帮助和全力支持，并对丹阳委员会的成立提供了经费、场地等多方面支持，在地方人大、政协换届中，推荐安排了多位人大代表、政协委员，为社市委推行基层组织属地化提供了许多有益的经验。2008年，社市委以"组织建设年"为主题，强化基层组织建设，加快了基层组织调整、合并、改组的进程，以组织属地化、支社小型化为原则，把原有基层委员会、支社全面进行了换届、调整，所有基层组织均按高校、辖市区行政区域进行了调整、合并、组建，同时组建成立了以退休社员为主的综合支社。

（三）逐步实施基层组织属地管理

2009年社市委提出以"基层活力建设年"为主题开展活动，组织召开基层组织负责人会议，研讨和交流如何创新工作机制，推行基层组织属地管理，提出了基层组织要主动加强与地方党委统战部的联系，主动邀请辖市区统战部领导参加专题调研或组织活动，主动向党委、统战部介绍基层组织发展情况和社务活动，主动争取地方党委、统战部门的帮助与支持等，做到基层组织发展有计划、有重点、有措施、有落实。经过4年的努力，又相继成立了属地管理的丹徒支社、京口支社、润州支社、句容支社、扬中支社和镇江新区支社，全市7

个辖（市）区基层组织属地管理全面落实。

二、配好班子、完善制度，发挥领导班子协调作用

（一）选配好一个班子

对党派的基层组织而言，领导班子是基层组织的核心、旗帜、活力和凝聚力的体现。基层组织不仅依赖某个领导人的威信维系，更重要的要依靠班子整体的力量才能使组织更具凝聚力和活力。在基层组织领导班子的选配上，社市委注重协调各种利益关系，主动与各级党委统战部门和基层党组织协调与沟通，征求、听取他们的意见和建议，把基层组织领导班子配备与后备干部队伍建设相结合、与选拔推荐优秀干部相结合，注重选拔政治立场坚定、德才兼备、热心社务工作、有奉献精神、有组织协调能力、社员公认、能带领和影响社员履职尽责的优秀社员担任基层组织领导。注重发挥基层组织领导班子特别是主委的主观能动性，做到工作有计划、有安排、有组织、有落实，班子成员积极配合、相互支持，团结进取，无私奉献。为更好地开展基层工作，社市委在基层委员会设立了常委副主委，专门配备热心社务、有工作热情、有一定组织能力的同志担任，协助、配合主委做好日常工作、开展组织活动。目前全市基层组织班子成员在辖市区都有政治安排，在辖市区都具有较好的影响力。

（二）协调好两个关系

基层组织的活力来源于基层组织开展的形式多样、内容丰富的各项社务活动，来源于广大社员立足本职做贡献取得的各项成就，来源于基层组织履行党派职责，参政议政、民主监督的能力和水平的发挥。社市委注重协调各方关系，一是社的各级组织主动加强与地方中

共党委、统战部门的联系、沟通与协调,为基层组织创造良好的工作氛围,围绕地方党委政府的中心工作开展提案、调研等各项社务活动,目前镇江市属地管理的基层组织在活动经费、活动场地和专题调研活动等都得到了辖市区中共党委、统战部的关心与支持;二是社的各级领导班子成员主动加强与广大成员的经常性联系,反映和代表民主党派成员的具体愿望与要求,使基层组织成为"民主党派成员之家",在多形式的组织活动中,增强向心力与凝聚力。

(三)落实好三项制度

发挥基层组织的整体作用,保障基层各项社务工作的顺利开展,建立和完善管理制度和工作程序是搞好基层工作的重要保证。社市委注重抓好各项规章制度的落实,一是落实好社市委领导联系基层组织、参加基层重大活动的制度,社市委领导要尽可能多地与基层同志接触,了解基层社员的思想动态,支持、指导基层组织开展活动。基层委员会主委原则上都由社市委副主委兼任,社市委专委会主任原则上由社市委副主委或市委委员担任。二是建立和完善基层组织日常工作制度,明确基层组织的工作职责、工作制度,使基层组织开展活动从内容到形式有章可循,计划并落实好基层组织全年的工作安排,促进基层社务工作规范化、制度化。三是树立"人才强社"的观念,不断推进和完善基层组织建设,落实好年度组织发展计划,不等、不靠,严格组织发展程序和要求,有计划、有重点发展社员。

三、人才强社、增强活力,促进基层组织健康发展

(一)优化界别结构,强化队伍建设

随着基层组织不断优化调整,成员中年龄结构、职称职务结构和

界别结构都发生了变化，旗帜性和有代表性人物缺乏、后备干部培养资源不足、参政议政能力弱成为基层组织存在的主要问题。为此，社市委每年召开一期由社市委委员、基层组织负责人参加的组织建设座谈会，并专门邀请社省委专职副主委、秘书长或组织处长等参加会议，座谈会认真分析研究基层组织的成员结构、界别分布、履职能力和影响力等情况，围绕优化组织结构、提升履职能力等，逐步实现组织发展与后备干部队伍建设的紧密结合，主动加强与基层党委统战部的联系沟通，充分了解本地区无党派知识分子的资源分布，发挥好基层领导班子成员和每个成员的作用，把组织发展工作的重点放在提高党派履职能力和后备干部的物色、考察、培养、选拔上。

（二）完善工作制度，增强组织活力

根据民主党派性质和任务的要求，社市委通过制定《议事规则》《工作职责》和日常管理制度，规范社市委各项工作，制定《市委委员履职规定》，强化市委委员参加社内生活的纪律。通过制订社市委年度主要工作安排表、社市委各处室年度主要工作任务和基层委员会、支社主要工作目标，明确全年工作任务和目标分解。通过制订社市委全年会议、培训和调研计划和各基层组织上报全年活动安排，统筹协调、沟通安排、组织开展座谈交流，了解掌握各项社务活动，协调解决基层的困难和问题。社市委在每年初召开的基层组织负责人会议上，在总结、布置全年基层组织工作的同时，指定3-4个基层组织就全年的工作做经验交流，并听取基层组织对全年工作安排的意见和建议。

（三）提升履职能力，彰显九三形象

社市委关心成员的成长，加强与组织部门、统战部门的沟通协调，积极推荐成员参加各级领导干部的公推公选活动，2010年前连续10多年社内成员无人担任政府实职的状况终于有了突破，先后有两位社员经选举担任辖区人民政府副区长、社市委副主委施卫东2011年9月担任江苏大学副校长。截至2015年底，镇江市共有社员452人，平均年龄57.2岁，具有博研（博士）学历46人，硕研（硕士）72人、博导13人；高级职称324人（约占71.68%），主界别379人（约占83.85%）。其中担任社中央委员1人；担任省政协委员2人（常委1人）、市人大代表2人、市政协委员18人（常委3人）、辖（市）区人大代表3人（常委1人）、辖（市）区政协委员30人（常委8人）；社员中担任副厅级1人（高校副校长）、正处级3人、副处级11人。

社市委认真总结参政议政工作的经验和不足，学习兄弟城市的成功经验和做法，加大提案调研工作的组织落实，组织专题培训，开展调研活动。努力发挥党派成员的业务专长优势，充分发挥基层组织和信息员的作用，激励调动基层组织和广大社员参政履职的积极性。社市委从源头上注重参政议政人员队伍建设，积极物色有发展潜力的年轻社员参与，为他们提供学习交流平台，帮助提升其参政议政能力，每年选派20人次以上参加社、市各类培训班。社市委制定了《参政议政经费使用和奖励有关规定》，积极组织社员参与社中央、社省委各类征稿、征文、课题招标等征集活动，每年投稿各类征稿、征文10篇左右，论坛6篇以上，课题招标中标2至4个，报送各类社情民意信息200条左右。完成市委双月座谈会主题调研报告3篇以上等。

用"六性"工作法　提升基层"三力"

九三学社鹰潭市委员会

基层组织是民主党派赖以生存的基础,是衡量一个党派是否具有活力的标尺。社鹰潭市委积极探索基层组织建设的新思路和新方法,以"思想性、实用性,参与性、互动性,协调性、融合性"的"六性"工作法,极大提升了基层组织的吸引力、凝聚力和感召力,实现了助推基层更好履职的目的。

一、以丰富基层组织生活会为着力点,赋予组织生活思想性和实用性,增强吸引力

长期以来,组织生活会重传统轻创新、重形式轻内容、重动机轻效果,习惯于读文件、学章程、聚餐联谊老一套,缺乏吸引力,出席率不高。社市委认为组织生活会在新时期必须赋予思想性和实用性,才能增强吸引力。

(一)明确一个主题

每次组织生活会明确一个主题,用思想性体现基层组织的建设目标,通过强化实用性增强组织生活会的吸引力。如,围绕提高政治把

握能力,选择中共十八届三中、四中、五中全会以及习近平总书记系列重要讲话精神、中国特色社会主义理论等内容;围绕参政议政能力的提高,由参政议政骨干社员谈体会、教方法;围绕综合素质和个人修养的提高,讲授公务礼仪、沟通协调知识。

(二)加强指导互动

组织生活会的主题主要由各基层组织自行设计、自行准备、自行组织。各基层组织根据自身的传统做法和实际情况,结合所要开展的党派工作,在一个月前确定主题并安排好相关人员提前准备,同时将时间地点、议程内容、核心议题等上报社市委,社市委依据《市委会联系支社制度》,安排对口联系相应基层组织的领导班子成员和机关干部参加组织生活会。领导班子成员和机关干部的参与,不仅能对基层组织生活提出指导意见,同时也形成了有效的督促检查。这种上下互动、相促相长的方式也促进了基层活动的开展。

(三)形式活泼多样

各基层组织根据选定主题所要达到的目标,选择适当的内容,安排合适的人选,采取相应的方式。如社史、习近平总书记系列重要讲话精神、统战理论与政策等理论性、学术性、研究性较强的主题,采用灌输式"请进来"的专家讲授法。而了解市情、县情类的主题,则采用开阔视野、拓宽思路"走出去"的实地考察法、调查研究法,增强感性认识。针对扩大知识面、社会热点和焦点的主题,采用座谈讨论法、情景模拟法,增强趣味性。

许多社员不仅能积极参加活动,还很关心每次活动的主题,有的还毛遂自荐设计和准备组织生活会主题。通过创新基层组织生活会,赋予思想性和实用性,增强了社员参加活动的积极性。

二、以培育"九三基层大家讲"为突破口,提升社员的参与性和互动性,增强凝聚力

社市委现有社员177人,专业技术人员占82%,他们中大多数人习惯于埋头做学问、做研究,不善于协调沟通、不愿与人多打交道,组织能力和行政能力相对缺乏,在选拔使用党外干部时往往不容易脱颖而出。社市委以培育"九三基层大家讲"品牌为突破口,立足自身资源,充分发挥社员主体作用,将组织生活会建成社内强素质提能力的平台。

(一)制定制度有保障

制度建设是一个没有终点的动态过程,社市委围绕基层组织生活会相继建立和完善了《基层组织生活会制度》《岗位建功争先创优制度》《谈心制度》《社员管理制度》《发展社员工作程序规定》等。而制度建设的核心环节就是抓落实,正所谓"以实则治,以文则不治"。通过《基层组织工作评价细则》,引入目标管理考核办法,为"九三基层大家讲"实现社员普遍参与提供了制度保障。

(二)组建宣讲组作示范

由于绝大多数社员没有经验,为激发广大社员参与"九三基层大家讲"的兴趣和信心,社市委采取学习示范、循序渐进、逐步推进的做法。组建了由社市委领导、有经验的骨干社员组成的三人宣讲组,宣讲组成员就中共十八届三中全会精神学习辅导、廉政建设、公务礼仪和沟通协调能力等专题在基层组织巡回宣讲,发挥示范演示作用。其次,帮助指导基层组织领导班子成员带头讲,宣讲组成员在主题选择、讲稿准备、表达技巧等方面给予精心指导,让社员明显感受到基

层组织领导班子成员的变化进步，从而激发参与的勇气和热情。最后是鼓励引导骨干社员和有一定表达能力的社员主动讲，由宣讲组成员或基层组织领导班子成员做主持人，引导他们讲自己的专业领域、工作情况及大家关注的民生问题，其他社员可适时提问，由主讲人解答。比如，食品安全的话题由一位在农业局从事植保植检工作的社员做主题发言，发言后社员们提出了"大量蔬菜是否残留农药""怎么看待当前食品安全问题""怎样选择安全蔬菜"等多个问题，现场互动很热烈，直到宣讲结束社员们还意犹未尽。

（三）"三不原则"出成效

"九三基层大家讲"的原则是"不做固定内容要求，不搞任务摊派，不拘泥发言形式"，围绕社员自身工作、知识结构及个人关注点自主发言。这一原则使全员参与成为可能，极大提高了社员主动性和积极性。经过两年多的实践摸索，"九三基层大家讲"已开展十三期，内容不断丰富：有社的历史及优良传统、九三先贤事迹回顾；有宏观的时事政治、廉政建设、统战政策理论；有自身修养、公务礼仪、沟通协调知识；有食品安全与卫生知识及大健康理念；有生态环境保护、智慧城市试点建设工作、农村土地承包经营权确权改革试点等市情介绍。通过"九三基层大家讲"，参与社员从原来的"领任务，做作业"变成了现在的"当老师，教学生"。大家普遍反映通过宣讲既开阔了视野又提高了口头表达、文字和组织能力，在释疑解惑和辩论探讨中增强了发现问题、分析问题、解决问题、明辨是非的能力。组织生活会成为广大社员热切期盼和凝心聚力的场所。

三、以本职和党派双岗建业为关键，注重工作的协调性和融合性，增强感召力

（一）信仰引领，不忘初心

"民主与科学"不仅是九三学社的光荣传统，更是每个社员的信仰。增强组织的感召力，榜样的力量是不可或缺的，传帮带的作用很有效果。老社员赵和璋八旬高龄，仍坚持过组织生活，并不断对年轻社员进行传统教育，利用个人影响为九三事业奔走，他的人格魅力，使得年轻的社员不敢懈怠，也不愿懈怠。社市委坚持信仰引领，榜样激励，引导社员不忘初心、树立正确的入社观及事业发展观。

（二）立足本职，双岗建功

在本职工作建功立业是履行党派职能的基础和保障。社市委在安排党派活动中尽量避免与本职工作在时间上发生冲突，与骨干社员所在单位领导进行有效沟通，取得他们的支持。在参政议政课题调研中有机融合本单位中心工作，使党派工作和本职工作相得益彰，实现"双提高"。如《着力构建中小融资机构健康发展平台　推动微小企业持续发展》的调研报告转化为全国政协提案，推动了《国务院办公厅关于金融支持小微企业发展的实施意见》的出台，转化为全国政协提案的《探索建立环保巡视工作机制，推动基层环保严格执法》的建议被环保部采纳。

（三）勤于沟通，举贤荐才

建立健全统战联席会工作制度，构建"了解社员、举荐社员"信息沟通平台。一是定期召开有社员工作单位领导和基层组织所在地党委统战部人员参加的统战联席会，了解社员在单位工作表现，同时将

其在社内工作中取得的成绩,及时向社员所在单位领导和县统战部领导反映,让社员体会到成就感,更加奋发有为。二是走访社员单位领导了解社员情况,加深感情,融洽关系,宣传九三,适时举荐社员。工作方式的创新,使社员在单位得到重用,成为单位业务骨干和九三的骨干社员。以余江为例,55名社员,退休15名,在职40人中副科以上干部11人,其中副县级1人,正科级局长2人,副科级8人。

"六性"工作法的开展,增强了基层组织的吸引力、凝聚力和感召力,为建成"思想上坚定、履职上坚实、组织上坚强"的参政党夯实了基础,有力地推动了基层组织履职能力的提高。

勤沟通　夯基础　抓活动
激发基层组织活力

九三学社辽源市委员会

基层组织建设工作的好与坏、成与败是九三学社组织体系建设中的核心和关键。社辽源市委结合自身特点，不断探索市级组织开展基层工作的规律和方法，围绕"勤沟通，夯基础，抓活动"的工作思路，有效激发了基层组织活力，切实提高和增强了基层组织的履职能力。

一、勤沟通是开展基层组织建设的前提

基层组织作为社务工作的末端，工作越往下沉，基层组织的政治、经济和人才资源越匮乏。"勤沟通"是扬长避短、争取更多支持、获得更多资源的重要手段。勤沟通主要围绕基层组织领导班子、所在单位党委和统战部、社省级组织三方面。

（一）做好与所在单位党委的沟通。基层组织换届时，社市委事先与班子成员所在单位党委进行沟通，争取充分的理解和支持，为班子人选的成长发展、基层组织主要负责人开展组织建设或参与市里各

种组织活动等营造良好的氛围。

（二）做好与基层中共党委统战部门的沟通。要求基层组织在日常社务工作中加强与中共党委统战部门的请示沟通，邀请相关领导参加和指导基层组织活动，组织基层社员为所在单位献计出力。

（三）做好与社省委的沟通。社市委定期召开基层组织负责人所在单位党委领导联谊会，同时邀请社省委的主要领导现场指导。联谊会通报社市委近期工作、履职情况和社员成绩，征求单位党委领导的意见和建议，共商九三学社和地方发展等事宜。社省委和社市委对基层工作的重视和对社员所在单位党委的尊重，拉近了基层组织所在单位党委和分管统战工作领导的距离，为基层组织开展活动、发展成员、培养后备干部等创造了有利的环境，提供了坚实的保障。

二、夯基础是完善基层组织体系的保证

"万丈高楼起于垒土。"社市委所属基层组织存在结构不尽合理、在职和离退休成员分布不均、个别组织发展严重不足、社员老化现象突出等一系列问题，在一定程度上制约了社组织的健康发展。社市委经过充分论证和研究，在达成一致意见的基础上，制定了符合辽源实际的基层组织调整方案。

（一）将13个支社整合为12个。根据辽源市的行业以及社市委成员的工作单位分布情况，重新组建了9个支社，即中医院、中心医院、县医院、卫生、矿业、机关、综合、经信和夕阳红支社，保留了职业技术学院、煤机和农林3个支社。

（二）新成立夕阳红支社。将65岁以上的老社员全部划归到新成立的夕阳红支社，夕阳红支社的活动和经费全部由社市委承担，根据

老年人的兴趣、爱好，组织适合老年人特点的活动。

（三）对社员重新调整和分配。在全市社员的划分上严格按照专业特点、工作性质和年龄特征进行重新调整和分配，极大地提升了社员的归属感和认同感。

（四）加强对基层支社的领导。基层支社的主委全部由社市委新一届市委委员担任，使社市委能及时了解基层组织情况，便于市级精神能实现有效的贯彻落实。

（五）狠抓基层组织负责人的学习培训。特别是对不是社市委委员的年轻基层组织负责人，尽可能为他们铺台阶、搭舞台、压担子，提供学习锻炼机会，不断提高其统战政策理论、政治把握和合作共事能力。

三、抓活动是推动基层组织建设的重要载体

基层组织搞得好，关键是"重在活动，贵在坚持"。社市委从三方面入手抓活动。

（一）"创先争优"促活动。社市委通过逐项量化评优奖励的办法来衡量基层组织活动开展的优劣。如参政议政用调研报告的采稿量、社会服务用活动的创新性、政治学习用形式和内容的统一性、组织生活用出勤率等，年终向全社通报基层组织的最终得分，督促各基层组织形成找差看齐的动力。

（二）以点带面推活动。社市委通过组建农业科技服务团和医疗服务团，为基层社员提供活动平台。农业科技服务团每逢春耕时节，深入各社会服务点，提供生产技术咨询服务。医疗服务团进农村、社区、学校和养老院，开展义诊咨询。中医院支社等基层组织积极利用

"百名专家学者进乡村入学堂活动",扩大九三学社的影响力,激发社员的参与度和社会责任感。

(三)传统节日重活动。充分利用各种传统节日的契机以形式多样的活动凝聚社员。三八节邀请医疗专家为女社员做专题讲座和妇科体检,五四青年节召开青年社员座谈会,重阳节为老社员举办健康讲座,九三纪念日开展社章社史培训等。

(四)领导率先垂范助活动。社市委主要领导带头参与扶贫助困帮扶行动,起到了积极的示范作用。煤机支社、县医院支社和经信支社等基层组织相继把精准扶贫纳入主要工作考核之中。

加大选拔培养力度 夯实组织发展基础

九三学社济南市委员会

社济南市委辖 6 个区级委员会，5 个直属支社，共有社员 621 人。其中大学以上学历占 91%，高、中级职称占 88%，各级政府机关成员占 11%。社市委以人才强社战略为目标，着眼于后备干部的培养机制和通道建设，在人才队伍培养、选拔和使用上形成了自身的工作特色。

一、把入口抓源头，打好组织发展的根基

不积跬步，无以至千里。高素质人才队伍的建设必须从有代表性和影响力人士的培养和发展着手，尤其是用好人大、政府、政协、统战部等资源，社市委将目光瞄准科技医疗经济、各级政府、新阶层等行业领域，积极发展道德品质好、业务能力精和领导能力强的精英人才。主委刘梦海 1999 年入社，作为济南市优秀青年科技专家被吸收到九三学社，通过党派培养为其提供了更广阔的平台，2007 年换届时年仅 40 岁的他成为市级民主党派中最年轻的主委。第一副主委李景全在 20 世纪 90 年代中期入社前，就被中共组织部门作为党外人士

后备干部进行培养使用，被九三学社吸收发展后，通过党派的培养逐步走上了政府部门一把手领导岗位。

二、先教育再使用，使干部队伍在培训中凝聚共识

每年的四五月份，社市委都会在济南社会主义学院定期开展两期近百人的新社员和骨干社员培训班，提高他们的履职能力和水平。每年选派包括主委在内的骨干参加中央、省市组织的各类培训和理论研讨班，已累计选派30余人次。社市委近两届领导班子成员中先后有担任市人大副主任、市政协副主席、市政府部门正职领导，医院、规划院的博导、总工的。无论工作多繁忙，他们始终坚持理论中心组学习制度，从民主党派工作和本职工作出发，不断加强学习，提高"五种能力"，为广大社员做出了榜样。刘梦海主委还亲自运用多媒体课件在基层组织讲授社史、统战理论，有的放矢地教育广大成员用中国特色社会主义理论体系的立场、观点和方法来认识、分析、解决问题，增强大局意识、责任意识、忧患意识，提高广大后备干部的政治把握能力。

三、建梯子压担子，在实践中锻炼后备骨干

后备干部的成长进步离不开组织的关注、培养、锻炼。社市委尽最大可能为他们的成长进步搭梯子。第九届社市委副主委、现农工党山东省委主委段青英1997年刚入社时，只是济南市历城区水利局一名年轻的工程师，1998年底经社市委推荐，作为区里唯一一名党外干部被选派到桑梓店镇任副镇长。从一名技术干部转为行政干部，从

城市转到农村，人生经历重大转折。但她没有辜负组织的信任，用一个月的时间跑遍了全镇48个行政村，深入了解当地生产生活情况，找准工作切入点，用了三年时间帮助当地改造水利灌渠，为老百姓办了些实实在在的事。几年中她从副镇长到区农委副主任、副区长、市人大副主任并担任了社市委九届副主委。先后荣获"首批市青年学术技术带头人""市十大青年星火带头人标兵"等荣誉称号。2011年换届又被中共济南市委安排担任了农工党济南市委主委，如今她已经跨入了省党派领导岗位。刘梦海主委年仅30岁即作为高科技人才被吸收到社内，36岁时由一名科技工作者转变为济南市中区最年轻的副区长。承担了区里十几项重要任务，尤其是担负了区里"1号工程"——农村公路改造工程的重任。他大部分时间都是在崎岖的山路上颠簸度过，作为一名党外副区长，他始终以肝胆之情、赤诚之心，为农民富裕、经济发展以及多党合作、民主沟通的畅通渠道倾心尽力，并于45岁当选市政协副主席。他常说："九三学社是一个大学校，使我在政治上走向成熟坚定，九三学社又是一个大家庭，处处体现着关爱和亲情。是九三学社多年的教育培养，使我锻炼成长起来。"他们作为九三学社培养的优秀分子之一，经历了多个工作岗位的历练，个人能力在实践中得到了锻炼，赢得了一致好评，树立了九三学社良好的社会形象。

四、搭舞台进贤能，让培养与推荐相挂钩

一些具备较强履职能力的青年骨干社员本职工作也十分优秀，成绩突出，社市委经常关心他们，依托党派组织的力量，与当地统战部门主动沟通、协商，为他们的成长进步助威、给力，促成这些同志在

更适当的位子上施展才干。本届社市委开始实行"主委班子沟通制",主委们按制度每年分工联系若干成员单位,采取电话、走访等形式加强与基层组织所在地区、成员所在单位中共党委和统战部门的交流,听取他们对基层组织建设的建议和要求,向他们大力推荐后备人才。刘梦海主委近两年走访了五区、十余个政府局办等单位党委,介绍骨干成员在履行职能等方面发挥的作用,并建议党委在提拔使用中予以考虑,这极大激发社员履行职能的积极性。近几年从基层组织年轻的后备干部中已经脱颖而出了两位副区长(副局级),三位区政协副主席(副局级),49名处级干部。有很多市委会后备骨干,经过组织的培养和个人不懈努力而崭露头角,优秀社员王玉志通过公选担任省国土资源厅副厅长,去年又被提拔担任了省建设厅厅长。从政治安排入手,社市委推荐66名骨干成员到各级人大、政府、政协工作,发挥了更大的作用。如今这个由市委委员、市级以上人大代表和政协委员、处级以上领导干部、影响较大的专家学者和代表性人士组成的后备干部储备库共有122人,已经成为社市委强有力的人才梯队。

五、树团结民主作风,提高领导集体凝聚力

社市委坚持把好"入口关""培养关"和"出口关",重点加强对后备干部队伍的细心培养和锻炼,造就了一支团结向上的领导班子集体。历届市委会领导班子形成了"明确职责,集体领导与个人分工有机结合;接受监督,社内约束与自我完善有机促进;完善机制,民主与集中有机统一的工作作风"。一把手率先垂范,从老一辈领导人吴泽浩到年轻主委刘梦海一直贯彻当"班长"不当"家长"、有主见不要主观、放手不撒手的决策规则。几届领导都起到了模范带头作用,

尤其是近两届主委一班人身体力行，勤做表率。2007年换届后，班子成员一二三位次在政治安排上曾经出现"三二一"格局，即作为排序第三位的段青英副主委担任着市人大副主任的职务，但从主委到副主委都表现出胸怀大局、高风亮节的风范，在社内营造了顾大局、重团结、讲风格的和谐氛围；对外活动和工作中，刘梦海主委又往往谦虚地把段青英副主委推到前台以示尊重，因此市委会形成了主委统筹全局，专职副主委注重协调服务，兼职副主委经常过问积极参与的工作格局。几届领导班子始终坚持在任何时候、任何情况下，把讲政治放在第一位，牢牢把握正确的政治方向，坚定政治立场，做到小事不糊涂，大事有立场。社内的事人人有责任，人人有事做，形成班子齐心，将士给力的工作局面，在统战系统和党派之间传为佳话。

机关建设篇
工作案例

围绕党派机关职能
着力提高"四个能力"

九三学社大连市委员会

民主党派机关是民主党派履行参政党职能、发挥参政党作用的组织机构和办事机构,承担着组织、联络、协调、指导、管理、服务等多项职能。新时期,面对多党合作事业发展的新形势、新任务,民主党派机关的工作任务愈来愈重,对民主党派机关工作的要求愈来愈高。民主党派机关的思想作风、精神状态和工作效率,直接影响着党派组织的健康运行、影响着党派政治交接的成效、影响着多党合作事业的成败、影响着参政党在社会上的形象。多年来,社大连市委始终把机关建设作为全面加强自身建设的一项重要内容常抓不懈,在加强机关规范化建设等基础性工作的同时,紧紧围绕民主党派机关职能,着力提高机关干部的政策把握、活动策划、组织协调、为成员办事"四个能力",取得了较好效果。

一、强化学习引导,提高机关干部的政策把握能力

近年来,社市委通过强化学习培训等多种措施,引导机关干部学

以致用，显著提升了政策把握能力。一是提高机关及时贯彻落实上级有关精神的能力。如社中央《关于进一步加强组织建设的若干意见》出台后，社市委机关快速反应，及时制定了《关于进一步加强基层组织建设的实施意见》，主动与社温州市委协商缔结成友好市委会，加强合作与交流。为积极响应社中央、社省委关于探索建立内部监督机制的要求，在全国地市级组织中率先成立了监督工作委员会。二是提高机关开展各项活动的沟通协调能力。如庄河吴炉镇医疗服务基地被纳入市卫生局"市医疗对口帮扶"系列活动中，卫生局领导亲自过问并多次到基地考察，把参加义诊服务的医护人员进行备案；策划的"九三乐谈"被纳入到中共大连市委宣传部"打造大连文化工程"系列活动之中，市人民文化俱乐部为社市委无偿提供了演出场地。三是提高机关应对和处理突发事件的能力。如2009年，有一位社员在维护失地农民的利益时，采取了相当偏激的做法，社市委机关闻讯后，很快意识到问题的严重性，在社市委领导不在的情况下，采取果断措施，使事件得以妥善处理，避免了在社会上产生不良影响，得到了中共大连市委统战部领导的高度肯定。

二、强化顶层设计，提高机关干部的活动策划能力

多年来，社市委重视提高机关工作人员的活动策划能力，要求机关在策划重大活动时，一要充分体现社市委的工作思路。如参政议政工作在开展活动时要注重从围绕大局方面引导好成员的热情、从提高活力方面调动好成员的热情、从持续发展方面保护好成员的热情、从注重实效方面发挥好成员的热情；社会服务工作要围绕"起好名字、搭好平台、做出实效、创出品牌"的思路设计和策划各种活动。二要

注重对外充分展示社市委的优势资源，能够说出中共人士想说而不敢说的话，不仅仅要敢说，而且要说准，说中要害，展示社市委的人才优势，展示社市委的专家魅力。近年来，社市委机关按照社市委的总体工作思路成功组织了多项参政议政调研考察活动，多件提案被九三学社中央采用，先后成功策划了"九三讲坛""九三乐谈"等一系列社会服务品牌活动，得到了社中央、社省委及中共大连市委主要领导的高度评价。

三、强化配合意识，提高机关干部的组织协调能力

近几年来，为更好地完成社市委制订的各项工作计划，社市委机关充分发挥组织协调功能，逐步建立起了与社中央、社省委上下联动，与市内相关部门、各兄弟党派横向联合的工作网络，最大限度地整合了社会各方资源，为做好各项工作提供了重要支撑。通过积极争取，成为社中央、社省委调研重点单位后，社市委先后参与了社中央调研组及社省委重点课题调研组的调研，为调研工作提供保障的同时，自身也获得了更多有价值的提案信息，树立了社市委在大连各级中共组织的威信。通过与大连市有关部门建立良好的合作关系，社市委的各项社务工作在人力、物力、财力方面得到大力支持。如社市委机关连续五年的涉农课题调研，都得到市农委的积极安排，有多个调研成果被中共市委的"1号文件"采纳；社市委在庄河吴炉镇建立的科技服务基地，机关协调了参加服务成员所在单位的党委，大连市农科院、省海科院党委主动要求与社市委共同建立基地，不但对所属社内的专家在时间上大开绿灯，还根据社市委工作的需要主动派出社外的专家对社组织进行增援。

四、强化服务意识，提高机关干部为社员办事的能力

社中央主席韩启德曾经指出：维护广大社员及所联系群众的利益是九三学社义不容辞的政治责任。近几年来，社市委把提高机关干部为社员办事的能力作为一项基础性工作认真对待。一是要求机关各职能部门利用各种机会，如行风监督检查、委员视察、提案答复等，与各有关部门建立良好的人脉关系，为切实解决社员的合理诉求打好基础；二是要求机关工作人员认真学习掌握相关的政策、法律、法规，为满足社员的利益诉求积累本事；三是要求全体机关干部热情接待来机关办事的每一位社员，坦诚对待社员反映的每一个诉求，主动为社员排忧解难；四是明确机关各职能部门为社员办事原则，"当社员及所联系的群众的合法权益受到侵犯时，要不遗余力地进行维护；对个别社员想通过组织获取合法权益以外的利益时要进行耐心说服教育，决不把九三学社组织当成为个别人谋取超利益的平台。"几年来，社市委机关主动出面协调，解决了多名社员长期没有得到解决的如退休金、工作关系、工作纠纷等历史遗留问题，不但在广大社员中树立了较高威信，也为维护大连的社会稳定做出了积极贡献。

社大连市委通过强化机关人员"四个能力"，机关干部队伍的综合素质和机关建设的总体水平大幅提高，社市委机关连年被评为大连市市直达标机关，其中4年被评为先进机关。机关建设水平的全面提升，也有力地推动了社市委各项社务工作取得丰硕成果，参政议政、社会服务、信息工作、组织建设等多项工作走在了全省乃至全国地市级组织的前列。

紧扣"四力" 提升素质增强实效

九三学社乐山市委员会

社乐山市委成立于1987年2月,机关设办公室、组宣科两个科室,4人编制。其中副主委兼秘书长1人、办公室主任1人、组宣科科长1人。作为社市委工作运转的保障机构、枢纽桥梁和重要载体,以打造机关干部执行力、学习力、服务力、创新力为工作牵引,有效发挥了参谋、执行、指挥、协调、联络和服务的职能,走出了一条具有自身特色的机关建设新路子。

一、以制度建设为保障,不断提高机关干部的执行力

执行力到位就是要求机关干部立说立行的狠劲、久久为功的韧劲和不折不扣的钻劲到位。社市委着重制定了一批根本性、长期性和保障性的制度规程,分为综合管理、组织工作和业务工作三大类制度。综合管理制度如《公文收发处理制度》《机关档案管理制度》《办公室职责岗位制度》;组织工作制度如《主委会议议事规则》《市委委员对口联系基层组织制度》《支社工作手册》《基层组织生活提前告知反馈制度》;业务工作制度如《提案三级审查制度》《组织发展程序规

定》《参政议政表彰奖励办法》，实现了以制度管人、依制度办事。同时注重用机关文化来涵养干部执行力，把制度建设与干部的责任意识、本位意识、进取意识和创新意识相融共促。尤其注重与先进优秀市州组织的横向联系和交流学习，通过看齐、对比与找差来提升执行力，先后与成都、泸州、德阳等兄弟市级组织建立了稳定的沟通联络机制，参加社中央在双流举办的机关建设现场会；特邀社成都市委副主委兼秘书长张平来乐作"九三学社市级组织建设探索"专题辅导；推行由机关牵头的"制度建设年基层组织巡视走访制"。通过理论实践、案例分析、走访反馈等方法，让机关干部找距比差，拓展视野，努力改进自身工作。

二、以思想建设为抓手，不断提高机关干部的学习力

向机关干部提出"三学三用"原则：向书本学、向领导学、向同事学，做到学用结合、学以致用、用以促学。每周一上午召开机关业务工作会，总结上周工作并安排本周事务，交流最新的党建、统战和经济社会动态。每月最后一周周三下午开展政治学习，由机关干部轮流推荐学习内容，自我讲解、互相点评，以此提高分析问题解决问题的能力。邀请市委统战部办公室人员专题培训机关公文处理流程，市档案局专家上门指导机关档案管理工作，与社省委联网运行OA在线办公系统，近两年机关干部参加各级各类培训共16人次200学时。在学习中强调以机关形象提升促进作风转变，引导机关干部提高学以致用的能力，着重在能写、善说、实干上有针对性地进行培养。定出与基层互动的"工作菜单"，要求机关干部每人必须在上下半年至少完成一份PPT课件讲座，一份统战理论研讨材料。由机关办公会定

出题目如"十八大精神学习体会""提案和信息撰写巡讲""宣传工作的要领和把握重点"等，采用听基层意见，由基层点单的方式，全部让机关干部完成课题宣讲和解读，在学习能力的提高中成为办文"大家"、办会"专家"、办事"行家"。

三、以效能建设为重点，不断提高机关干部的服务力

机关工作说到底就是服务性工作，服务力的提高根本在于服务意识的提高。

（一）为领导班子服好务

做到主动服务、超前服务、跟踪服务，为领导决策提供各种及时信息；为主委会、全委会做好议程设计；为领导和专委会开展考察调研提供周密的调研方案。服务中注重沟通形式，讲究执行方法，用心维护班子团结。

（二）为社员服好务

把机关建成社员之家，机关干部对上门社员热情接待，为他们排忧解难；社员取得成绩时向单位发函鼓励，并辅以宣传报道跟进；每年走访慰问老领导、老社员，把机关的温暖转化为社员对组织的依赖和信任。

（三）为基层组织服好务

实行机关干部对口挂联基层组织制度，每名机关干部至少联系4个支社，定期到挂联的支社走访，征求基层意见建议，同时为参政工作梳理提案线索，为主委会改进工作思路提供第一手资料。

（四）为履职服好务

明确以参政议政为首位的服务意识，机关干部积极组织动员优秀

社员进入参政议政专委会，做好调研课题的筛选、跟进以及参与课题报告的撰写。2014年3月由机关干部执笔的《关于我国公立医院"取消药品加成"的问题及建议》得到韩启德主席的批示。

四、以履职水平为目标，不断提高机关整体创新力

（一）创新主题教育的形式

近年来社市委开展了纪念辛亥革命100周年大型现场知识竞赛，组织开展"寻根溯源——同心历史回顾行""温历史·继传统"追寻九三先贤足迹行活动。在办公区走廊设置九三学社文化墙，采用雕版木刻方式制作《九三学社成立宣言》、开辟九三楷模专栏、设置室外社史触摸屏，打造出机关思想教育主阵地。

（二）创新组织活动的内容

统筹安排基层组织的组织生活形式，加强基层组织间的横向交流。由机关牵头，成立乐山市民主党派首个男子篮球队；把每年五月定为"青年活动月"，开展拓展训练、警示教育、登山比赛、慰问抗战老兵等特色鲜明的主题活动；利用三八妇女节、九九重阳节等开展大型活动，让社员在交流中增进了解和感情。

（三）创新参政议政的机制

相继成立参政党理论研究小组、特约信息员队伍，启动"议政日"活动，对内课题招标，向外承接课题申报。积极探索"上下互动、内联外引、资源共享"的工作机制，与市内部分高校的专家学者联谊结对，用"特聘研究员"的方式引进参政议政社外力量；与市政协和其他党派开展专题合作；举办"九三乐山讲坛"和"九三学社中科院院士乐山报告会"。

（四）创新社会服务的实效

按照"做实传统项目，做优特色项目，做大重点项目"的思路，丰富"九西合作"项目内容，从最初的义诊、座谈、慰问，扩大到镇域规划、农技指导、对点培训和精准扶贫。在特色项目上，利用社内和社外两种资源，如联合市妇联开展"关爱至伊·温暖生命摇篮"活动，利用精准脱贫的平台启动"彝族地区育龄妇女免费健康普查"。

（五）创新宣传报道的内容

有计划地发掘社员中的典型人物和典型事例，动员基层力量组建九三人物报道采编组，并用微电影的方式记录九三乐山先进人物的工作和生活动态。注重新媒体的运用，率先在市级民主党派中开通网站，利用互联网建立"社员之家"QQ群、参政议政QQ群以及社市委微信公众号等，通畅信息交流新方式。完成半年刊《九三乐山社讯》的出版工作，极好地发挥了社讯对外宣传、对内教育的正确导向作用。

机关建设篇
经验总结

勇担使命　优化服务
奋力开创机关能力建设新局面

九三学社宿州市委员会

民主党派机关主要职能是参谋、管理、组织、协调和服务，在建设政治坚定、履职坚实、组织坚强的参政党中发挥着重要作用。加强民主党派机关能力建设，既是适应新常态新发展的需要，也是民主党派自身建设的内在要求。

一、实行集体领导，分解压实任务

按照"集体领导、民主集中、个别酝酿、会议决定"的议事规程，社宿州市委召开专题会议，研究部署机关能力建设各项工作。针对机关工作人员较少的实际情况，根据项目建设内容，将任务进行细化，分为组织文化展示、编发工作手册、开展培训活动、举办履职研讨、完善数据信息、购置图书资料等六项内容，分别安排一名牵头领导，吸纳一些年轻骨干社员参与项目建设，按照要求具体负责落实。社市委机关负责统筹、组织、协调、联系、沟通，遇到需要解决的难题，及时向主委汇报；需要上会研究的，事先做好解决方案，征求社市委班子成员意见和建议后,及时修改完善,再上会研究。通过集体领导,吸纳骨干社员参与,分解压实任务,不仅可以提高社市委决策的民主与科学性,还能增强项目建设的执行力,增强社组织的凝聚力。通过参与项目建设,培养和锻炼了年轻骨干社员,进一步提升了工作能力和思想水平。

二、加强学习培训,凝聚政治共识

(一)重温历史,凝聚共识

回顾九三学社创建以来与中国共产党风雨同舟的光辉历程,为继承优良传统,缅怀先辈业绩,展望多党合作事业美好未来,社市委组织班子成员、支社主委、优秀社员代表、机关工作人员赴重庆中国民主党派历史陈列馆、三峡博物院、渣滓洞、白公馆、九三学社成立纪念碑等地方参观考察。通过学习交流,加深了大家对党派历史的了解,进一步凝聚了新形势下的思想共识。

(二)举行纪念建社70周年大会,弘扬社的优良传统

组织召开以"弘扬九三学社优良传统"为主题的社员演讲大会,从不同侧面缅怀九三先贤的事迹,讲述自身践行九三学社优良传统的做法与体会,充分体现了社员们对组织的饱满热情和敬仰之心。

(三)开展新社员培训,增强政党意识

为进一步增强组织观念,社市委召开新社员入社前集体谈话会,社市委全体班子成员参加会议。就坚定政治信念,遵守社的纪律;继承光荣传统,增强履职意识;强化责任担当,努力建功立业;提升综合素质,展示社员风采等对新社员提出具体要求。

三、展示组织文化，弘扬光荣传统

为进一步展示九三学社的光辉历程，增强组织的凝聚力，社市委根据机关能力建设项目要求，制作六大板块展示牌，充分展示组织文化。板块一的主题为"引领与关怀"，主要内容为先辈照片，领导关怀与指导工作；板块二的主题为"传承与发扬"，主要内容为履行参政议政、民主监督等职能图片，参加"两会"图片，开展社会服务活动图片；板块三的主题为"没有规矩，不成方圆"，主要内容为社市委的各项规章制度和工作守则；板块四的主题为"蓬生麻中，不扶而直"，主要内容为展示社员风采的图片，如在各自岗位上有代表性的图片、参加各类活动图片；板块五的主题为"长风破浪会有时"，主要内容为彰显社市委近几年获得的各项荣誉；板块六的主题为"励志社训"，主要内容包括："两粒种子，一片森林""民主为本，科学发展，睿智卓识，开拓创新"等。

四、开展履职研讨，提高履职能力

（一）做好提案和信息培训工作

参政议政是民主党派的生命线，是民主党派永葆生命的源泉，也是衡量民主党派政治价值、工作绩效的重要标准。在履职过程中，如何把握提高对社会问题的认知能力和提建议、意见、方案、方法的能力，激发广大社员参政热情和提升参政议政能力，需要进一步展开履职研讨。社市委先后召开信息工作、提案工作会议，邀请社省委秘书长卢明霞、信息工作负责人李辉、社合肥市委信息小组组长戴绍平等到会讲座指导，将大家撰写的信息汇编成册进行学习交流；卢明霞对交流的信息材料进行典型案例点评，进一步提高了与会者对信息写作的认识。为进一步做好提案工作，提高建言献策质量，社市委特邀中央社会主义学院朱虹老师来宿州做《提案写作与优化》报告。通过对政协提案常见的问题、提案选题以及政协提案优化等方面的系统阐述、案例分析，进一步深化了社员对参政议政职能的认知。

（二）发挥优势，上下联动，提升履职水平

发挥优势，就是要集党派的智慧和特色，去钻研一些具体问题，切口不一定要大，但一定要准、要深。邀请本党派领导、专家、学者开展实地调查，了解和掌握真情实况，客观公正地分析问题，并注重用数据说话，同时务求数据来源真实可靠，以便帮助基层组织提出一些既符合当地实际，又具有针对性和可操作性的意见、建议。如社市委围绕中共市委市人民政府大力发展云计算产业，社市委在社中央、社省委的指导和帮助下，经过精心筹备，于2015年5月18日举办了"九三学社宿州市云计算产业发展论坛"。社中央副主席赖明、武维华、社会服务部副部长王金茹，社省委专职副主委檀莉，宿州市副市长邵郁等出席论坛有关活动。出席论坛的专家们先后到宿州市云智慧云计算产业园和科技创业园区实地考察，参观了世纪互联云计算数据中心和华为云计算数据中心。在论坛上，长江学者特聘教授、中山大学超级计算机学院院长、国家863计划"中国云二期"项目负责人张军，社中央科技委员会委员、中科院研究员张云泉，社中央科普委员会副主任、中科大教授王永和中广国际传媒重庆广博科技有限公司总裁沈学华等特邀专家纷纷发表真知灼见，专家们建议宿州应挖掘本地机关、院校的资源潜力，加强云计算的本地化运用，利用好区位优势和电价低廉的政策优势，对接沪、宁，升级网络节点地位等。各位专家还与各企业代表作了分享和交流。

五、强化制度建设，提升工作水平

民主党派机关工作的制度化、规范化、程序化，既是机关工作的基本要求，更是民主党派履行参政党职能，加强自身建设的需要。社市委结合工作实际，社市委根据机关能力建设要求，及时完善各项制度，编印工作实务指南。如制定《宿州市九三学社优秀社员评选奖励办法（试行）》。从过去主要依据社员参政议政情况到综合量化考核来评选优秀社员，即从社员建功立业（主要包括在本职岗位所取得的成绩、获得的各种奖励、职称晋升等方面）、参加社务活动（主要包括例会学习、课题调研、社会服务等）、参政议政（主要包括撰写调研报告、提案、信息、专题征文、政协大会和重要会议发言材料等）三个方面进行量化考核。根据考核结果，评选优秀社员，并作为推荐人大代表、政协委员、行风评议员、监督员等的参考依据。同时进一步完善社市委主委学习制度、组织发展工作制度和机关工作制度、财务管理制度、学习制度等，加强机关工作的制度化、规范化、程序化建设，提升机关工作能力水平。

六、搭建交流平台　彰显社员风采

运用新媒体，搭建社员交流平台。如建立"协同通信"数据（0557-3696276）、宿州九三微信群、宿州九三QQ群，通过这些新媒体的运用，及时传达会议精神、彰显社员风采、探讨社务工作、交流心得体会，分享喜悦，共担责任，增强组织凝聚力；及时更新网站，完善和丰富网站内容；及时发布社市委重要工作，链接市政府有关社宿州市委的重要活动，积极发挥网站宣传功能和资源共享作用，全面加强机关能力建设，有力地推动了社市委各项工作的开展。

建立高素质的机关干部队伍
全面提升机关工作水平

九三学社唐山市委员会

近年来,社唐山市委在机关建设方面做了很多尝试和探索,机关干部在思想观念、业务素质和工作能力上有所提高,机关作风和面貌上了一个新台阶,为推动社的各项工作、促进各级社组织的交流、增强社员的凝聚力发挥了重要作用。

一、强化"三种意识",着力抓好机关作风建设

（一）强化学习意识,培养"可靠型"干部

注重强化机关干部的学习意识,除了要求机关干部平时加强政治理论学习外,还要加强对政策法规、业务知识、文化知识等方面的学习,及时了解掌握各级党委政府和社中央、社省委的各项重大决策和工作部署。同时,结合树立和践行社会主义核心价值体系等主题实践活动、社员培训、调研等社务工作,社市委要求全体机关干部也要参与其中,认真研读学习材料,积极撰写学习体会,不断深化学习内容,增强机关干部的政治洞察力和鉴别力,开阔视野,增长见识,提

升综合素质。

（二）强化创新意识，培养"创新型"干部

机关工作"务虚"比较多，琐碎的事情比较多，如果缺乏主动性与创新精神，工作就会陷入习惯性，效率低下，流于形式。因此，社市委领导要求机关干部工作要有新意，每年年初，都结合各自的工作职责，制定全年工作计划，不断探索和创新工作方式，为社务工作注入新的内容。近年来，社市委开展的"强基础、尽职责、促发展""抓重点、建机制、创品牌""凝心聚力促发展"等主题活动，都包含了提高机关干部创新意识的内容；社市委网站和社员QQ群的建立也是机关干部的创新作为。

（三）强化责任意识，培养"务实型"干部

为树立机关干部在广大社员中说话让人信服、办事让人放心、服务让人满意的良好形象，强化机关干部"在其职当负其责，在其位当尽其力"的责任意识，做到分内的事情积极办、分外的事情协助办。机关按照处室分工，给每个机关干部制定相应的工作职责，责任到人，属于本部门、本人办理的事项，要在规定的时间内办理完毕，严禁拖拉、推诿、扯皮，对能办理的事项要尽快办理，对不能马上办理的要解释到位；同时，又做到分工不分家，重大活动各处室相互配合协作，这样既能增进团结，又保证了机关工作有条不紊地开展。

二、以制度建设为保障，着力提高机关工作效率

机关建设的目标，是要使机关成为团结协作、机制健全、讲求实效、遵章守纪的机关。机关各项工作既要有章可循，又不墨守成规；既要有一定的灵活性，又要克服随意性。这就需要保持机关制度建设

的动态化，实现制度建设与工作需要的同步。社市委的做法是：

（一）完善机关原有工作制度

社市委曾先后制定了《机关工作制度》《与统战部工作联系制度》《基层组织工作条例》等八项制度。随着时间的推移和工作形势的变化，一些制度不能完全适应当前工作的需要，因此社市委做了进一步的完善和补充。比如，在机关工作制度中加入了机关干部下基层的内容，包括机关干部对所联系的各基层组织，每年至少去两次，参加他们的例会活动，传达上级组织的指示精神；了解社员们的思想状况；听取社员对社市委特别是机关工作的意见；走访基层组织所在单位的党委部门，征求意见；协助解决基层组织工作中存在的问题，及时把基层组织和社员工作中的经验、成绩和存在问题反映到社市委，保证上情下达，下情上报渠道的畅通等。

（二）结合实际工作，新增两项工作制度

一是制定《九三学社唐山市委员会组织发展工作规定》，参照社河北省委组织发展工作的相关规定，从基本方针、发展原则、发展程序等方面对社市委的组织发展做出具体规定，除机关人员熟悉掌握《规定》中的所有内容外，还下发到各基层组织，对基层工作给予一定的指导。二是制定《九三学社唐山市委员会关于社市委网站稿件撰写审批上网的管理办法》，主要针对社市委网站稿件的撰写、审批和上网进行规范，确保上网稿件的质量。社市委还明确机关专人负责网站的日常维护和管理，确保网站及时、准确反映社市委工作，为广大社员了解社务情况开辟了新渠道。2015年，社市委结合社中央开展的机关建设试点单位工作，编辑印制了《九三学社唐山市委规章制度汇编》并下发各基层组织。社市委各项工作制度的建立和完善，使机关工作有章可循，有序进行，同时也为各基层组织开展社务工作提供了遵循和指导。

三、采取"六部"工作法，充分发挥社员的积极性

九三学社在唐山的发展，自1956年建立社中央直属小组至今近60年。截至2015年底，共有基层组织34个，社员652人；机关人员配置情况为专职副主委兼秘书长1人，办公室主任1人，组宣处科员2人，工勤人员1人。为了在人员较少的情况下更好地做好各项社务工作，除了做好机关的自身建设外，社市委最大限度地发挥了广大社员的积极性和主动性，探索创新了"六部"工作法。在机关设有办公室和组宣处的基础上，成立了组织部、参政议政部、宣传部、社会服务部、妇女工作部和老龄工作部共六个工作部。由骨干社员兼任各工作部的部长和副部长，分别负责社内的组织发展、基层建设，调研议政、社情民意，理论研究、社务宣传，下乡义诊、科技支农、捐资助教，以及组织女社员和老社员开展各项活动等。将机关内设机构与各部对应联系起来，办公室负责对口联系参政议政部、社会服务部和老龄工作部，组宣处负责对口联系组织部、宣传部和妇女工作部。涉及各工作部的事项，都由机关处室分别对应联系各位部长、副部长，征求意见、制定计划、明确措施，最终将实施方案报社市委。社市委再结合本年度的工作安排进行相应的调整和完善，并有针对性地进行安排部署。"六部"工作法，使社市委的各项工作部署与广大社员的自身实际紧密结合，同时又充分调动了广大社员的积极性和主动性，使社员们热心于各项社务活动，在一定程度上弥补了机关人员较少、精力有限的不足。

机关是社的各项工作运转的枢纽和窗口，是集司令部、参谋部、

服务部、协调部为一体的重要机构，也是社市委更好地履行参政党职能的重要保障部门。社市委将把机关建设作为自身建设的重要内容和重要环节长抓不懈，团结带领广大社员，认真履行职责，为九三学社的发展壮大做出应有的贡献。

务实进取　真抓实干
开拓民主党派机关建设新局面

九三学社锦州市委员会

近年来，社锦州市委在新形势下努力找准机关工作的职能定位，着力建设"学习、服务、创新、效能、廉洁、和谐"六型机关，推动各项工作不断实现规范化、制度化、效能化。

一、切实加强组织领导，将机关建设纳入工作整体部署，摆上重要议事日程

社市委将加强机关建设纳入年度工作整体部署，摆上重要议事日程，采取一系列措施加强对机关建设工作的组织领导。一是由社市委专职副主委负总责，在机关建设工作中亲自做动员、搞谋划、解难题、办实事。二是坚持把机关建设与其他业务工作同研究、同部署、同督查，严格落实责任制，坚持每周一次在机关例会上研究机关建设工作，重要工作由主委会议研究决定，加强对机关建设的指导和领导，确保各项任务落到实处。三是从实际出发，立足解决机关存在的突出问题，围绕"推进'三项活动'（机关建设、调查研究、工作

创新），实现工作又好又快发展"的工作思路，将机关工作作为联系基层组织和社员的桥梁与纽带，担负起参谋、执行、协调和服务的职能。四是结合社省委开展的专项巡视工作，深入开展自查自纠和整改提高，努力做到"五个正"：正风气、正方向、正人心、正是非、正言行，进一步提高机关效能，确保各项工作顺利开展。

二、大力开展培训活动，提升机关干部素养，打造过硬干部队伍

机关建设，首先是干部队伍的建设。为了提高机关干部的能力和素质，社市委积极组织机关干部参加各类学习培训活动。一是在每年的上、下半年分别举办一期社内干部培训班，邀请各领域的专家学者为社内干部讲课，机关干部全体参加。二是努力争取机关干部参加社中央、中共省委统战部、社省委、中共市委组织部、中共市委统战部等各级各部门组织的相关培训活动。仅2015年，社市委组织机关干部参加中央级部门培训1次，省级培训2次，市级培训12次，总学时792个小时，人均参加培训次数3.75次，学时198个小时。三是多年来坚持周二集体学习制度。学习和传达理论知识、业务工作以及重要文件会议精神。通过加强学习培训，机关干部的理论素养和业务水平有了很大提高，机关的学习气氛日益浓郁，干部队伍的素质也越来越过硬。

三、建章立制，编制机关工作手册，完善管理考评措施

制度规范是机关工作的基础，也是建立机关建设长效机制的有效措施。社市委一贯重视机关制度建设，先后制定了《九三学社锦州市

委员会主委、副主委、秘书长工作职责》《九三学社锦州市委员会会议制度》等14项制度，确保了各项工作有章可循，便利开展。在此基础上，为进一步完善机关工作制度，规范组织工作程序，社市委还组织编制了《九三学社锦州市委员会工作手册》《基层组织工作手册》《专委会工作手册》。工作手册中包括社市委工作制度、组织结构、考核测评表、工作计划、工作总结、活动情况、会议记录、社员奖励情况等多项内容。手册发放给社市委机关干部以及各基层组织、各专委会负责人，要求每个人按要求填写使用，在年末时作为工作考核的重要依据，并由机关工作人员进行核实。此举完善了以往的管理考评措施，有效推动了各项工作的深入开展。

四、积极争取上级支持，增强机关人文气息，美化机关工作环境

机关工作环境的好坏直接影响着机关工作人员的工作状态，也影响着广大社员和社会公众对机关的评价。社市委十分重视营造良好的工作环境，在经费有限的情况下，努力采取措施增强机关人文气息，美化工作环境。一是克服经费短缺的困难，精打细算，先后购置了盆栽、报架，征订了报纸杂志及理论政策和业务书籍资料，设立了"图书角"，配置了扫描仪、网络机顶盒、Wi-Fi路由器，方便大家查询和学习。二是号召机关干部自己动手，根据各自办公区域划分责任范围，在整洁有序的基本原则下自行美化办公环境，彰显个性，为办公室增添新鲜色彩。三是积极争取上级部门在相关工作上的支持。2015年，为落实社中央十三届三中全会精神以及2014年全国机关建设工作会议精神，社中央开展了提升机关能力建设试点工作。经社市委积

极争取，成为全国第一批机关能力建设试点单位，获得项目实施经费资助。社市委聘请专业设计公司，对机关原有环境进行了改善，为机关会议室兼图书阅览室购置了会议桌、书柜以及空调，在机关走廊等处设立了内容涵盖组织沿革、领导概况、主要活动等情况的图文展示区，还安装了一款镶有九三学社标识、社训、中英文名称等内容的玻璃大门。这些变化时尚大气，为社市委机关增色不少。

五、定期举办年度工作研讨会，广泛征求意见，确保机关建设创新务实不走样

社市委每年召开一次年度工作研讨建言献策会，会议由社市委领导班子，各基层组织、各专委会主要负责人以及受邀的其他社员代表参加，主要针对本年度机关建设或履职工作的重点、做法、创新思路等出谋划策，研究制订出一些实实在在的、管用的具体措施。在2015年初召开的研讨会上，有社员代表提出广大社员期盼种植九三林的想法一直未能实现，随后社市委对此进行了认真研究，认为开展此项活动可行，机关工作人员随即行动起来，积极谋划，认真实施，很快就完成了各项准备工作，并于当年4月16日组织社员和机关干部四十多人来到锦州铁合金附近的植树点开展种植"九三林"活动，同时为"九三林"石碑揭幕，这项活动的成功实施既为锦州的造林绿化以及生态环境的改善贡献了一分力量，同时也为传递锦州九三人和锦州社市委机关服务社会的理念做了有益尝试。

六、规范档案管理，完善信息化工作，拓展与社员沟通渠道

为了进一步规范机关建设工作，社市委对多年来积累的文档资料和信息数据进行了系统归档整理。为此，社市委特别邀请了锦州市档案局的工作人员对社市委机关干部进行了系统化的档案工作培训，并在机关单独设置了档案资料室。购买了档案资料柜、档案盒、归档印章等用于档案工作的物品。同时，还设法将社市委以往保留的录像带及磁带等音像资料转换为CD光盘进行保存。聘请专业网络公司对原有的社市委门户网站进行完善和更新，建立了锦州九三微信公众平台和微信群，为社员与社市委、社员与社员之间的联系互动提供了更多更便利的渠道。

通过几年来的努力，社市委机关建设工作日趋完善，干部队伍素质大为提高，有力地推动了社市委各项工作的开展，参政议政、社会服务等多个方面得到了社中央、社省委的表彰，走在了兄弟社市委的前列。

建设"四型"机关　服务发展大局

九三学社鸡西市委员会

机关是民主党派履行参政党职能、发挥参政党作用、各项工作正常运转的枢纽。加强机关建设，是民主党派搞好自身建设、提高履职能力和水平的重要保障。社鸡西市委以提高机关干部整体素质和机关工作效率为重点，在历届主委的带领下，努力打造"学习型、效能型、服务型、和谐型"机关，以高效的服务、务实的作风、人性的管理为当地经济和社会事业发展献策出力。

一、树立终身学习理念，大力推进学习型机关建设

（一）为学习提供组织和制度保障

社市委一直把促进机关干部学习作为机关活动的一项重要内容，将学习作为常态进行，每任专职主委或副主委都兼任机关学习小组组长，每月至少组织一次学习交流活动。2014年，社市委机关根据实际情况，进一步完善了机关学习制度，将每个月的不定期集中学习固定为每周三例行学习，并对学习情况进行考核和评比，真正使机关学习实现了制度化、常态化、实效化。

（二）千方百计提升广大机关干部的素质、能力和水平

除了学习民主党派开展工作的政策、理论文章和先进经验外，也紧跟形势，学习中国共产党新时期的各项重大决策、会议和重要讲话精神；此外，为了更好地引导广大社员参与地方建设，开展好调研，社市委不定期邀请专业人士进行专题讲座。2015年，社市委承接了关于石墨发展现状和前景的调研任务。社市委邀请了矿业专家、石墨企业家以及省石墨科技产业领军人物讲解石墨相关知识，为高质量完成调研任务打下基础。

（三）丰富载体、创新形式，使学习融入机关干部的工作生活

社市委机关寓学于乐，不拘泥于听讲座、记笔记和背书本，将学习活动同各项工作紧密结合起来。2014年，以深入开展树立和践行社会主义核心价值体系学习教育活动为契机，开展"社员讲坛"活动，选出了15名优秀社员为大家授课。以庆祝中国共产党成立90周年、辛亥革命100周年、"五一口号"发布等活动为契机，开展一系列重温历史、缅怀先贤的活动，温习九三学社与其他民主党派同中国共产党风雨同舟、荣辱与共的革命历程。陆续开展了"读一本好书"、政治理论和时事政策辅导、知识竞赛等多种宣传贯彻中共重要会议精神和九三学社重要会议精神的活动。

二、提高整体素质和工作效率，大力推进效能型机关建设

（一）加强制度建设，促进管理规范

2015年，社市委进一步推进机关管理创新，健全完善机关内部各项管理机制和监督约束机制，促进机关运转高效、运行规范。对机

关各项制度进行梳理，确定继续沿用的有三项制度，进一步修订完善了十项，新制定五项，编撰整理了《九三学社鸡西市委员会机关制度汇编》，健全完善了一整套适应党派工作特点的科学管理机制，提升了机关工作的程序化、规范化、科学化水平。如通过驻会领导办公会议推动每月工作的开展；举办大型会议和活动，按照相关制度事前细化分工，事后总结归纳等。

（二）奖优惩劣，调动机关干部工作的积极性和主动性

社机关注重激发机关干部的工作活力和干事热情，公正执行机关责任考评制度，奖优惩劣、奖勤罚懒，形成竞争激励机制。社机关实行工作目标管理，将全年工作任务进行责任分工，目标任务细化分解，每项工作做到有目标、有措施、有奖罚，推动整体工作上水平，以此弘扬干事创业、真抓实干的良好风气，营造敢想、敢干、能干的浓厚氛围。

（三）以提高办事能力为目标，多层次组织干部参加各种形式的培训活动

社机关通过加强学习培训，不断提高机关工作人员的政治素质、理论素质、岗位技能，锻造一支埋头苦干、作风过硬的高素质队伍。建立健全了奖励机制，激励工作人员不断提高业务水平，丰富知识，夯实功底。积极推荐、选派机关干部参加省社会主义学院和市委党校的学习培训，参加社中央、社省委、市委统战部和有关部门的业务培训；开展机关应用文知识、信息编辑、提案调研撰写等方面的讲座。

三、树立理念，完善机制，创新方式，大力推进服务型机关建设

（一）加强教育、凝聚共识，增强机关干部服务理念

通过参加学习和践行社会主义核心价值体系等主题教育活动，结合九三学社的文化传统和精神内涵，提高机关干部对服务型机关的认识，树立服务理念，继承发扬九三学社优良传统。例如社市委机关高度重视机关离退休老同志工作，关心关怀他们的生活，始终将定期走访慰问，征求老同志意见作为重要任务来抓，不断提档升级服务退休老同志的质量和水平。

（二）以创建"社员之家"为依托，进一步完善服务机制

2014年以来，社市委开展"社员之家"创建活动，由原来被动工作转变为主动服务。采取"走出去，请进来"的方式，积极主动深入到社员单位和家庭，经常与社员单位中共党组织沟通，了解社员的思想、工作和生活情况，切实解决社员急需解决的问题和困难。社员来机关办事，机关干部都做到热情接待，主动服务。支委组织活动时，机关干部和驻会主委都到场指导和服务。

（三）建立对接联络制度，切实为基层组织做好服务工作

每名机关干部负责一个基层支社的工作联络，以此加强机关干部与基层支社的联系，提高干部服务意识，锻炼干部队伍。社市委定期召开会议，探讨工作中存在的问题。机关干部积极参与基层支社的各项活动，配合社市委及时将各项精神传达到每一个支社和社员。当支社遇到困难和问题时，负责联系的机关干部及时反馈上报，社市委集体研究，提供帮助，解决困难。

四、以人为本,团结进取,大力推进和谐型机关建设

(一)弘扬九三学社优良传统,培育独具特色的机关文化

社市委发挥九三学社特色和优势,创办了《鸡西九三社情民意信息》,作为机关工作的宣传窗口和平台。创造各种机会,让九三学社机关干部和广大社员充分展示自己的风采,活跃机关文化生活,促进交流,增进感情。坚持不懈地用以爱国主义为核心的民族精神和以改革创新为核心的时代精神鼓舞斗志,引导机关工作人员把个人价值追求融入机关的具体工作实践,把个人抱负化作励志图强、创造崭新工作业绩的实际行动,形成广大社员共同的价值标准和整体风貌。

(二)秉承民主公开原则,推进机关决策科学化、规范化

机关同志互相关心帮助,增强交流与沟通,相互合作与补台,并不断完善制度和工作流程,注重推进各项工作的制度化与规范化,合力营造和维护一个团结向上、和谐快乐、规范有序、高效运行的机关。社市委机关实施重要决策时,广泛听取意见,集体讨论表决,得到了全体干部的认可。在选人用人方面,社市委机关坚持公开民主推荐的原则,打破论资排辈的观念,保证选拔程序公开透明,立足于群众评议和工作实绩,使勤者、能者、社员和机关干部都认可的同志得到肯定,使落选者心服口服,激发动力。

(三)热心公益、积极向上,凝聚共同的价值观

多年来,社市委机关干部与社员一道,积极投身下乡助农、捐资助学、文化科普、关爱社会弱势群体等公益活动。积极响应社中央开展的"百名专家进乡村入学堂"活动,助力全市新农村建设。2012年开始,社市委每年为一所偏远学校建立爱心流动图书站,力争覆盖

全市所有偏远乡镇小学。2014年，社机关为全市环卫工人购买新型环卫防护背心。2015年，举办了"天使赞歌""园丁颂歌"等大型文艺演出。每年八一建军节期间，组织广大社员开展拥军活动，走访慰问边防部队、哨所、派出所和退伍军人，用实际行动助力鸡西打造双拥模范城市。通过这些活动，凝聚成社市委共同的价值追求、思想基础和价值观。

"三巩固"开创机关建设新局面

九三学社临汾市委员会

机关是民主党派开展日常活动、团结全体成员、发挥参政议政、民主监督职能作用的枢纽,更是展示党派形象的窗口。因此,机关建设更需要开拓创新,更需要脚踏实地和注重实效。2015年以来,社临汾市委借助被社中央列为第一批"机关能力建设试点"单位的契机,全力以赴、扎实有效地推进机关建设,机关整体工作水平有了质的提高。

一、三抓三促提素质,巩固履职基础

机关干部是从事民主党派工作的骨干,其工作能力直接影响履职水平。鉴于此,社市委把提高机关干部综合素养摆上重要议事日程,主动创造条件提高机关干部素质。

(一)抓学习,促提升

深厚的理论素养和坚定的政治立场是机关干部开展工作的基础。为全面提升社市委机关干部政治和理论素养,主动适应经济社会发展新形势,社市委机关为机关干部先后购置了《习近平谈治国理政》

《社会主义民主政治建设》《坚持和发展中国特色社会主义》《中共中央关于制定国民经济和社会发展第十三个五年规划的建议（辅导读本）》等书籍，利用各种会议开展学习培训，组织机关干部集中学习，并要求其利用业余时间自学，全面提升理论素养。同时，为机关干部订阅《求是》《中国青年报》《山西日报》《人民代表报》《山西政协报》《临汾日报》等报纸杂志，帮助其了解中共中央政策，掌握省、市最新动态，提升履职能力和水平。

（二）抓调研，促交流

为进一步开阔机关干部视野，社市委加强和兄弟省、市委员会机关的横向交流，多次组织机关干部走出去学习考察。2015年10月适逢抗日战争胜利70周年和九三学社创建70周年，社市委副主委赵强带领机关工作人员参观社重庆市委机关、中国民主党派历史陈列馆、红岩魂陈列馆，瞻仰"九三学社成立旧址纪念碑"，了解九三学社成立和发展的光辉历史，重温各民主党派与中国共产党风雨同舟、患难与共的光辉历史。2015年11月，社市委组织机关干部赴社晋城市委机关，就信息工作、档案管理等进行学习考察。通过学习考察，有意识、有目的地安排机关干部在开阔眼界和增长见闻中感悟参政党应尽的责任和义务，明确学习努力方向，不断提高自身素质。

（三）抓培训，促落实

多年来，社市委高度重视岗位培训，积极为机关干部搭建业务学习平台。为使机关干部胜任各项工作，社市委举荐机关干部参加全市统一战线调研宣传信息工作培训班，就公文写作与处理、统战调研宣传信息工作等进行培训；组织机关干部前往社省委，就议政发言、提案、社情民意撰写等进行专题培训；推荐机关干部前往山西社会主义学院，参加临汾市党外中青年干部培训班，学习中共十八届五中全会、中央统战工作会议精神和《中国共产党统一战线工作条例（试行）》等，通过培训进一步增强机关干部业务能力，力争做到"站起来能说、坐下来能写、回过头能干"。

二、软件硬件双提升，巩固服务基础

机关标准化和规范化建设，"硬件"是基础，"软件"是关键。2015年，社市委以机关能力建设试点为抓手，坚持软件硬件两手抓，有效提升了服务水平。

（一）推动硬件建设标准化

为进一步提升机关工作水平，2015年，社市委以机关能力试点建设为契机，按照试点项目建设要求，着力改善办公环境，先后购置书柜、打印机、电脑等办公设备，统一更换资料盒及标签，对201名社员档案、社市委机关档案进行整理规范，腾出一间办公室设立图书室、社市委荣誉墙，筹划建设九三学社临汾市委网站等，全面完善机关各项配套设施建设，社市委机关办公环境有了明显改善。机关环境的改善，为激发干部活力、提升机关效能提供了坚强的硬件保障。

（二）推动软件建设制度化

设施新了、硬件有了，如何让社市委工作全面提升、树立良好形象，是社市委提升机关服务水平面临的重要考验。为将标准化、制度化建设向纵深推进，社市委在多方考察、实地调研的基础上，对原有规章制度进一步梳理，编撰印发了《九三学社临汾市委员会规章制度》，对办会制度、秘书长工作职责、机关工作职责、综治管理等19项标准进行了统一细化，这些标准涵盖了机关管理的方方面面，细化分解到具体岗位，使每名工作人员一看就知道该做什么、该怎么做，为机关标准化、规范化管理提供了良好的制度保证。2015年，社市委机关还招录两名公益性岗位工作人员，进一步充实了机关力量。

三、丰富载体造氛围，巩固和谐基础

2015年，社市委围绕机关能力试点项目建设要求，通过营造文化氛围、抓好主题活动、丰富文化载体三项举措，营造了昂扬向上、奋发进取、开拓创新的良好氛围，推动了机关和谐发展。

（一）营造文化氛围

发放"四德"倡议书，号召机关干部以全国、省、市道德模范为榜样，传播文明、践行道德、弘扬正气；联合其他民主党派，组织机关干部前往临汾市八方国学堂参观学习；举办"唱响正气歌"活动，邀请临汾市文明委特约讲师高立同等做"弘扬传统文化、践行核心价值"专题辅导，接受传统文化和文明礼仪教育，帮助机关干部实现自我学习、自我教育和自我提高。

（二）抓好主题活动

在全国学习雷锋日当天，社市委机关开展了"学雷锋·大扫除"志愿服务活动；在第20个世界读书日到来之际，社市委开展了以"全民阅读，书香机关"为主题的读书活动；端午节来临之际，社市委组织机关干部前往临汾市新华学校，向广大师生捐赠近百本《弟子规》等图书，引导机关干部崇尚知识、尊重科学，弘扬良好社会风尚。同时，社市委积极开展各类文体活动，联合各民主党派机关举办羽毛球友谊赛，鼓励大家踊跃参加全民健身活动，丰富了机关干部精神文化生活。

（三）丰富文化载体

社市委在机关办公楼设立社会主义核心价值观、低碳出行、勤俭节约等"遵德守礼"提示牌，并精心制作纪念抗日战争胜利70周年暨九三学社创建70周年系列展板、中国梦展板等，积极营造浓厚的道德文化宣传氛围。同时，积极开展文明餐桌行动，向机关干部发放文明餐桌行动倡议书，设立文明餐桌公约警示牌和文明餐桌宣传版面，引导广大干部引领"文明消费、节约用餐"的良好风尚，推动了各项工作扎实有效开展。2015年，社市委机关获临汾市"2014–2015年度市直文明和谐单位"荣誉称号。

内强素质外树形象　推动服务型机关建设

九三学社江北区工作委员会

社重庆市江北区工作委（以下简称：社区工委）于2012年3月成立，下辖7个支社，2个小组，社员220人，分布于全市89家单位，人事管辖权在江北区的10人，占比4.5%。区工委机关现有行政编制2人，在职2人（1名专职副主委、1名专职干事），区工委领导班子成员5人（1正4副）。区工委成立以来，根据社员分布广，涉及单位众多等特点，决定把服务作为机关工作的核心，作为机关建设的出发点和落脚点，着力打造"内强素质，外树形象"的服务型机关。

一、内强素质，培养人才，夯实机关建设基础

（一）领导重视，保障有力

社区工委高度重视机关建设工作，多次与中共领导沟通协调，率先实现了"机构编制、办公经费、办公设施、人员安排、干部调整、工作运转"六个到位，争取财政划拨专项资金12万元，专门用于机关办公设施、文化建设等项目支出。

（二）创新载体，搭建平台

社区工委机关按照一块牌子、一个场所、一个理念、一个平台、一套机制的"五个一"标准，搭建了"社员之家"活动中心，添置了办公家具、家电，设置了九三学社文化墙，为全体社员提供了相互交流、展示风采和来访接待的固定场所。同时，以"社员之家"为依托，主动沟通协调，将机关服务延伸至社员所在单位，在市人口和计划生育技术研究院建成"社员活动室"，设计布局机关工作创新成果展示墙、社员大家庭、读书屋等，实现了"1+X"机关服务延伸至社员所在单位。

（三）引进人才，培养队伍

由于社区工委成立比较晚，机关工作经验不足，通过引进人才、多措并举，快速培养机关专职干部队伍。2012年12月，通过组织遴选，引进1名年轻同志到机关任专干。2014年12月，遴选1名多岗位锻炼的优秀公务员任专职副主委，配强了机关工作班子。依托市社会主义学院、区委党校、行政学院等培训基地，加大对机关干部的培训力度；鼓励机关干部参加在职学历教育和职称技能考试；充分抓住中共组织调配、选配干部及干部下派等机会，推荐机关干部走出家门，参与实践锻炼，提升自身素质。至目前，两名机关干部均参加了在职学历教育，1名机关干部到区审计局兼职，1名机关干部到街道挂职，进一步提高了机关干部处理复杂问题的能力和水平。

二、外树形象，善交朋友，提升机关工作影响力

（一）履行职能，树立形象

一是加大民主监督，参与人大、政协视察监督等活动，通过提

意见、提建议、做批评等方式实行监督，敢担当，善作为。4年来，对全区12家单位进行了专项调研，形成的《江北区后街经济发展建议》被区商委采用办理；《以创新驱动战略推进港城工业园区转型升级建议》被港城工业园区采用办理；《建立缴费和待遇的动态调整机制　提高征地农转非居民养老保险水平》获区政协领导高度肯定，并获分管副市长批示。二是参政议政，献计献策。组织社员开展调研，反映社情民意，当好"言官"。4年来，组织广大社员撰写调研成果137篇，决策建议30余万字，其中《规划一张图》被社中央采纳为全国"两会"发言材料，《人民日报》跟踪报道；参与调研《长江水利水电工程对全流域生态环境的影响》，成果荣获国家领导人批示；向江北区政协提交集体提案63篇，立案59篇，重点提案18篇，大会发言4篇；提交社情民意480余篇，采用300余篇。

（二）善交朋友，凝聚共识

加强与统战部门交流，凝聚政治共识。积极参与中共区委统战部组织的周五统战讲堂、群众大接访等活动，邀请统战部门参加社内重大活动、重要会议，保持真诚合作、肝胆相照的良好氛围；与兄弟党派、兄弟区县组织以及社员单位联合开展课题调研和社会服务活动；积极推荐社内专家承担并参与区级部门的课题调研，组织博士团成员参加区委书记接待日活动，形成社机关工作合力。

（三）打造品牌，服务社会

创建了以科技、医卫为特色的"同心科普讲堂""科技结对共建""江北九三学社名医服务站"等社会服务品牌。围绕品牌开办"同心科普讲堂"35期，免费为结对企业提供技术服务与咨询80余次，免费检测9000样次；开展名医进基层免费义诊39场次2.1万人次；与铁山坪卫生服务中心签订为期两年的名医服务协议，通过授艺带徒、出诊带教形式服务61名医务人员，极大提高了当地诊疗水平，使4.2户居民不出家门就能享受名医诊疗服务。2013年6月，向秀山县隘口镇捐资26万元修建"岑龙同心桥"，解决了岑龙村1000余名村民、300余名小学师生出行难以及当地农副产品运输难问题，扩大了九三学社的社会影响力。

三、建章立制，转变作风，提高机关服务效率

（一）建立制度，明确职责

按照"制度控制所有工作，规则覆盖所有岗位"的思路，制定和完善了《九三学社江北区工委机关考勤制度》《九三学社江北区工委机关学习制度》《九三学社江北区工委主委会制度》《九三学社江北区工委机关信息化管理办法》《九三学社江北区工委机关工作手册》等各项规章制度，明确工作责任，划分职责界限，确定工作任务，使机关工作有制可依、有章可循。

（二）规范服务，转变作风

制定并规范了机关工作"四个一"服务标准，即"一张笑脸、一把椅子、一杯热茶、一副热心肠"，不断强化机关干部的服务意识和责任意识。根据社员不同兴趣爱好，在机关成立了摄影书画和围棋两个兴趣小组，为社员搭建了相互交流和学习的平台。组织开展了"九三人看江北新变化""中国面孔·中国梦"主题摄影采风活动，收集作品200余幅，举办书画摄影展两场，向社中央报送摄影作品23幅；连续两年，机关牵头组织了"博弈堂——道润杯""名仕杯"业余围棋邀请赛，全市18个区县300余名围棋爱好者参赛，增加了社组织和社员与外界的交流。

（三）创新方法，提高实效

1. 解决问题。通过定期联系基层、参加活动，推动机关服务扁平化、常态化，增强了社组织活力。几年来，机关干部到基层听取意见18次、联系社员所在单位12次；通过电话联系、集中家访等形式，联系挂包社内老专家、老领导60余次；先后为130名社员联系专家就诊、咨询等；为1名居无定所的贫困社员争取到70平方米廉租房，为1名病重社员争取到王选关怀基金3万元；协调解决社员单位实际问题8件次。

2. 证书管理。社区工委根据社员分散，辐射面广特点，为220名社员设计制作了社员证书，让社员在不同岗位愿意明身份，愿意亮身份，进一步增强社员身份意识，强化政党意识。在九三学社创建70周年之时，向社龄30周年，为社组织发展做出突出贡献的23名老社员颁发了荣誉证书，进一步增强了社员归属感和荣誉感。

3. 建档立案。在社员中积极开展"你在机关有份档案"活动，在社机关建立档案柜，为每名社员建立了个人档案，将社员参与社组织活动、个人工作情况、受奖情况等全部记入个人档案中。为社员建立档案的做法，产生了很好的影响，广大社员不断强化争先意识、奉献意识，树立了良好的"正能量"形象。

经过4年多努力，机关呈现出崭新面貌，机关干部能力和素质进一步提升，干事创业的服务型机关基本形成，各项工作不断取得好成绩。连续4年获江北区反映社情民意先进集体、社重庆市委参政议政、反映社情民意信息工作、社会服务、宣传报道先进集体；连续两年获社重庆市委青年论坛先进组织；2014年获社中央组织建设先进集体、2015年获社中央参政议政工作先进集体；2015年11月被社中央列为第二批地市级机关能力建设试点单位。

团结协作　务实高效
努力打造适应新时期要求的市级组织机关

九三学社北京市海淀区委员会

近年来，社海淀区委在社北京市委的领导下，在中共海淀区委统战部的指导下，紧密围绕海淀区中心工作，秉承"爱国、民主、科学"的优良传统，始终坚持"密切联系社员、真心依靠社员、热情服务社员"的机关工作理念，努力建设学习型、服务型、创新型、和谐型、效能型、廉洁型机关，为各项社务工作开展奠定坚实基础。

一、社海淀区委基本情况

（一）组织结构和机关情况

社区委成立于2000年6月13日，本届为第四届委员会，属正处级单位建制，人员编制3名（含处级和科级职数各1名），现在编人员2名，年业务经费40万元，办公室是机关唯一内设机构。

（二）基层组织及社员情况

社区委下辖5个基层委员会和51个支社（筹备组），截至2015年6月，共有社员1656人，其中具高级职称以上者1233人，占

74.5%；硕士以上学历者824人，占49.8%。成员分布在17所高校、15个国家级和市级研究院所、2所医院，以及1个海淀科技园区支社和4个综合支社。社区委所属成员中有社中央委员7人（副主席1人），社市委委员9人（常委1人）；全国政协委员4人（常委1人），市人大代表4人，市政协委员7人，区人大代表3人（常委1人），区政协委员27人（副主席1人、常委3人）。

二、加强机关建设的几点做法

社区委自成立以来，先后荣获社中央"参政议政先进集体""政治交接学习教育活动先进集体""组织建设先进集体"等荣誉称号，多次获中共北京市委及区政协、区委统战部的奖励，这些荣誉和成绩的取得离不开社区委机关的有力保障，也离不开机关干部的辛勤付出。以下是社区委加强机关建设的几点做法：

（一）以制度建设为抓手，提高保障力

一引其纲，万目皆张，制度设计就是机关建设之纲。社区委根据实际，健全完善了学习制度、会议制度、参政议政工作制度、领导班子议事规则、机关干部管理制度、经费报销制度等多项规章制度，确保机关运行的各方面都有制可依、有章可循。制度的关键在于执行。要让制度从纸上落到实际，关键在于维护制度的严肃性，加强制度的贯彻落实。社区委机关坚持将制度要求贯穿于各项工作的全过程，用制度管人，靠制度办事；加强对制度执行情况的督促检查，使各项制度作用有效发挥，做到令行禁止、按规矩办事；贯彻实施"分层管理、纵向负责、横向协作"的管理机制，坚持主委会议月例会制、全委会议季例会制、机关办公会周例会制，确保重要事项按民主集中制

原则研究决策。

（二）以能力建设为重点，强化执行力

机关干部是社务工作的执行者，抓住工作能力建设这个关键点，就是抓准了机关建设的"牛鼻子"。九三学社成员多为科技、高教界的高级知识分子，注重通过学习提高机关干部的组织能力是机关的优良传统。社区委每年都为机关干部配发时事学习资料和书籍，支持工作人员参加各种培训，创造外出考察学习的机会，开阔视野、增长才干。社区委还依托重要时间节点深入开展主题学习教育活动。如以纪念建社70周年为契机，通过举办九三先贤肖像画展，参观吴阶平、王选纪念馆等活动形式，缅怀九三先贤，加强社史教育，不断提高干部的政党意识。社区委机关作为社务工作的"枢纽站"，注重提升机关干部在三个方面的沟通协调能力。一是密切与中共统战部门及政府对口单位的联系，做到掌握政策、把握大局、上达下知、沟通顺畅；二是加强机关与社北京市委各机关部室之间的协作与交流，坚持步调一致、推进工作；三是深化与基层组织的联系沟通，认真听取意见建议，及时掌握社务动态，帮助解决实际困难。社区委注重增强机关干部运用新媒体的能力。新媒体的出现及运用，对提高机关工作效率起到了重要作用。社区委基层组织多、社务干部多，如何快速、高效地把区委工作动态传递到基层，如何及时、准确地把基层意见和建议收集上来，都需增强运用新媒体的能力。目前，社区委机关建立了支社主委、支社组宣委、青年社员、老龄委、妇委会等多个微信群，实现了区委机关与基层组织及社员的实时沟通和互动，大大提高了机关工作效率。

（三）以干部培养为关键，提高续航能力

社区委机关以青年干部为主。社区委主委会认为，如何让他们尽快成长成熟起来，不仅是加强机关建设的重大议题，更关乎九三事业的薪火传承。近年来，按照主委会的要求，社区委开展了"机关青年干部下基层"活动，为青年干部培养成才创造条件。机关青年干部每年都要深入基层组织，参加支社活动，倾听社员心声，了解社情民意。基层的砥砺磨炼，不仅让青年干部提高了处事能力，还加深了对社员和社务工作的感情。社区委通过加强学习型机关建设，注重理论联系实际，强调学以致用，不断提高机关工作人员的办文、办会和办事能力；通过推荐干部到社区锻炼，不断增强机关干部队伍的整体活力，提高综合素质，促进快速成长。

（四）以文化建设为引领，增强凝聚力

2003年社区委迁到新址后，办公条件得到了极大改善。办公室内展示了社区委自成立以来所获得的奖励荣誉，既向来访者展示机关的良好形象，又让机关干部在潜移默化中得到陶冶和提高。社区委认为，不仅要营造看得见的景观文化，更要培育直抵人心的组织文化。社区委机关坚持以人为本，努力营造团结友善、敬业奉献、务实高效、奋发有为的机关文化氛围；在人员编制少、社务工作重的情况下，注重培养机关干部的敬业精神，让每一个人把心思和精力放在做好工作上，力争做到多听、多问、多记、多思，树立主动想事、认真做事、努力成事的良好风尚。

机关建设永远在路上。社海淀区委将继续着力提高机关干部的整体素质和综合能力，做到明使命、干实事、上台阶；不断提高机关的工作效率和工作质量，为机关各项工作提供坚强有力的保障；按照社中央提出的"三坚"目标，努力打造团结协作、务实高效、适应新时期要求的参政党区级机关。

后 记

为进一步加强我社各级组织机关工作，推进机关制度化、规范化、科学化建设，根据2015年机关建设片会的意见建议并经社中央领导同意，办公厅组织编写了这套《九三学社机关工作手边书系列》（2016年版）。

之所以定位为"手边书"系列，就是想让这些小册子成为社机关工作人员手边的工具书、入门书、参考书，能够随时随地翻阅查找相关操作流程规范，切实做到规范、有序、高效。

社中央副主席兼秘书长印红对丛书编撰工作给予了高度重视和支持，亲自过问指导；办公厅主任苟红旗非常重视丛书的编写并直接督促、指导具体编撰工作；副主任张魁林全程组织编撰工作，并审读了全部文稿；文秘处李胜男、王方立、毕元元具体承担了各编委会有关组织、联系工作；各省级组织给予了积极支持和热情鼓励，秘书长、办公室负责人和有关工作人员对丛书筹划、内容编撰及审定稿工作提出了很好的意见建议；有关市（区）级组织机关及学苑出版社给予了大力协助和支持；编委会全体成员为丛书编撰付出了大量心血，在此一并表示感谢。

《九三学社机关工作实务指南》编委会召集人为黄忠官（广西）、丁武（四川），成员张学强（北京）、刘明浩（天津）、高敏（河北）、马兢建（山西）、石晶（辽宁）、刘鸣（上海）、沈凌云（浙江）、王振华（安徽）、蔡启珍（江西）、孙钢（山东）、刁卫星（河南）、黎振平（甘肃）以及社中央办公厅的蒋承华、胡永波、阮赐远、李胜男、洪柳、李博闻。

《九三学社市级组织机关工作案例》编委会召集人为蒯建华（南京）、陈宁宁（济南），成员田增辉（西安）、关宏志（大连）、谢建平（乐山）、李胜君（铜仁）、葛菁（鹰潭）、夏惠（沙坪坝）以及社中央办公厅的王方立、李欣。

《公文处理案例》编委会召集人为周仲天（江苏），成员傅灿荣（浙江）、王振华（安徽）、徐好（重庆）、毕元元（社中央办公厅）。

由于编者水平有限，差错和疏漏在所难免，敬请读者见谅并指正。

编　者

2016 年 11 月